Grammatische Deutschheit
Friedrich Rückert (1788 – 1866)

Neulich deutschten auf deutsch vier deutsche Deutschlinge deut-
schend,
Sich überdeutschend am Deutsch, welcher der deutscheste sey.
Vier deutschnamig benannt: Deutsch, Deutscherig, Deutscherling,
Deutschdich;
Selbst so hatten zu deutsch sie sich die Namen gedeutscht.
Jetzt wettdeutschten sie, deutschend in grammatikalischer Deutsch-
heit,
Deutscheren Comparativ, deutschesten Superlativ.
»Ich bin deutscher als deutsch.« »Ich deutscherer.« »Deutschester
bin ich.«
»Ich bin der Deutschereste, oder der Deutschestere.«
Drauf durch Comparativ und Superlativ fortdeutschend,
Deutschten sie auf bis zum Deutschesteresteresten;
Bis sie vor comparativisch- und superlativischer Deutschung
Den Positiv von Deutsch hatten vergessen zuletzt.

1 Kanzleramt: Nichts zu tun ist besser, als mit großer Mühe nichts zu schaffen

In Berlin im Reichstag wuseln der deutsche Volksvertreter und die deutsche Volksvertreterin. Sie bestimmen, wer regiert. Die Regierungsgewalt wird letztlich denen verliehen, die eine gewisse Gewähr dafür bieten, dass sie nicht allzu viel damit anfangen können. Den Reichstag ziert eine Inschrift: »Dem deutschen Volke« – was wenig Sinn ergibt. Das einzige Wort, das dort wirklich einleuchten könnte, lautet: »Warum?« Man könnte diesen Reichstag auch als Bahnhof nutzen und unter die Erde verlegen.

Nicht weit davon steht das Kanzleramt. Darin enthalten ist eine Dienstwohnung mit zwei Zimmern, Küche, Bad plus kleiner Terrasse, nachempfunden dem Berliner Kleinbürgermilieu. Das Kanzleramt soll achtmal so groß sein wie das Weiße Haus in Washington D. C. In seinen kilometerlangen Gängen lauert die Richtlinienkompetenz, und in diesem Prestigeobjekt wollte Helmut Kohl als Einheitskanzler staatsmännisch Hof halten. Dazu kam es aber nicht, weil Bundespräsident Roman Herzog ihn beizeiten aus dem Amt entließ.

So feierte Kohl im Jahre 2005 seinen 75. Geburtstag im Deutschen Historischen Museum. Wie eine Buddhastatue thronte er auf dem Podium, mild lächelnd, als hätte er einen respektablen Joint, einen Château Rothschild oder beides intus, und würdigte sich selbst, was live im Fernsehen übertragen wurde. Beifall brandete auf, als der Altkanzler den originellen Satz absonderte: »Das Hier ist heute!«

Das Hier ist heute? Heißt das, dass das Morgen dort sein wird und das Gestern ganz woanders war? Oder meinte er vielleicht, das Heute ist hier? Oder ist das Dort gestern und das Woauchimmer erst morgen? Übermorgen ist kein Thema, aber vorgestern war doch auch in dieser Gegend, oder?

Also, Helmut, alter Spendenbetrüger, Glückwunsch – du bist immer noch der Meister aller Lallbacken. Und Meisterliches lieferte Lallbacke Kohl auch im zweiten Teil seiner dreibändigen Memoiren: *Erinnerungen 1982–1990*. Auf einer der 1 152 Seiten steht der Satz: »Wer die Zukunft gestalten will, muss Perspektiven vermitteln, die über das Bestehende hinausweisen.«

Saustark – der alte Quatschkopf bringt die Dinge immer wieder auf den Punkt. Denn wer das Bestehende gestalten will, muss ja auch Zukunft vermitteln, die über die Perspektiven hinausweist. Es sei denn, er will Perspektiven gestalten, die das Bestehende vermitteln und über die Zukunft hinausweisen. Da wäre dann die Frage zu klären: Was kommt eigentlich nach der Zukunft?

Im Falle Kohl ein Schröder. Aber neben Kohl verblassen alle anderen Lallbacken. Auch sein Mädel, Angela Merkel. Immerhin – ihr Output an Lippenmüll ist beachtlich: »Wir vertrauen den Bauern. Einer Familie, die eine Eiche besitzt, der braucht man über generationenübergreifendes Denken nichts zu erzählen.«

Das ist bodenständig formuliert. Offen bleibt die Frage, was diejenigen machen, die keine eigene Eiche besitzen, sondern nur einen Kohlkopf.

Lallbacke Angela Merkel hat mal einen Geburtstagsbrief an Lallbacke Helmut Kohl geschrieben, der verdeutlichte, dass im Deutschunterricht in der DDR mit Vorliebe Metaphernsalat angerichtet wurde, was Frau Merkel heute befähigt, weltweit als führende Lallbacke in Erscheinung zu treten. Im Dickicht von Frau Merkels sprachlichem Gestrüpp findet sich ein Satz von geradezu hölzerner Transparenz: »Lieber Herr Kohl, Sie haben an verschiedenen Punkten Pflöcke der Geschichte eingeschlagen.«

Was ist das, ein Pflock der Geschichte? Ist das ein Geschichtspflock? Und dieser Geschichtspflock wird eingeschlagen? Mit der blanken Faust? Oder mit einem Hammer? Ist er dann kaputt? Und was sind denn verschiedene Punkte? Sind die tot? Oder meinte sie unterschiedliche? Könnte es sein, sie meinte, Kohl habe die Geschichte mit eingeschlagenen Pflöcken punktiert, bis sie verschieden? Oder meinte sie, er habe die eingeschlagene Geschichte an unterschiedlichen Punkten mit einem Vorschlaghammer eingepflockt?

Frau Merkel – Sie sollten diesen Satz dementieren, egal wie Sie ihn gemeint haben.

Aber vor Merkel, nach Kohl, kam Schröder. Schröder fühlte sich so eingepflockt zwischen Kohl und Merkel durchaus wohl. Und er legte das Bekenntnis ab: »Auf nichts beziehungsweise auf weniges bin ich mehr stolz als darauf, Vorsitzender dieser großen Partei zu sein.«

Was war das Wenige, auf das er noch stolzer war als darauf, SPD-Vorsitzender zu sein? War es VW? Deutschland? Oder war das Wenige nur Doris?

Er sagte es nicht, aber das Volk ahnte: Das Wenige, auf das er am stolzesten war, war Bundeskanzler Gerhard Schröder.

Als Kanzler Schröder im Bundestag eine Rede zu dem Attentat in New York am 11. September 2001 hielt, sprach er von einer »Kriegserklärung an die gesamte zivilisierte Welt«. Es muss demnach, soll der Satz nicht unsinnig sein, neben dem zivilisierten Teil der Welt auch einen unzivilisierten Teil geben.

Was verstand der Mann unter Zivilisation? Schlecker, Scorpions, VW, KöPi? Oder findet sich Zivilisation nicht doch eher in Bagdad, wo man schon auf seidenen Kissen ruhte, als Schröders Ahnen noch den Bärenkot nach Essbarem durchstöberten?

Und wenn der Kanzler von einem »Anschlag auf das, was unsere Welt im Innersten zusammenhält«, spricht, kommt man ja ins Grübeln, sein Wertesystem betreffend: Pentagon und World Trade Center, die Symbole für Militär und Kapitalismus, als höchste innere Werte – das ist sogar für einen sozialdemokratischen Bundeskanzler kümmerlich.

Am 4. August 1914 haben alle SPD-Abgeordneten – mit Ausnahme von Karl Liebknecht – für die Kriegskredite gestimmt. Zum 75. Jahrestag dieses Ereignisses, 1989, sagte der frühere SPD-Vorsitzende Hans-Jochen Vogel: »Das war ein historischer Fehler unserer Partei, und der darf sich niemals wiederholen.« Am 16. November 2001 stimmten die SPD-Abgeordneten – mit Ausnahme der Abgeordneten Christa Lörcher – einer deutschen Kriegsbeteiligung in Afghanistan zu. Dazu sagte der aktuelle SPD-Vorsitzende Gerhard Schröder: »Unser Volk weiß, dass immer dann, wenn es schwierig wird, es sich auf die deutschen Sozialdemokraten verlassen kann.« Jawohl. Nachhaltig. Basta.

Es gibt Gesichter, in denen geraten Triumphgefühle zum physiognomischen Skandal. Als Kanzlerkandidat Edmund Stoiber am frühen Wahlabend als grinsende Weißwurst vor den Fernsehkameras seinen Sieg verkündete, da holte er eine seiner immer wieder verblüffenden Mitteilungen aus sich heraus: »Der Abend ist noch lang, und ich werde noch kein Glas Champagner öffnen, aber es wird bald sein.«

Er hatte also ernstlich vor, ein Glas Champagner zu öffnen. Er war überzeugt, das zu schaffen. Später am Abend erfuhr man dann, der Herr Stoiber habe ein Gläschen Sekt getrunken. Typisch Politiker: öffentlich Champagner predigen, aber heimlich Sekt trinken.

Als dann ein leicht desorientierter ZDF-Reporter, vor Demut zitternd, Stoiber fragte: »Steht neben mir der künftige Bundeskanzler?«, entgegnete Stoiber alkoholisiert und trotzdem verklemmt: »Bei Ihnen haben wir derzeit noch eine negative Mehrheit.« So vom Triumphator zum Loser runtergestuft, erweckte er Mitleid, denn ihm war übel mitgespielt worden: Kanzler Schröder hatte, seine Machtbefugnisse rücksichtslos überschreitend, für Hochwasser gesorgt, indem er im Osten die Flüsse über die Ufer treten ließ, denen er alsbald Einhalt gebot – und so den armen Stoiber zum Flutopfer herabwürdigte. Und Schröders Irak-Politik machte Stoiber zu allem Überfluss auch noch zum Kriegsopfer.

Flut- und Kriegsopfer in Personalunion, das konnte Stoiber nicht wuppen. Und da formulierte er insgeheim schon eine seiner schönsten verbalen Kreationen: »Der Vater des Wunsches ist der Gedankengang.«

So was hätt einmal fast das Land regiert!

Der Sieger Schröder aber dachte sich die Wahrheit – nicht lauthals in der Öffentlichkeit, versteht sich, aber am Abend auf dem Sofa vorm Kamin: »Der Eddy ist ein gebrochener und alkoholkranker Mann, der mit einer grauenvollen Frau verheiratet ist. Hoffentlich schmeißen sie ihn jetzt auch zu Hause raus. Ich bin keinesfalls Kanzler aller Deutschen, sondern nur derer, die mich auch angemessen bezahlen.«

Lallbacke Stoibers Urteil über Sozialdemokraten fiel später dementsprechend vernichtend aus: »Sie werden halt nicht als irgendwie kompetent oder relevant angesehen, also Kompetenzrelevanz, oder:

Ihre Kompetenz wird nicht als genügend relevant angesehen.« Bei so viel kompetenter Relevanz stellte sich die Frage: Ist Stoiber selbst nun kompevant reletent, oder leidet er nur unter reletenter Kompevanz?

Deutschlands bedeutendster Kompetenzsimulator, Bundeskanzler Schröder, konnte jedenfalls lässig die Öffentlichkeit über sein Telefonat mit Präsident Bush informieren: »Wir waren miteinander der Auffassung, dass es jetzt darum geht, nach vorne zu schauen.«

Was gab es da zu sehen? Raketenangriffe.

Als Olaf Scholz 2003 bei seiner Wiederwahl zum SPD-Generalsekretär nur mickrige 52,5 Prozent erreichte, da nannte sein hochkompetenter Parteichef Schröder das Ergebnis »ein Stück kollektive Unvernunft« der Parteibasis. Vernunft ist die Fähigkeit, sich ein Urteil bilden zu können.

Unvernunft bedeutet also, keine Urteilsfähigkeit zu besitzen. Wenn nun 47,5 Prozent der SPD-Basis quasi doof sind, können einen die 80,8 Prozent für Lallbacke Schröder auch nicht verwundern.

Kanzler Schröder machte sich aber auch durchaus seine Gedanken über die von ihm Regierten. In weiten Teilen der Gesellschaft, sagte er, herrsche eine »Mitnahme-Mentalität«, und zwar »bis in die Mittelschicht«.

Wie meinte er das? Im Bekannten- und Freundeskreis des Kanzlers finden sich ausschließlich bescheidene Menschen, die prinzipiell jede Einladung zum Essen, zum Besäufnis, auf die Yacht oder in den Urlaub ablehnen. Die nehmen nichts an, die nehmen auch nichts mit. Also, was die Mitnahme-Mentalität angeht – da meint der Kanzler wohl schon die üblichen Verdächtigen: nörgelnde Arbeitslose, jammernde Sozialhilfeempfänger und verbiesterte Ostdeutsche. Die können einfach den Hals nicht voll kriegen.

Berlins Regierender Bürgermeister assistierte dem Kanzler – die Nachwuchslallbacke Wowereit hatte etwas erfunden, was die Menschheit dringend brauchte: den Mentalitätswechsel. Dialog in der Mentalitätswechselstelle:

»Mentalitätswechsel der Herr?«

»Ja bitte.«

»Einwegmentalität oder Akku?«

»Einweg bitte.«

»Wollen Sie auch eine Reservementalität mitnehmen?«

»Ja bitte.«

»Dann werde ich Ihre alte Mentalität entsorgen.«

Nur der Herr Wowereit braucht keine neue Mentalität, sondern erst mal ein Gehirn.

Silvester schaute ein ziemlich übernächtigter Regierungschef in die Wohnstuben. In seiner Silvesteransprache behauptete Kanzler Schröder, jede und jeder könne ein Konjunkturmotor sein. Offenbar war der SPD-Chef der Ansicht, die Bevölkerung sei nur zur Stützung der Wirtschaft auf der Welt. Aber es kam noch dicker: »Ihr Vertrauen in die Zukunft entscheidet mit über den Arbeitsplatz Ihres Nachbarn.« Auf das Gegenteil möchte man sich auch nicht unbedingt verlassen. Aber von seiner Warte aus betrachtet hatte der Kanzler wohl recht: Mangelndes Vertrauen in die Zukunft gefährdete vor allem seinen Arbeitsplatz.

Ja, der ehemalige niedersächsische Arbeiterführer Schröder lieferte auch als Medienkanzler einen vorzüglichen Job ab. Im Bundestag machte er sich Sorgen um Schichtarbeiter, Polizisten und Feuerwehrleute, denen die Nacht- und Sonntagszuschläge nicht gestrichen werden dürften. Und dann ließ er das Volk teilhaben an seinen geheimsten Sehnsüchten und fiel über sie her, »die Nachtschwester, die sich für uns alle krummlegt«. Entgegen allen anders lautenden Meldungen war Schröder nur ein durchschnittlicher Mann.

Beim Amoklauf von Erfurt erschoss ein Neunzehnjähriger siebzehn Menschen. Daraufhin verlangte Kanzler Schröder nicht etwa von Waffenherstellern und -exporteuren, die Produktion und den Handel mit Schusswaffen einzustellen, weil es nun mal schwieriger ist, in einer Viertelstunde siebzehn Menschen mit bloßen Händen umzubringen als mit Colt oder Gewehr – nein, Schröder verlangte eine »Verringerung der Gewaltdarstellung« in den Fernsehprogrammen, als ob es sinnvoll wäre, reale Gewalt mit dem Verbot dargestellter Gewalt zu bekämpfen. Genauso gut könnte er versuchen, die Pubertät zu verbieten. Immerhin wurde das Mindestalter für Amoklauf auf 21 hinaufgesetzt.

Abgegriffene Phrasen und sinnentleerte Schablonen waren stets Glanzlichter in Kanzler Schröders Programm – die verkaufte er als harte und entschiedene Worte. Nach einem Handgranatenanschlag an einer S-Bahnstation in Düsseldorf donnerte er: »Es reicht!« Daraus konnte man schließen, dass es vorher noch nicht gereicht hatte.

»Wegschauen ist nicht mehr erlaubt!«, bellte er weiter. Dann war es also gestern noch erlaubt? Und überhaupt: Wer schaute denn weg? Gab es nicht stets Gaffer zuhauf? Legte sich, wie bei den rassistischen Krawallen in Rostock-Lichtenhagen, der Beifall klatschende Pöbel nicht sogar Kissen auf die Fensterbank, damit es beim Glotzen auch schön gemütlich war?

Und schließlich rief Cheflallbacke Schröder aus: »Wir brauchen einen Aufstand der Anständigen, und ich weiß, dass das die übergroße Mehrheit ist.«

Wer waren diese Anständigen? Waren es die, die immer nur ihre Pflicht taten und dabei doch anständig blieben, wie Heinrich Himmler es auch von seiner SS behauptete? Oder waren es jene rund dreißig Prozent der Bundesbürger, die zu rechtsextremen Auffassungen neigen und Sauberkeit, Reinheit und Anständigkeit für sich reklamieren? Oder waren die Anständigen etwa die, die bei Castortransporten mit Polizeischlagstöcken und Tränengas malträtiert und gelegentlich auch mal stundenlang eingekesselt wurden?

Nein, die konnte der Kanzler nicht gemeint haben – die waren ja eher unanständig. Tatsächlich meinte er niemanden, er redete einfach nur Blech.

Die Anständigen, die er eventuell gemeint haben könnte, die gibt es nicht, denn anständige Leute machen keinen Aufstand. Aufstandmachen ist nämlich in der deutschen Leitkultur nicht vorgesehen, also unanständig, ergo verboten. Wenn der Kanzler zum Aufstand rief, dann hatte er keinen Anstand. Da war Abstand geboten. Vor allem zum Kanzler.

Lallbacke Schröder war ein Kanzler, der es wie kein anderer verstand, blanken Unsinn zu reden und doch so zu wirken, als sei er ganz bei sich. The German Chancellor, der Weltstaatsmann, der seine niedersächsische Heimat über alles liebte, soll, so erzählt man sich, eines Tages den regierungsamtlichen Ghostwriter gerügt haben, weil der in einem Redeentwurf zum Welttourismusgipfel Rothenburg o. d. T. und Dinkelsbühl als lohnende Ausflugsziele in deutschen Landen anpries.

»Keines aus Niedersachsen?«, fragte der Kanzler, »wo bleibt das Hermannsdenkmal?«

Ja, wo bleibt es denn? Natürlich da, wo es steht: in Nordrhein-Westfalen.

Kanzler Schröder konnte, wie alle Fans der Hannoveraner Rockgruppe Scorpions, nicht unbedingt als Musikkenner gelten. Mit dem Enthusiasmus des Ahnungslosen schwadronierte er: »Das Album ›Westernhagen‹ mit dem programmatischen Titel ›Freiheit‹ sprengt alle Vergleiche.«

Hör mal, Schröder: Vergleiche werden eigentlich so gut wie nie gesprengt. Erst wenn der letzte Vergleich gesprengt ist, wird Schröder begreifen, dass er unter den Trümmern seiner Sprache begraben liegt.

Was wird über Gerhard Schröders siebenjährige Kanzlerschaft dereinst in den Geschichtsbüchern stehen? Dank Schröder hatte die SPD zu keinem Zeitpunkt ihren Verzicht auf das Wort »nachhaltig« erklärt, denn ohne Nachhaltigkeit wäre die gesamte sozialdemokratische Programmatik zusammengebrochen: In der rot-grünen Koalitionsvereinbarung kam das Wort 77 Mal vor, weil die nachhaltige Wirkung des »Nachhaltigkeitsfaktors« immer auch nachhaltige Folgen hat. Und so gelang es, mit der souveränen rot-grünen Reformpolitik die Zahl der SPD-Mitglieder in einem faszinierenden Gesundschrumpfungsprozess um fünfzehn Prozent zu reduzieren. Kanzler Schröder ging es nicht darum, eine Idee, eine Richtung, die als richtig erkannt worden ist, durchzusetzen. Als richtig galt ihm, was sich durchsetzen ließ. Trotzdem blieb die SPD die Partei der sozialen Gerechtigkeit. Nur versteht sie nach Schröder unter sozialer Gerechtigkeit etwas anderes als vor Schröder.

Bezeichnend war das Motto eines Parteitages: »Das Wichtige tun – Wege zu einem neuen Fortschritt!«

Das Richtige stand nicht zur Debatte, lieber nahm man sich wichtig.

Welche Ziele die »Wege zu neuem Fortschritt« anstrebten, blieb unklar – wahrscheinlich wollte man nur wieder Seit an Seit auf Umwegen die Abwegigkeiten des alten Fortschritts beschreiten.

Weil der Kanzler ganz genau wusste: »Ein Alphatier zeichnet sich dadurch aus, dass es nicht mit dem Kopf durch die Wand will, denn dann gewinnt nur die Wand«, konzentrierte er sich darauf, mit dem Hintern durch die Wand zu kommen: Von Endorphinen und Testosteron übermannt, geriet er nach seiner verlorenen Bundestagswahl außer sich. »Ich bin der Wunschkandidat von Gerhard Schröder«, lallte Schröder, »ich habe mich immer für Gerhard Schröder eingesetzt, damit Gerhard Schröder Gerhard Schröder bleibt, ich bin Gerhard Schröder seit Jahren verbunden, und die einzige Koalition, die für Gerhard Schröder in Frage kommt, ist die zwischen Gerhard und Schröder.« Er fletschte die Zähne, erklärte, er habe die Wahl gewonnen, und entließ alle Fernsehredakteure. Dafür erhielt Gerhard Schröder den Sonderpreis in der Kategorie »Beste Comedy-Performance in einer Politiksendung 2005.«

Aber man musste sich um Lallbacke Schröder keine Sorgen machen. Er hatte ja seinen Freund Carsten Maschmeyer. Dieser Finanzunternehmer, langjähriger Co-Vorstandsvorsitzender der Finanzvertriebsgesellschaft AWD Holding AG, dessen mit Hilfe von Rentnerinnen und Rentnern angehäuftes Vermögen Ende 2010 auf 650 Millionen Euro geschätzt wurde, hat Schröders Memoiren gesponsert und so dafür gesorgt, dass zumindest bei Kanzler Schröder dank AWD die Altersversorgung zufriedenstellend klappt.

Lallbacke Schröder, ehemals ein eher unbedarfter Rechtsanwalt aus Hannover, schreibt in seinen Memoiren zum Thema Kosovo-Krieg: »Gerade wir Deutschen durften nicht zulassen, dass in Europa Menschenrechte aufs brutalste verletzt wurden – und zwar durch *Miloševićs* bestialische Greueltaten, wie zuvor schon von Tito, unter dessen Knute der serbokroatische Seilakt Jugoslawien entstanden war.«

Weiterlesen unnötig: Jugoslawien entstand nicht erst unter Titos Knute, sondern schon 1918 unter dem Zepter von König Peter I. als Königreich der Serben, Kroaten und Slowenen. Aber damit muss sich ein deutscher Exkanzler nicht belasten, der muss den Kopf frei haben für seinen Job bei einem russischen Energieunternehmen.

Es gab nur einen Menschen, der Lallbacke Schröder intellektuell unterbieten konnte, und das war die einzigartige Lallbacke Merkel. Frau Merkel, die in jenen Jahren, da sich im Westen Kim Novak, Marina Vlady und Uschi Obermayer ereigneten, in der vorderasiatischen Steppe im Blauhemd in ihre Blockflöte pustete, spricht heute davon, dass die Bundesrepublik seit 1949 »demokratisch, liberal, tolerant und weltoffen« war. Haha.

In dieser toleranten und weltoffenen Bundesrepublik waren Frauen in einer Regierung gerade mal so als Einzelstück am Rande geduldet: Nie, niemals hätte Deutschland einer Frau die Richtlinienkompetenz zugebilligt. Homosexuell zu sein war verboten, Abtreibung war auch strafbar, ein Mensch mit Schlitzaugen als Minister war undenkbar, ein Rollstuhlfahrer war ebenfalls nicht ministrabel, auf Demonstranten wurde grundsätzlich eingeknüppelt, es wurden Wasserwerfer aufgefahren, und hin und wieder wurde damit auch mal jemand überfahren, und der Deutsche Fußballverband untersagte den Frauen einen regulären Fußballspielbetrieb. Also, alle Äußerungen von Angela Merkel sind immer auch zu werten als verspäteter Beitrag der CDU zu Fritz Teufels Spaßguerilla.

In einem Interview drohte Frau Merkel, als Bundeskanzlerin wolle sie »eine gewisse Fröhlichkeit« an den Tag legen. Das konnte ja heiter werden, vor allem wenn man daran dachte, wie schwierig es war, Gerhard Schröder die Fröhlichkeit einigermaßen abzugewöhnen. Oder dachte Frau Merkel nur an ein schlichtes Mundwinkellifting?

Frau Merkel sagte in dem Interview auch: »Der Weg, den Deutschland gehen muss, hat Eigenschaften einer Bergwanderung, es wird auch mal Muskelkater geben, aber er bringt Weitsicht, so viele schöne Eindrücke, auch gemeinschaftliche Erlebnisse, dass diese Wanderung keine Qual ist, sondern eine wunderbare Erfahrung.«

Da deuteten sich also erste Halluzinationen an, und man hätte die bergwandernde Angela schon damals darauf aufmerksam machen müssen, dass dünne Höhenluft irgendwann auch Wahrnehmungsstörungen auslöst. Oder sogar geopolitischen Irrsinn: »Dann müssen wir halt besser sein als Inder, Chinesen und andere Europäer!«

Als Oppositionschefin Merkel die Regierungserklärung von Kanzler Schröder zum Attentat vom 11. September 2001 beantwortete, gelang ihr eine Formulierung, wie man sie selbst im Bundestag selten hörte. Bei der Begründung dafür, dass man die Welt, wie sie sagte, »von den Wurzeln« des Terrors befreien müsse, wählte Merkel die Einleitung: »Wenn dieser schreckliche Tod von Tausenden und Abertausenden von Menschen einen Sinn haben soll ...« Der Rest des Satzes ging im ratlosen Kopfschütteln unter, weil es völlig belanglos war, welchen Sinn die Dame da wohl noch entdecken wollte. Grundgütiger Himmel, dachte man, das wird ja lustig: diese peinlich provinzielle Schreckenstante als Bundeskanzlerin, und ihr Außenminister heißt womöglich Westerwelle – das deutsche Volk wird wohl aus Gründen der Selbstachtung geschlossen Hand in Hand ins nächste Klo springen müssen.

Aber tollkühn, wie ihre Analysen hin und wieder ausfielen, bemerkte Frau Merkel, Kanzler Schröder habe in Prag bei einem Empfang in Anwesenheit des amerikanischen Präsidenten Bush eine jämmerliche Figur abgegeben. Da wollte man nicht unbedingt widersprechen, aber konnte man sich andererseits diese Usedomer Elfenparodie auf einem Staatsbankett vorstellen? Die merkte doch vermutlich nicht mal, wenn der Wein korkt. Sie möpselte doch selbst.

Und wie konnte Frau Merkel es wagen, von Figur zu reden? Was ging da in ihrem Unterbewusstsein vor? Hatte sie sich selbst mal von hinten gesehen, wenn sie die Stufen zum Rednerpult erklomm? Man konnte Frau Merkel nur raten, ihren Wortschatz zu überprüfen.

Was im Irak zu geschehen habe, das erläuterte Oppositionsführerin Merkel so: »Am Anfang wird das ein schrittweiser Prozess sein, bei dem die, die im Land sind, das begleiten und dann in die UNO überführen können.«

Überführt werden zwar eigentlich nur Leichen, aber das nahm Frau Merkel nicht so genau. Dann plädierte sie dafür, »das Machtvakuum in dem Land sehr schnell in ein stabiles System zu führen«. Es war zwar unklar, wie man ein Vakuum führen konnte, aber klar war: Wegen der Stabilität musste Frau Merkel eigentlich selbst nach Bagdad! Sie musste dort in einem Präsidentenpalast eine intelligenzfreie Zone einrichten, sich mit »Eure Insuffizienz« anreden lassen oder auch mit »Mutter aller Joghurtpalmen«, sie musste den Ramadan streichen und durch die Brigitte-Diät ersetzen und so den Anschluss des Irak an Meck-Pomm vorbereiten. Denn eines hatte sie gewiss verinnerlicht: Krieg erzeugt Arbeitsplätze erzeugen Dividende.

So etwas Ähnliches musste auch USA-Oberlallbacke George W. Bush empfunden haben, der seiner Zuneigung zu Lallbacke Merkel mit den unsterblichen Worten Ausdruck verlieh: »Wenn ich mit Angela spreche, habe ich nicht das Gefühl, mit einer Frau zu sprechen.« Die Tage von Georgieboys Heterosexualität waren also auch gezählt.

Um das christdemokratische Wohlbefinden abzurunden, wurde Kardinal Ratzinger Papst und nahm den Künstlernamen Benedikt XVI. an. Daraufhin detonierte der letzte Krümel Hirn in Redaktionen, Ministerien und anderen wichtigen Denkwerkstätten.

Der Bundeskanzler ließ verlauten: »Ich gratuliere ihm im Namen der Bundesregierung und aller Bürger seines Heimatlandes« – als hätte Ratzinger sämtliche olympischen Medaillen im Dauersegnen, Extrempredigen und Scheinheiligsprechen abgeräumt.

Franz Müntefering erklärte: »Die SPD wünscht Benedikt XVI. ein gutes Pontifikat.«

Ob Ratzinger der SPD im Gegenzug ein erfolgreiches Überstehen der Legislaturperiode wünschte, ist nicht überliefert.

Angela Merkel, der es ungerechterweise verwehrt ist, Papst zu werden, formulierte auch etwas Originelles, wenn auch in minderwertigem Deutsch: »Dass ein Deutscher zum Papst gewählt wurde, ist ein Moment des Stolzes.«

Und Edmund Stoiber rief aus: »Wer als Arbeitsloser in Deutschland nicht bereit ist, zum katholischen Glauben überzutreten und missionarisch tätig zu werden, muss mit empfindlichen Einschnitten rechnen.« Der genaue Wortlaut seiner Erklärung liegt zur Zeit nicht vor, aber so etwas Ähnliches wird es schon gewesen sein.

126 katholische Korporationen, der Cartellverband der katholischen deutschen Studentenverbindungen, der CV, grüßte den Bundesbruder Ratzinger per ganzseitiger Zeitungsanzeige und wünschte dem 256. Nachfolger Jesu Christi alles Gute sowie allzeit göttliche Eingebung.

Ratzinger – der Nachfolger von Jesus? Darauf war nicht mal die *Bildzeitung* gekommen. Halleluja! Wir sind Gott!

Eines Tages dann, im Jahre 2005, war Schröder nur noch pro forma im Amt und Angela Merkel noch nicht als Kanzlerin installiert. Im Interregnum vor den Wahlen wurde Deutschland monatelang überhaupt nicht regiert. In dieser Zeit wurde der Beweis angetreten: Es könnte auch auf Dauer ohne Regierung gehen, denn bei zunehmender Privatisierung – was sollte da noch groß regiert werden?

Die Aktienmärkte boomten, die Exporte wuchsen, das Ifo-Institut meldete das beste Geschäftsklima seit Jahren, Gesetze gab's mehr als genug, die Verwaltung funktionierte tadellos, alles war geregelt, es sei denn, es sollte nicht geregelt sein. Ämter und die Ministerien existierten einfach ohne Minister weiter, Gebühren und Steuern wurden weiterhin erhoben, Arbeitslosengeldempfänger wurden wie gewohnt schikaniert, Gerichte urteilten weise, Polizei fahndete, blitzte und prügelte erfolgreich wie immer. Niemand hoffte auf die Verabschiedung neuer Gesetze. Also, eine Regierung konnte sich das Land wirklich sparen, eine Regierung war der überflüssigste Teil der Bevölkerung. Und wenn unbedingt doch eine Regierung, dann bitteschön eine schwache: Denn was eine starke Regierung anrichtet, womöglich noch mit einem starken Führer, das wusste man ja.

Dann wurde wider bessere Einsicht doch gewählt, das Wahlvolk wurde mit folgenden Aussagen konfrontiert: »Eine große Koalition in der jetzigen Lage wäre schlecht für das Land.«

Das sagte Lallbacke Stoiber.

»Deutschland braucht keine große Koalition.«

Das sagte Lallbacke Kauder.

»Das Schicksal kann man nicht aufhalten. Frau Merkel schon.«

Das sagte Lallbacke Müntefering.

»Sie ist offenkundig unsicher und fachlich nicht sattelfest.«

Das sagte Lallbacke Steinbrück.

»Mein gesamter Anspruch, es grundlegend anders zu machen, ließe sich mit einer großen Koalition nicht verwirklichen. Eine große Koalition wird es nicht geben.«

Das sagte Lallbacke Merkel.

An ihrer Glaubwürdigkeit gemessen, waren diese Leute schon zwei Tage nach der Wahl erledigt. Und der Grüne Ströbele war auch nicht ganz dicht: »Aus der jüngsten Bundestagswahl ergibt sich eine deutliche linke Wahlmehrheit in Deutschland wie lange nicht. Niemand scheint auch nur ernsthaft darüber reden zu wollen, wie aus der linken Wahlmehrheit eine linke Regierung werden kann, die Reformen sozial gerecht gestaltet und Bürgerrechte ausbaut.«

Seit wann sind Grüne und SPD linke Parteien? Nagt an dir ein Gedanke, Lallbacke Ströbele? Vergiss ihn.

Angela Merkel sagte zu Beginn der Koalitionsverhandlungen allen Ernstes, ihr beherrschendes Gefühl sei Demut. Orientierungshilfe inmitten dieses düsteren Satzes lieferte vor einigen Jahren der wandernde Dichter Johann Gottfried Seume: »Demut ist der erste Schritt zu Niederträchtigkeit.«

Gegen Ende der Koalitionsverhandlungen demonstrierte Angela Merkel dann das Gegenteil ihrer Demut, als sie von ihren parteiinternen Kritikern forderte, endlich aufzuhören, alles mieszureden: Diese Leute sollten auch ein »bisschen Ehrfurcht« vor denen zeigen, die sich viele Stunden lang Gedanken gemacht hätten, wie man Deutschland voranbringen könne.

Wenn Frau Merkel schon von ihren Parteifreunden Ehrfurcht verlangte – was würde sie eines Tages erst von den Bürgern verlangen? Einstweilen genoss Frau Merkel Hochachtung, Wertschätzung und Verehrung, nicht zuletzt deshalb, weil sie immer wieder durch ihre Drolligkeit überraschte. Niemand artikulierte so wolkige Nullsätze von stringenter Sinnlosigkeit wie Angela Merkel, und eigentlich war klar: So viel, wie sie redete, konnte sie gar nicht denken. Doch hin und wieder warf sie echte Perlen vor das Volk: »Damit es Deutschland besser geht, werden die Weichen aufwärts gestellt.« Merkels Wunsch war Bahnchef Mehdorn Befehl.

Eines Tages, mitten in den Koalitionsverhandlungen, hatte Franz Müntefering keine Zigarillos mehr. Das war aber keine Intrige von Frau Nahles, so was kommt vor. Müntefering schickte einen Knecht los, möglicherweise einen Herrn Wasserhövel, um bei Herrn Pofalla von der CDU anfragen zu lassen, ob der noch welche hätte. Müntefering und Herr Pofalla rauchen nämlich dieselbe Sorte Zigarillos.

Dieser Pofalla – ein gut dressierter Android mit bebenden Augen, appetitlich wie ein Putenschnitzel, mit schlotternden Zähnen und flatterndem Hirn: Niemand hält es für möglich, dass Pofalla irgendwas weiß, dass ihm irgendjemand zuhört, dass er ernsthaft gefragt wird oder ungefragt etwas sagen darf, dass er irgendwo dabei ist, wenn etwas entschieden wird – dieser Pofalla ließ doch tatsächlich dem Herrn Müntefering nicht bloß ein Zigarillo rüberbringen, sondern gleich eine ganze Schachtel.

Und wie das so geht: Später hatte dann der Pofalla selbst nichts mehr zu rauchen. Da gab ihm Müntefering die Schachtel wieder.

Als das Herr Schröder sah, runzelte er die Ohren: »Jetzt gibst du den Schwarzen schon Zigarren.«

Das fand Müntefering wahnsinnig lustig: »Hahaha, Gerd, Mensch, das sind doch seine.«

Diese Geschichte stand in der *Frankfurter Allgemeinen Sonntagszeitung*. Und die Leser haben sich gefragt: Was sagt uns diese Geschichte? Sie sagte uns, dass die politische Berichterstattung in Deutschland nach der Krise der letzten Jahrzehnte wieder an Niveau gewonnen hatte. Auf jeden Fall – die Koalitionsverhandlungen sind so verlaufen, dass Müntefering und Pofalla sich »am Ende sogar duzten«, schrieb die *Frankfurter Allgemeine Sonntagszeitung*. Den Rest ihrer Kommunikation kann man sich vorstellen.

Franz Josef Wagner, Deutschlands führender Gehirnsklerotiker, darf in seiner *Bildzeitungs*-Kolumne regelmäßig seine Befindlichkeit mitteilen: »Lieber Gerhard Schröder, ob ich Sie jetzt schon vermisse? Irgendwie schon. Ich mag Menschen, die nach Tabak riechen und grinsen wie Sie. Bald wird das Kanzleramt nach Frau duften, nach Tee und Keksen … Old Shatterhand hat gegen eine Frau verloren … Es ist ein großer Tag für Frauen, mit Hüttenkäse und Weißbrot werden sie ihn feiern. Keine Ahnung, was Frauen sonst noch essen, Männerfleisch?«

Der arme Wagner – vermutlich hat er nur eine Gehirnzelle, und die braucht er für seine Notdurft.

Von Franz Müntefering wusste man: Je größer das Durcheinander in seinem Kopf, desto akkurater frisiert er ihn. Nun hatte er gesagt, es sei unfair, die Politik der großen Koalition danach zu beurteilen, was die Parteien im Wahlkampf versprochen hätten. Denn, erklärte er weiter, nun sei da die große Koalition, und die müsse Kompromisse machen.

Da konnte man sich nur wundern, wie wenig die Parteien im Wahlkampf versprochen hatten: Gemessen an den Möglichkeiten, die ihnen die Müntefering-Klausel gab, hätten sie beispielsweise versprechen können, in den Sozialämtern Champagner auszuschenken, Lotto mit Einsatz-zurück-Garantie und das ganze Jahr über mildes Frühlingsklima – hinterher macht dann der Koalitionspartner nicht mit, blöd gelaufen, war aber ein schönes Programm! Und dann arrangiert man sich wie bei der Mehrwertsteuer: Die CDU wollte um zwei Punkte erhöhen, die SPD hatte versprochen, gar nicht zu erhöhen, so raufte man sich bei drei Prozent zusammen. Das entsprach der Merkel'schen Überzeugung, sie werde einem Kompromiss nur dann zustimmen, »wenn die Vorteile die Nachteile überwiegen«.

Wer außer ihr hätte so etwas von sich geben mögen? Außer Lallbacke Angela wussten alle – die Zustimmung zu etwas, bei dem die Nachteile die Vorteile überwiegen, ist kein Kompromiss, sondern Blödheit.

Hubertus Heil, der SPD-Generalsekretär, verkörperte die hohe Münte-Schule, er war zum Hardcore-Metaphoriker herangereift: »Die Eckdaten stehen, wir lassen sie nicht verwässern«, sagte er. Gut, dass das mal klargestellt war. Das hieß nämlich: Das Ringen um die Eckdaten ist noch im Fluss. Also, die Eckdaten mussten umgesetzt werden. Möglichst in die Mitte. Damit sie weiterhin stehen und nicht absaufen.

Klärungsbedarf bestand anschließend nur noch in der Frage, was der Unterschied zwischen Eckpunkten und Kernpunkten ist: Die Regierungskoalition hatte sich auf Eckpunkte geeinigt, um dem Ärztemangel in ländlichen Gebieten entgegenzuwirken, zuvor allerdings hatte der Gesundheitsminister mit den Ländern Kernpunkte vereinbart. Unklar war auch, ob man Eck- und Kernpunkte zu einem Doppelpunkt verwässern konnte. Lallbacke Heil hatte mehr als Wörter: Der hatte Sprache.

Heinrich Heine hat festgestellt, Worte seien dazu da, Gedanken zu verbergen. Das bewies der schwarz-gelbe Koalitionsvertrag gleich im ersten Satz: »Wir stellen den Mut zur Zukunft der Verzagtheit gegenüber.«

Lallbackenblabla: Die Zukunft kommt immer, egal ob man ihr mutig oder verzagt gegenübergestellt wird.

Dann stand da: »Freiheit zur Verantwortung ist der Kompass dieser Koalition der Mitte.«

Zeigt ein Kompass nicht immer in dieselbe Richtung? Offenbar sucht die Koalition Freiheit zur Verantwortung am Polarkreis.

Und so was formulieren die Herrschaften ganz bewusst, betonen sie immer wieder. Sie tun ihre Pflicht im vollen Bewusstsein ihrer Aufgaben oder so. Auch Kanzlerin Merkel hat zugegeben, sie habe am Anfang nicht gedacht, dass der Afghanistan-Einsatz so schwierig würde, aber heute stehe sie »sehr bewusst« hinter dem Einsatz. Ihre Fangemeinde hatte bis dahin bei Kanzlerin Merkels Taten und Worten vermutet, dass sie meistens einigermaßen bei sich ist. Nun war also herausgekommen: Die kommt gelegentlich sogar bewusstlos ins Büro.

Und dann gab es die zweite große Koalition in der Geschichte der Bundesrepublik. Mit Franz und Angela hatte sich ein Traumpaar gefunden: Eine nette, sozialdemokratische Mutti und ein konservativer, wilhelminischer Vati gemeinsam auf dem Sofa. Franz Müntefering war jetzt der Schröder der Herzen.

Münte sagte stets, was Sache ist – auf Sauerländisch: »Es darf sich keiner in die populistischen Büsche schlagen.« Oder: »Es gibt weder Geld im Keller noch auf dem Dachboden.«

Und Angie konterte ohne zu zögern mit Sätzen von eindringlicher Bildhaftigkeit: »Mir ist der Atem gestockt, und zwar in zwei Richtungen.«

Da blieb sogar Lallbacke Franz die Luft weg.

Dann erklärte Lallbacke Merkel, sie möchte Deutschland »durchregieren«.

Vermutlich meinte sie das »durch« in dem Sinn, wie es die Kellnerin im Steakhouse verwendet, und wahrscheinlich wollte sie sagen: nicht blutig, nicht medium, gut durch. Also Schuhsohle. Meck-Pomm-Cuisine. Schon bei der Soljanka hob sie mahnend den Zeigefinger: »2010 ist nicht mehr so weit weg, wie wir uns das vor zehn, fünfzehn Jahren vorgestellt haben.« Richtig. Und heute ist es noch nicht so lange her wie nächstes Jahr.

Angela Merkel, frühlingsfrisch, unverbraucht, spritzig-witzig, appetitlich und trotz ihrer Jugend schon erstaunlich altbacken, gewann auch die Herzen der von der Bildungspolitik beschädigten Jugend, wenn sie bekanntgab: »Patriotismus – das ist das Bekenntnis zur Geschichte der Nation mit seinen Höhen und Tiefen.«

Die jungen Leute ahnten ja noch nicht, dass Patriotismus nur die Religion der Zukurzgekommenen ist. Und die eigenwillige Grammatik der Kanzlerin kam echt cool und sympathisch rüber, vor allem als sie dann noch charmant lächelnd anmerkte: »Ich bedanke mich für das in mich gesetzte Vertrauen und werde mich bemühen, es in die Tat umzusetzen.«

Wie sie das Vertrauen in die Tat umsetzen wollte? Selbstverständlich mit einem Bekenntnis zur deutschen Sprache mit all seinen Regeln.

Kanzlerin Merkel verfügt über einen gediegenen Wortschatz: Konjunkturmotor, Jobmaschine, Wohlstandsfundament, so was geht ihr immer flott von der Zunge. Oder »Entkoppelung«. Die Entkoppelung, und zwar die konsequente Entkoppelung der Löhne von irgendwas und irgendwem – das ist ihr sozusagen ein Herzensbedürfnis. Sie spricht auch gern von »überwölben«. Das nämlich sollen ihre »großen politischen Ziele und Zusammenhänge« mit der Realität machen – überwölben. Sie will das Leben ihrer Untertanen mit dem »Nachhaltigkeitsfaktor« überwölben.

Für ein wenig Irritation, jedenfalls in ihrer eigenen Partei, sorgte allerdings Merkels Ausspruch: »Wir müssen ehrlich sein!« Ob sich Frau Merkel damit »ganz bewusst« in die Nähe von Marcel Proust begeben hat – »Proklamiert zu haben (als Führer einer politischen Partei oder was sonst immer), dass es abscheulich ist zu lügen, zwingt in der Mehrzahl der Fälle dazu, mehr als die anderen zu lügen, ohne dass man deswegen die feierliche Maske oder die erhabene Tiara der Gesinnungstreue ablegen darf« –, das ist zweifelhaft. Dieser französische Dichter gehört ja vermutlich nicht zur Pflichtlektüre in einer Partei.

Schon bald nach Antritt ihrer Kanzlerschaft begann Frau Merkel zu reifen. Sie reifte zusehends, sie reifte rasant, sie wurde einer reifen Williams Christbirne immer ähnlicher, kein Wunder, dass sie die Menschen draußen im Land manchmal an den späten Kohl erinnerte.

Aber auch ein Unterschied zwischen den beiden wurde deutlich: Kohl suchte sein Heil im Aussitzen. Merkel duckte sich unter den Problemen weg. Zwar schrieb *Forbes*, Kanzlerin Merkel sei die mächtigste Frau der Welt, aber die Frage, worin diese Macht bestand und wozu sie nützlich war, blieb unbeantwortet.

Und tatsächlich reichte ihre Macht nicht einmal aus, Münteferings Herz zu entflammen oder die Langeweile aus den Leitartikeln zu vertreiben. Kanzlerin Merkels Politik pflegte die Tugend der Bescheidenheit, und mit der bescheidenen Qualität ihrer Reden wollte sie demonstrieren, wie weit ihre Reformbemühungen um ein intellektuelles Abspecken bereits vorangekommen waren. Mit Frau Merkel legte sich der gleiche indolente, dumpfe, trübe Dunst über das Land wie zu Kohls Zeiten, der allen das Atmen erschwerte, die nach einem Ausweg aus der Oggersheimer Verelendung suchten.

Frau Merkels Erfolgsrezept bestand darin, zu keiner Frage eine Meinung zu vertreten. Worüber auch immer im Land gestritten wurde, die Kanzlerin hielt sich raus und wurde mit hohen Bekanntheitsgraden belohnt. Frau Merkel hätte auch den Vorsitz der SPD übernehmen können, die Genossen hätten das möglicherweise gar nicht gemerkt, geschweige denn eine feindliche Übernahme vermutet. Merkels Credo lautete: »Wer arbeitet, muss mehr in der Tasche haben als der, der nicht arbeitet und von staatlichen Transfers lebt.«

Außerdem, sagte sie weiter, müsse der Transferleistungsempfänger strikt dazu verpflichtet werden, sich nützlich zu machen, etwa durch Arbeit in öffentlichen Anlagen. Das machte Hoffnung, dass die staatlichen Transferleistungen an von ihr weggemobbte und ausgeschiedene Politiker und -innen eines Tages drastisch reduziert würden und dass die Herrschaften dann auf Bürgersteigen Hundescheiße und Plastiktüten aufpicken müssten.

Verbal steuerte die Kanzlerin im Rahmen ihrer Möglichkeiten immer einen schnurgeraden Kurs: »Wir lassen nicht zu, dass Deutschland an die Wand gefahren wird.« Wenn man mal davon absieht, dass man nicht genau weiß, wer fährt, fragt man sich: Wie fährt man eigentlich Deutschland? Deutschland ist doch ein Standort. Kann man einen Standort fahren? Und wenn ja – wieso »an« die Wand und nicht gegen? Und welche Wand wird angesteuert? Die Eigernordwand? Eine Schrankwand? Und wo befindet sich diese Wand? Etwa in China? Dann muss die Wand aber Mauer heißen. Oder etwa in den Köpfen? Dann muss die Wand aber »Schandmauer« heißen! Sollte der Satz nicht sicherheitshalber lauten: Wir lassen nicht zu, dass der Standort Deutschland gegen die chinesische Schandmauer gefahren wird?

Man darf vermuten, dass es diese Gesprächsthemen waren, wenn sich die Kanzlerin mit ihrer Freundin traf, Deutschlands zweitmächtigster Verlegerin, mit Friede, der Witwe von Axel Caesar Springer.

Angela Merkel wurde Deutschlands führende Floskelmaschine, und ihre Philosophie ließ sich in einem Wort zusammenfassen: Kohlroulade. Eines Tages wird die Kohlroulade Merkelroulade heißen. Ein Oldenburger Metzger widmete der Kanzlerin eine neue Wurstsorte und taufte sie mit falschem Apostroph »Angela's Beste«. Es handelte sich um eine feinfleischige Aufschnittwurst mit ganzen Schinkenstücken. Trotzdem: Merkel hat irgendwann ein Ende, nur die Wurst hat zwei.

Getreuester Knappe der Jungfer Angela war und ist Pofalla, Chef des Bundeskanzleramtes und Minister für besondere Aufgaben. Wenn Pofalla im Fernsehen erscheint, entwickelt er eine Ausstrahlung wie ein benutzter Pfeifenreiniger. Auffällig wurde Pofalla mit der Einführung des Begriffes »Merkel-Faktor«, mit dem er leicht steigende Abschlüsse in der Wirtschaft interpretierte. Stets verklemmt und beflissen, quetschte CDU-Mann Pofalla seine Wünsche heraus, etwa den, dass Kanzlerin Merkel »ihre erfolgreiche Arbeit als Bundeskanzlerin unter Führung der FDP weitermachen kann«.

An anderer Stelle teilte er mit: »Kernkraft ist für die CDU Ökoenergie.« Wahrscheinlich glaubte er das wirklich. Für Pofalla ist ja auch jeder Türstopper eine Biodinkelfrikadelle.

Pofallas von derben Polypen dominierte Sätze klingen, als habe er einen Intelligenzquotienten wie ein Alpenveilchen. »Ein freies Leben in der Chancengesellschaft« zu ermöglichen, näselte er, als es darum ging, konkret etwas über die Ziele seiner Partei zu sagen. Viele Menschen empfinden es als beschämend, wenn die CDU diesen Plattitüdenpimpf vorschickt, um ihr Interesse zu wecken. Als Lallbacke Pofalla den Entwurf des neuen Grundsatzprogramms seiner Partei vorstellte, erreichte er mit dem Schlüsselsatz sein bislang höchstes Schwafelniveau: »Für uns ist Freiheit ohne Sicherheit nicht vorstellbar, aber auch Sicherheit ohne Freiheit nicht.« In der darauf folgenden atemlosen Stille hörte man die Asche von Adenauer leise kichern.

Noch unterhalb von Pofalla rangierte in der allgemeinen Sympathiewertung ein hessischer Lippenblütler namens Roland Koch, der in der Zeit, da der den einst angesehenen Beruf eines hessischen Ministerpräsidenten zugrunde richtete, alles unterließ, was ihn unter Demokratieverdacht hätte stellen können. Dieser Herr Koch legte das Bekenntnis ab: »Zwischen Angela Merkel und mich passt kein Löschblatt.« Kein Löschblatt zwischen ihm und Angela? Was war denn das für eine seltsame Perversion? Gab's da denn was zu löschen? Die Glut der Verantwortung? Die Hitze der Macht? Das Feuer der Visionen? Oder ging es doch nur um die Schweißausbrüche bei der Triebabfuhr? Hören Sie mal, Lallbacke Koch: Wenn man so designt ist wie Sie, dann braucht man einfach mehr Substanz.

Woran lag es nur, dass Kanzlerin Merkel immer wieder die Kraft fand für ihre erstaunlich originellen Gedankengänge? Es lag an der Art, wie sie Urlaub machte. So antwortete sie auf die Frage, ob sie sich ein wenig erholt habe: »Bergsteigen tut Politikern gut ... Ich glaube, dass – insbesondere wenn man sich körperlich betätigt, zum Beispiel auf Berge steigt – es eine interessante Durchlüftung auch der jeweiligen Gehirnformation ist und dass das insgesamt der politischen Arbeit guttut.«

Gehirnformation – ein exquisiter Begriff. Zumal es hier nicht um irgendeine beliebige Formation ging, sondern um die jeweilige. Ein wenig irritierend war nur, dass diese jeweilige Gehirnformation durchlüftet werden konnte, wie normale Leute es nur von Mund und Nase kennen. Offenbar hatte die Kanzlerin ein Extrabelüftungsloch im Kopf, eine offene Fontanelle, die sie in die Lage versetzte, jeden Konferenzraum mit klarer Bergluft und den Gummibaum mit frischem Grün zu versorgen, eine private Klimaanlage, die sie befähigte, ihrer Partei knallhart die Richtung zu weisen: »Wir werden Verschwendung und Undurchschaubarkeit im System durch eine Vielzahl von Strukturmaßnahmen verbessern.« Das Protokoll verzeichnet an dieser Stelle tosenden Applaus. Verschwendung und Undurchschaubarkeit verbessern – kein Problem: Das war schon immer ihre Stärke.

Frau Merkel, Anführerin der deutschen Christdemokraten, ist ein zwar fernes, aber großartiges Echo auf den Urknall. Rhetorisch allerdings ist Merkel eher ein armes Mäuschen: »Jeder Weg beginnt mit dem ersten Schritt« – sagte sie. Ist das wahr? Wissen das die Verkehrsplaner und die Radfahrer?

Merkel vertiefte ihren Gedanken so: »Man kann mit vielen kleinen Schritten zu einem Ziel kommen, und man kann vielleicht auch mit wenigen großen Schritten zu einem Ziel kommen.« Dieser Satz war so tiefgründig, den hätte auch Mao Tse-tung den mongolischen Bauern an der Grenze zu Tibet ins kleine rote Buch schreiben können. Und unerbittlich dachte Merkel immer präziser: »Bei den kleinen Schritten hat man mehr Trittsicherheit, bei den großen möglicherweise mehr Geschwindigkeit. Dafür läuft man Gefahr, eine ganz falsche Richtung einzuschlagen. Wichtig ist doch nicht die Schritt-länge, sondern dass das Ziel klar ist.« Das leuchtet ein. Und wer einfach liegenbleibt, muss nicht weit reisen.

Nach einer CDU-Klausurtagung sagte Merkel, es sei um »neue Ge-rechtigkeit durch mehr Freiheit« gegangen. Da musste es also eine alte Gerechtigkeit gegeben haben, die nichts mehr taugte, weil sie zu wenig Freiheit enthielt. Es wäre interessant gewesen zu erfahren: In welcher Tüte oder in welchem Messbecher wollte Frau Merkel Frei-heit abfüllen, damit auch schlichtere Leute deren Vermehrung oder Reduzierung überprüfen konnten?

Dieselbe schlichte Herangehensweise fand sich in einem *Spiegel*-Interview: »Eine Institution wie Guantánamo kann und darf auf Dauer so nicht existieren, es müssen Mittel und Wege für einen an-deren Umgang mit Gefangenen gefunden werden.« Für eine gewisse Zeit konnte man also schon mal einige Geheimgefängnisse haben und ein bisschen foltern, natürlich nur rechtsstaatlich und demokra-tisch, aber auf Dauer – das ging nun wirklich nicht.

Begeistern konnte auch, was Kanzlerin Merkel, der personifizierte blasse Schimmer, über Barack Obama absonderte: »Es ist, glaube ich, für Amerika eine wirklich große Stunde, auch ein gesellschafts-politisches Ereignis, dass ein Farbiger jetzt Präsident wird, jemand, der aus einer ganz anderen, eigenen Lebensbiographie kommt.« Sie traute sich nicht, »schwarz« zu sagen, diese farblose Person. Dabei ist sie selbst die »Farbige« – rosa bei ihrer Geburt, kalkweiß vor Angst, grün vor Übelkeit, blau vor Kälte, gelb vor Neid, in der Sonne erst knallrot, dann braun, und als Leiche grau. Und dass der Schwarze aus der eigenen und nicht einer fremden Lebensbiogra-phie – sie könnte auch sagen: Existenz-Vita – kommt, das ist feinstes Lallbackengelalle.

Angela Merkel war auch immer eine energische Mutmacherin, und sie sparte nicht mit harten Imperativen: »Sehen wir die Chance vor dem Risiko, wecken wir die Kraft der Freiheit für Solidarität und Gerechtigkeit.« Oder: »Geh ins Offene, das sage ich heute unserem Land!«

So offen hat noch kein Kanzler die Auswanderung angeheizt.

Ernsthaft zu rügen ist der Hamburger SPD-Abgeordnete Johannes Kahrs, dessen Erscheinen regelmäßig die Frage auslöst: Wer wählt eigentlich immer wieder diesen Unsympath? Gibt es wirklich so viele Doofköpfe in Hamburg? Lallbacke Kahrs attackierte die Bundeskanzlerin mit der Bemerkung, der Fisch stinke immer vom Kopf her. Abgesehen von der Unverfrorenheit: Wie konnte er die Bundesregierung einen Fisch nennen? Und Lallbacke Merkel einen Kopf?

All dieses bedenkend, kann es nicht verwundern, wenn auch mal der Eindruck entsteht: Kanzlerin Merkel ist genervt. Oft, wenn sie, nicht größer als ein Besenstiel, mit ihrem putzigen Watschelgang ein Pult erklimmt, wirkt sie gereizt, und zwar weil sie schon wieder eine Meinung zu irgendwas äußern muss. Das ist durchaus verständlich. Was ist das aber auch für eine Zeit, in der eine ältere Dame vor aller Öffentlichkeit eingestehen muss, dass sie »keine verbrauchende Embryonenforschung« wünscht und dass »menschliches Leben mit der Verschmelzung von Ei und Samenzelle beginnt«? Weiß das deutsche Volk nicht mehr, wie Bienen und Blüten es treiben? Muss eine Dame unbedingt vor allen Leuten laut darüber reden?

Gelegentlich wurden dann auch Zweifel laut: Ist Merkel eigentlich eine Frau? Merkel selbst nährte derartige Spekulationen: »Erfolge wie Misserfolge werden auf den Vorsitzenden projiziert. Deshalb bekomme ich auch manches Kritische ab. Bei Erfolgen gibt es immer mehrere Väter. Das ist völlig normal.« Es schien zwar möglich, dass sie, um ein Erfolgsvater zu werden, eine Geschlechtsumwandlung an sich vornehmen ließ, aber immerhin gab sie zu, weiblichen Geschlechts zu sein: »Dass ich eine Frau bin, spielt für viele eine Rolle. Für mich selbst weniger: Ich kenne mich ja nur als Frau.« Möglicherweise ist sie da die einzige.

Das Frauenbild, das Frau Merkel repräsentiert, ist ein neoliberal modifizierter Feminismus. Immer wenn die Rede auf Frauen und Frauenrechte kommt, ist die Kanzlerin hellwach: »Wenn man sich zum Feminismus bekennen muss, ist das für manche so, als wolle man sagen, dass man einen strukturellen Nachteil spürt. Viele Frauen empfinden es heutzutage aber nicht mehr als Nachteil, eine Frau zu sein, obwohl es unbestritten noch Nachteile oder Erschwernisse gibt.« Keine Frage: Frau Merkel ist Merkels bester Mann. Und sie ist die Mutter Oberin aller Deutschen, sie ist von morgens bis abends auf einem guten Weg, sie hat die Probleme im Griff und gestaltet die Zukunft.

Aber dann, aus heiterem Himmel, hält sie wieder eine Rede: »Es kann doch nicht sein, dass eine Minderheit von Menschen in unserem Land einer Mehrheit von Menschen Angst macht.«

Nein, das wäre unerhört. Das haben wir traditionell schließlich immer andersrum praktiziert. Aber für solche und ähnliche Sätze hat Superlallbacke Merkel mehrere Ehrendoktorhüte bekommen. Bei diesen Gelegenheiten hielt sie besonders geschliffene Reden, die klangen, als hätte sie der Dalai Lama schon mal im Mund gehabt: »Man darf das Zeitfenster nicht verstreichen lassen.« Oder: »Wenn zwei mal zwei nie vier ergibt, stimmt auch in der Politik was nicht.« Oder: »Wer nur aufs Materielle setzt, wird sich nie darauf hinbewegen, den Menschen eine Freude jenseits des Materiellen zu machen.«

Diese Sätze muss sie sich selbst ausgedacht haben. Normale Menschen sind zu solchen Überlegungen nicht fähig. Kein Wunder, Angela Merkel hat auch bekannt: »Ich glaube an die Wiedergeburt.« Für'n Kohlrabi wird's reichen.

Zu Zeiten der revolutionären Unruhen in Tunesien und Ägypten konnte man bei den Lallbacken von *Spiegel*-Online lesen: »Angela Merkel ist die einzige Staatenlenkerin eines führenden westlichen Landes, die eine demokratische Revolution erlebt und mitgestaltet hat.« Ohne jede Ironie wurde die Kanzlerin zur »Revolutionärin« verklärt, was die US- Außenministerin Hillary Clinton schwer beeindruckte: »Kanzlerin Merkel hat mich heute morgen in unserem Vieraugengespräch daran erinnert, wie das 1989 war, wie sie es erlebt hat, wie herausfordernd eine solche Situation sein kann und welche Lehren wir daraus ziehen sollten.«

Die revolutionssachverständige Merkel hielt eine »schnelle Wahl« in Ägypten für falsch, denn es gehe darum, ein Machtvakuum zu vermeiden. Ägyptens Staatspräsident Mubarak müsse deshalb vorläufig im Amt verbleiben. Um ihre Position zu untermauern, verwies Kanzlerin Merkel auf Erfahrungen, die während der friedlichen Revolution in der DDR gemacht worden seien. Auch damals sei es gut gewesen, dass der Übergang durchdacht gestaltet worden sei. Also war es nach ihrer Meinung wohl ein Fehler, dass man Erich Honecker keine Möglichkeit eingeräumt hatte, persönlich die DDR abzuwickeln.

Frau Merkel baute ihre persönlichen revolutionären Erfahrungen in ihre große engagierte Rede zum Thema Ägypten ein. Vor allem warnte sie vor der Ungeduld der Revolutionäre. »Wir haben 1989 keinen Tag warten wollen, wir wollten die D-Mark. Aber als wir nach dem 3. Oktober 1990 dann sahen, wie schwer der ganze Prozess tatsächlich war – da war es gut, dass wir uns Zeit gelassen haben.«

Nicht etwa die verkrusteten Strukturen der DDR und die Ignoranz der Greise im Politbüro hatte sie also satt, sondern die poplige Ost-Mark. D-Mark wollte sie in die Finger kriegen, Bimbes, das war ihr wichtig. Die Kanzlerin war eine umsichtige und sehr vorsichtige Revolutionärin: Nie stand sie auch nur in den ersten hundert Reihen derer, die gegen das DDR-Regime demonstrierten. Und laut »wir sind das Volk« rufend, ein tapferes Teelicht in der kleinen Faust, wurde sie nirgends gesichtet und abgelichtet. So konnten die Schergen des Systems sie auch nicht dingfest machen. Madame hat in einer Ostberliner Sauna die Maueröffnung schlicht verschwitzt.

Nach dem Rücktritt des Despoten Mubarak erklärte Kanzlerin Merkel: »Präsident Mubarak hat mit seinem Rücktritt dem ägyptischen Volk einen letzten Dienst erwiesen.« Wenn der Rücktritt Mubaraks letzter Dienst am Volk war: Welche Dienste hat er dem Volk zuvor geleistet? Es musste etwas zu tun gehabt haben mit Unterdrückung, Willkür und Folter.

US-Präsident Obama vermutete, Kollegin Merkel sei ein »Symbol für den Triumph der Freiheit« und überreichte ihr die amerikanische Freiheitsmedaille.

Trotzdem: Angela Merkels Selbstbewusstsein hat auch etwas Anrührendes: »Ich lege Wert darauf, dass ich ich bin.« Soll sie – denn wer, außer Angela Merkel, möchte schon Angela Merkel sein?

Etwa einen Monat vor dem fünfzigsten Jahrestag des Mauerbaus verblüffte Kanzlerin Merkel alle Welt mit dem Bekenntnis: »Dass jedes Land seine Grenze sichern muss – ich glaube, das ist doch das Normale«, zumal, meinte sie weiter, wenn sich dieses Land für Stabilität einsetzt. Guck an, dachte der Zuschauer, der ein wenig zu spät eingeschaltet hatte, endlich sagt es mal eine: Die Mauer hatte für Stabilität in Mitteleuropa gesorgt. Dann aber verstand er: Die Kanzlerin sprach nicht von der Mauer, sondern von Angola und davon, »dass wir im umfassenden Sinne keine Aufrüstung betreiben«, wenn Deutschland der angolanischen Küstenwache acht bestens bewaffnete Küstenschutzboote lieferte. Das war eben der gesamtdeutsche

Fortschritt: Eins dieser Schiffe war vermutlich teurer als die Mauer in gesamter Länge inklusive Stachelhunde und Schäferdraht.

2011 wurde der als Terrorist gesuchte Osama Bin Laden von einem amerikanischen Einsatzkommando in seinem Schlafzimmer hingerichtet. Die *Bildzeitung* hatte schon vor Jahren geschrieben: »Die amerikanischen Elitetruppen in Afghanistan haben den Geheimauftrag, Osama Bin Laden zu köpfen. Sie sollen ihm Kopf und Hände abtrennen, sie in einen Rucksack packen und dann so schnell wie möglich das Kampfgelände verlassen.« Ob es wirklich dazu gekommen ist oder ob man den Mann nur filetiert hat, erfuhr bis dato niemand, aber die deutsche Kanzlerin sah sich zu der Äußerung veranlasst: »Ich freue mich, dass es gelungen ist, Bin Laden zu töten.«

Dass Frau Merkel sich freute, war nachzuvollziehen. Aber dass sie das nicht klammheimlich tat, wie das in gewalttätigen Kreisen der Bundesrepublik Tradition hat, sondern lauthals rausposaunte, war saudämlich. Kanzlerin Merkel ist Vorsitzende einer Partei, die sich christlich nennt. Sie kennt sich aus in allen Variationen von Doppelmoral, es macht ihr nichts aus, den Widerspruch zwischen christlichem Anspruch und realem Tun auszuleben. Aber die Liquidation selbst eines Massenmörders ohne vorheriges Gerichtsverfahren ist nun mal Lynchjustiz. Und Lynchjustiz wird als rechtswidrige Bestrafung einer Person in Rechtsstaaten geächtet. Vor Jahren wurden die Bilder jubelnder Bin-Laden-Fans in arabischen Ländern nach dem Fall der New Yorker Twin Towers zum Skandal. Nun wurde mal wieder bestätigt, dass es in unseren Breiten Leute gab, die keinen Grund haben, sich moralisch überlegen zu dünken.

Lallbacke Merkels Bilanz: Die Gesundheitsreform ist als Pipifax auf der Strecke geblieben, die Hartz-IV-Reform hat nicht dazu geführt, dass die Betroffenen Rücklagen bilden konnten, die Finanzmärkte sind weiterhin out of control, ein sinnvolles Steuersystem ist nirgends in Sicht, und der Umbau der Bundeswehr zu einer weltweit für deutsche Wirtschaftsinteressen agierenden Profitruppe macht keinen besonders friedfertigen Eindruck.

Allein der Ausstieg aus der Atomkraft signalisiert das Ende eines gesellschaftlichen Konflikts – aber darauf hätte die gelernte Physikerin Merkel auch früher kommen können. Gefahren der Atomenergie sind schon eine ganze Weile bekannt. Aber vergessen ist nicht: Unter

Merkels energischer Führung, damals als Umweltministerin, erlebte der Polizeistandort Deutschland 1996 eine wahre Maienblüte, vor allem rund um Gorleben. Zwar war es Merkels Aufgabe, die Bevölkerung vor Verstrahlung zu beschützen. Aber weil Frau Merkel vor allem das Wohl der Atomindustrie mehren und schützen wollte, hat sie durchgesetzt, lieber die Verstrahlung vor der Bevölkerung zu beschützen. Auf die zweifelhafte Sicherheit der Castorbehälter angesprochen, meinte Frau Merkel, auch beim Backen könnten mal, vom Rezept abweichend, ein paar Krümel danebenfallen und der Kuchen schmecke dann trotzdem.

»Liebe Mitbürgerinnen und Mitbürger ... wir müssen eine überzeugende Konsolidierungspolitik betreiben, das verlangt Augenmaß und Geduld ... Unser Ziel heißt klar und deutlich: über geordnete Finanzen zu einem geordneten Staat. Unterstützen Sie uns bei dem Bemühen, die Krise zu meistern und neue Zuversicht und Hoffnung zu wecken! In dieser Stunde hat unser Volk ein Recht auf Wahrheit, die Wahrheit über das, was getan worden ist, und die Wahrheit über das, was getan werden muss.«

Diese Sätze – und noch einige mehr – sagte die regierende Lallbacke in einer Regierungserklärung. Ob Schröder oder Merkel, ist unerheblich. Es war in jedem Fall Kohl.

2 Außenministerium: Man muss nichts können, man muss nur wollen

Joseph Martin Fischer, dem Schröder sein Ratzinger und deutscher Außenminister, jederzeit in der Lage, über alles nichts zu sagen und dabei auszusehen wie eine alte Kunstlederimitat-Handtasche, in der er alle seine Entschuldigungen für Gewaltakte aufbewahrte, zum Beispiel bei den albanischen Kindern, die auch seinetwegen im uranverseuchten Dreck spielen mussten, dieser Fischer teilte auf einer ganzen Seite der *Frankfurter Rundschau* mit, man könne Politik nicht machen gegen die Finanzmärkte, und wenn nicht SPD und Grüne, sondern Union und FDP die sozialen Reformen betreiben würden, dann würden die um einiges unsozialer ausfallen. Dank gebührt Joseph Martin Fischer für diese ewige Wahrheit: Demokratie hat nur so viel Spielraum, wie das Kapital zulässt, und infolgedessen musste Joseph Martin Fischer immer eine unsoziale Politik machen. Allerdings darf man daraus schließen: Wenn demokratische Politiker nur ausführende Organe des Finanzmarktes sind, kann die Vorstandsetage der Allianz das bisschen Regieren doch gleich mit übernehmen.

Joseph Martin Fischer hat die Grünen nicht gegründet. Er ist später eingetreten, hat dann aber kraftvoll daran mitgewirkt, alle, die seinem Anpassungskurs kritisch gegenüberstanden, rauszuekeln, bis sich die Grünen in Form eines industriell gefertigten Gelbbauchunkenvereins präsentierten. Fischer war der einzige Grüne, der niemals grüne Überzeugungen verriet – er hatte diese Überzeugungen schließlich auch nie geteilt. Medizinisch betrachtet, litt Joseph Martin Fischer an einer unangenehmen Form von Gesinnungsepilepsie, so dass er sich sogar von der *Frankfurter Allgemeinen Zeitung* bestätigen lassen musste: »Fischer hat maßgeblich dazu beigetragen, einen Teil der militanten Linken, ja seine Generation, aus feindseliger Isolation herauszuführen und mit dem Rechtsstaat auszusöhnen.«

Welt- und Außenlallbacke Joseph Martin Fischer war wie kein anderer jederzeit in der Lage, seinen jeweiligen Sinneswandel plausibel zu begründen. In den Achtzigern hat er seinen politischen Gegnern knallhart entgegnet: »Wir leben nicht mehr in den Siebzigern.« In den Neunzigern argumentierte er glasklar: »Wir leben nicht mehr in den Achtzigern.«

Im neuen Jahrtausend formulierte er sein Credo noch überzeugender: »Wir leben nicht mehr im vorigen Jahrhundert.«

In Joseph Martin Fischers Biographie gibt es keine Brüche: Ob als schlagfertiger Putztruppenkomparse oder als einflussreiches Mitglied einer gewaltbereiten Außenministerkonferenz – Fischer trat bei Insubordination stets für sein Recht auf körperliche Züchtigung von Andersdenkenden ein. Allerdings: Fischer hat niemals einen Molotowcocktail geworfen – das hätten ihm seine Kameraden auch nicht erlaubt aus Angst, dass er die eigenen Leute trifft.

Joseph Martin Fischer brachte es zeitweise bis zum beliebtesten deutschen Politiker, vermutlich, weil er der erste deutsche Außenminister seit Ribbentrop war, dessen Politik geradewegs in einen Krieg mündete, und zwar in einen siegreichen, was ja in der deutschen Geschichte auch nicht selbstverständlich ist. Es war gut, dass Deutschland mit Herrn Fischer einen hatte, der Gewalterfahrung besaß und das Geschäft kannte: zuschlagen, wegrennen und anschließend behaupten, dass Gewalt Scheiße ist.

Aber Joseph Martin Fischer war, auch wenn man ihm das übel nachgeredet hat, nicht der Autor des Satzes: »Unsere Absicht ist, die jugoslawische Armee vernichtend zu schlagen, außerdem den Südteil vom übrigen Land abzutrennen.« Das sagte auch nicht Fischers Amme, die US-amerikanische Außenministerin Madeleine Albright. Das hat Adolf Hitler gesagt, 1941.

Bevor die Ökopaxe Beweise erbringen konnten, eine Friedenspartei zu sein, hatte Joseph Martin Fischer schon zwei Kriege gewonnen, Jugoslawien und Irak, und die Bundestagsfraktion von Bündnis 90/Die Gurken so tief als ständige Vertretung im Arsch der SPD etabliert, dass sie von außen nicht mehr wahrgenommen werden konnte.

Aber Joseph Martin Fischer hat sich auch bemüht, nicht nur Mist zu bauen: Er hat die deutschen Botschaften und Konsulate angewiesen,

bei der Verteilung von Visa zur Einreise in die Bundesrepublik unbüro-
kratischer zu verfahren: »In dubio pro libertate – im Zweifel für die
Reisefreiheit«, lautete der Kernsatz des Erlasses. Es dauerte nicht
lange, bis die Medien in helle Aufregung gerieten, weil Missbrauchs-
fälle bekannt geworden waren. Am meisten regte sich *Der Spiegel* über
die Visa-Geschichte auf: »Monatlich kamen Tausende illegal über die
Grenze. Sie mussten nicht einmal die Oder durchschwimmen oder
sich im Schutz der Nacht ins Land schleichen: Sie brauchten nur zur
Botschaft in Kiew, Minsk oder Moskau zu gehen und sagen, dass sie
gern den Kölner Dom besichtigen würden.«

Ist doch unglaublich, dass Touristen, die den Kölner Dom besu-
chen wollten, dafür nicht mehr durch die Oder schwimmen mussten, oder? Die Schröder/Fischer-Koalition hat den Erlass »pro libertate« dann wieder kassiert.

Von Alexander Humboldt ist der Satz »Reisen bildet« überliefert.
Fürs Reisen benötigt man ein Visum und Geld. Wer kein Visum hat
und nur wenig Geld, der ist auf Schleuser angewiesen. Deswegen
muss man sagen: Schleuser bieten ein Bildungsprogramm, sie öffnen Perspektiven, und Schleuser sind Kämpfer für Reisefreiheit. Wer
sich jemals vergeblich um ein Visum zur Ausreise aus der DDR bemüht hatte, den machte die Aufregung um die Visa-Affäre staunen:
Damals war der Schleuser Held und Retter, aber keinesfalls ein Kri-
mineller. Und man sollte auch nicht vergessen: In den achtziger Jahren ist die CDU mit dem Bauchladen durch die Ostblockstaaten gelaufen und ließ an jeden Pässe verteilen, der einen Opa bei der SS
oder eine blauäugige Großmutter hatte.

In Ermangelung anderer Beschäftigungsmöglichkeiten gab es einen Untersuchungsausschuss. Hans-Peter Uhl, Vorsitzender des
Visa-Ausschusses, stellte Joseph Martin Fischer die Frage: »Sind Sie
der Meinung, dass Sie Ihr Haus noch im Griff haben?« Lallbacke Uhl
war vermutlich der Einzige, der sich wunderte, als Fischer darauf
nicht »nein« antwortete.

Michael Glos sagte, Millionen Menschen seien illegal nach
Deutschland eingereist, und damit seien Prostitution, Menschen-
handel und andere kriminelle Machenschaften gefördert worden.
An die Adresse Joseph Martin Fischers gerichtet, fügte Lallbacke
Glos hinzu: »Und Sie sind dafür der Zuhälter.«

In diesem Punkt kann man dem Herrn Glos vertrauen: Der ist zwar vermutlich kein Puffgänger, findet sich aber in jedem Milieu zurecht.

Für christliche Politiker war klar: Als aus jenen fernen Teilen Europas, die einst deutscher Lebensraum im Osten hießen, Nutten, Verbrecher und Schwarzarbeiter aus der Ukraine ins deutsche Kernland drängten, da hat sich der pflichtvergessene Außenminister Joseph Martin Fischer nicht mit dem Baseballschläger an der Grenze postiert und das Gesindel zurückgeschlagen.

Nun hatten diese »einwanderungspolitischen Triebtäter«, wie sie von christdemokratischen Bordellexperten genannt wurden, die Chance, anständigen deutschen Familienvätern das Geld aus der Tasche zu ziehen, um es danach bei Joseph Martin Fischer abzuliefern. Dafür musste sich der Außenminister live im Fernsehen verantworten.

Es war ein erregender Moment, als der Königspinguin auf der Lagune Platz nahm: Ein eher kleiner Mann watschelte o-beinig herein, immer seiner Wampe hinterher. Und dann saß er da, der charismatische Minister Oberwichtig, eingehüllt in eine Ausdünstung von Arroganz, Selbstgefälligkeit und Macht. Ob er untenrum nackt war, konnte man nicht erkennen. Mit knirschender Mimik, knarzender Stimme und kompetenten Gesten referierte er über Freizügigkeit, und er war dabei so bestürzend langweilig, dass man für einen Bild- und Tonausfall gern eine Gebührenerhöhung in Kauf genommen hätte.

Die Vernehmung von Joseph Martin Fischer war eine Riesenenttäuschung, und nach kurzer Zeit interessierte sich kaum noch jemand für das Stück: Es war vollkommen wurscht, ob Joseph Martin Fischer nun den Marquis Posa spielte oder doch eher Hänschen im Blaubeerwald. Fischer selbst wusste wohl, dass er nicht genug wusste. Aber was er hätte wissen können, hat er nicht wissen wollen, beziehungsweise er wusste, dass er nicht nichts wusste, aber er wusste nicht, dass er so wenig wusste. Dafür aber übernahm er die volle Verantwortung.

Die Behauptung, Rot-Grün habe die letzte Wahl nur dank Millionen ukrainischer Leihwähler gewonnen, die er alle persönlich eingeladen hatte, wies er zurück.

Interessant war die ganze Angelegenheit nur in Bezug auf Papst Benedikt XVI. Ratzinger: Der musste, um seinen Papstjob ausüben zu können, neben seinem angestammten deutschen auch einen Pass des Vatikan in der Brieftasche haben. Das ist aber illegal: Wer ungenehmigt eine andere Staatsbürgerschaft annimmt, verliert automatisch die deutsche, und wer die deutsche Staatsbürgerschaft verliert, verliert damit auch sein Aufenthaltsrecht in Deutschland. Mit Blick auf den für den Weltjugendtag in Köln angekündigten Besuch des Vatikanbürgers Benedikt XVI. Ratzinger hieß es dann seltsamerweise ganz unproblematisch: »Im Zweifel für die Reisefreiheit.«

Nach seiner Tätigkeit als Außenminister erschien Joseph Martin Fischer eine Zeitlang in der ZDF-Vorabend-Serie »Unser Charly« in der Rolle von zwei Schimpansen, danach positionierte er sich im Unternehmerlager und machte Millionen.

»Man darf in der Beratung nicht zu politisch werden,« dozierte er und: »Man muss entpolitisieren, sonst gibt es zu viel Widerstände für ein Unternehmen.« Und schließlich mit intaktem Selbstwertgefühl: »Meine Beratung hier ist die Fortsetzung der Außenpolitik mit anderen Mitteln.«

Interessant wäre es, zu erfahren, was für nutzbringende Ratschläge Joseph Martin Fischer den Unternehmen erteilen und welche Türen er in der Politik öffnen konnte. Und vor allem: Wenn man in der Beratung nicht zu politisch werden darf – wie konnte diese Beratung dann die Fortsetzung der Außenpolitik mit anderen Mitteln sein? Man musste Lallbacke Fischer, die nicht mal in der Lage war, ihr eigenes Gewicht langfristig zu kontrollieren, nicht wirklich ernstnehmen.

Nicht zuletzt der Geschichtslosigkeit deutscher Außenminister war es zu verdanken, dass seit den achtziger Jahren des zwanzigsten Jahrhunderts Terroristen in Afghanistan mit Millionenspenden und mit Waffen ausgerüstet wurden, damit sie die Russen verjagten und die volksdemokratische Regierung in Kabul stürzen konnten. Dreißig Jahre später versuchen die Söhne dieser Terroristen, deutsche und amerikanische Soldaten aus dem Land zu jagen.

Als Ergebnis dieses jahrzehntelangen Krieges ist ein Land zu besichtigen, das weder über funktionsfähige staatliche Behörden noch über eine verlässliche Exekutive oder eigene Steuereinnahmen verfügt.

Viele Afghanen leiden Hunger, über neunzig Prozent des Staatshaushaltes spendiert das Ausland, etwa ein Drittel der Wirtschaftsleistung steuert der Opiumanbau bei. Man kann das deutsche Auswärtige Amt zu diesem Fortschritt nur beglückwünschen.

Nachfolger von Joseph Martin Fischer als Außenminister wurde Frank-Walter Steinmeier. Dieser Herr war ein rhetorischer Totalausfall – redend hangelte er sich von Silbe zu Silbe, und seinen Zuhörern fiel es immer schwer, nicht zwischen Subjekt und Prädikat einzuschlafen. Als Lallbacke war er absolut ineffektiv. Überliefert wurde von Steinmeier nur eine Äußerung: »Jenseits von aktuellen Einzelfällen kommen neue Fragestellungen und Spannungsfelder auf den Menschenrechtsschutz zu.« Das ist kein Deutsch, das ist schaumig geschlagene Lallbackensülze. Sollte eines Tages der Grundgesetzzusatz kommen »Die Sprache der Bundesrepublik ist Deutsch« – dann ist dieser Steinmeier-Satz nicht verfassungskonform.

Außenminister Steinmeier, der aussieht wie eine hungrige Schnee-Eule, hat sich stets mit Erfolg um absolute Unauffälligkeit bemüht. Nur ein Mal ist ihm das misslungen, und das war dann auch ein Desaster: der Fall Murat Kurnaz.

Es war eine Schweinerei: Ein Mann, der sich verdächtig gemacht hatte, wurde verschleppt, gefoltert und ohne Prozess inhaftiert. Murat Kurnaz war ein Opfer des Systems Guantánamo, mit dem sich die Regierung der USA das Recht herausnahm, im Dienste »höherer Sicherheitsinteressen« das eigene Rechtssystem zu umgehen. Kurnaz war aber auch ein Opfer deutscher Behörden, die ihm, als er in Guantánamo wohnhaft war – wohnhaft, ja, kann man so sagen – seine deutsche Aufenthaltsgenehmigung entziehen wollten mit der perfiden Begründung, er habe es verpasst, rechtzeitig um eine Verlängerung der Aufenthaltsberechtigung nachzusuchen, und diese deshalb verwirkt. Dann gab es einen parlamentarischen Untersuchungsausschuss, dessen Aufgabe es war, jede Form von Aufklärung zu verhindern. Immerhin räumte die deutsche Regierung kaltschnäuzig ein, es habe Verbalkontakte zwischen Kurnaz und deutschen Beamten gegeben.

Verhöre als Verbalkontakte zu bezeichnen – was für eine aparte Wortfindung.

Trotz aller offiziellen Vertuschungs- und Vernebelungsversuche wurde deutlich: Frank-Walter Steinmeier war eigentlich ein Fall für den Staatsanwalt, auch wenn sein Chef, der Hannoveraner Rechtsanwalt Schröder, der angeblich gar nichts von der Angelegenheit mitgekriegt hatte, erklärte, Steinmeier habe »völlig korrekt« gehandelt. Das besagte ja nur: Steinmeier hatte nichts getan, was der politischen Linie Schröders widersprochen hätte. Und daraus folgt: Der Einsatz für Menschenrechte und gegen Folter gehörte nicht zur politischen Linie Schröders und seiner Regierung. Planvoll und brutal machte die *Bildzeitung* Stimmung gegen Kurnaz und verbreitete das Märchen vom gefährlichen »Bremer Taliban«. Die Kampagne gipfelte in der Frage: »Warum ist eigentlich die deutsche Regierung für diesen Türken zuständig?«

Nein, man konnte diesen rassistischen Schreibtischtätern nicht vorwerfen, die Leser über ihr Verständnis von den Grundlagen eines Rechtsstaates im Unklaren zu lassen. Da fehlte eigentlich nur noch der Hinweis: Man müsse ja nicht unbedingt Menschenrechte für Menschen reklamieren, die gar nicht als Menschen gelten. Wunschgemäß bekundete dann in Umfragen die Mehrzahl der Befragten, es sei richtig gewesen, Kurnaz nicht nach Deutschland zurückkommen zu lassen. Vermutlich, weil Kurnaz ein langhaariger, ernst dreinblickender und nicht sehr sympathisch wirkender Typ war. Hätte Kurnaz keinen wilden Bart, aber eine nette deutsche Freundin gehabt und einen süßen Dackelwelpen besessen, wäre die Mehrheit gewiss für ihn gewesen.

Logisch, dass Lallbacke Steinmeier versuchte, sich in Interviews zu rechtfertigen. Nur – die Verletzung der Rechte eines jungen Mannes relativieren zu wollen, indem man ihn dem Verdacht aussetzt, er könnte eventuell ja doch ein Terrorist gewesen sein – und das ausgerechnet im Brechmittel *Bild* –, das war eine moralische Bankrotterklärung.

Immerhin war dann in einer Fernseh-Nachrichtensendung die Formulierung zu hören, »Murat Kurnaz, der zu Unrecht in Guantánamo einsaß«. Gut gemeint – aber in einem Zwinger wie Guantánamo kann man gar nicht »zu Recht einsitzen«. Davon, dass zwecks Wiedergutmachung ein Hilfsangebot aus der sozialdemokratisch-grünen Administration Murat Kurnaz erreichte, wurde nichts bekannt.

Außenpolitisch tätig wurde eines Tages auch der SPD-Vorstandsfunktionär Kurt Beck, der auf einer Bildungsreise nach Afghanistan den Eindruck gewonnen hatte, es gäbe dort den einen oder anderen »gemäßigten Taliban«, mit dem man durchaus mal reden sollte.

Worüber denn? Und was ist ein »gemäßigter Taliban«? Ist das einer, der mittelfristig auch zu einer Koalition mit der CDU überredet werden kann? Der sonntags auch mal einen Schweinebraten isst? Der es okay findet, wenn man in deutschen Klassenzimmern neben den Heiland einen gekreuzigten Mohammed hängt?

Beck sollte diesen gemäßigten Taliban erst mal nach Rheinland-Pfalz einladen und ihn waschen und rasieren, dass ihm Hören und Sehen vergeht. Dann hat der Taliban fertig.

Der Europakorrespondent einer Tageszeitung in Kasachstan fasste seine Eindrücke von Deutschland folgendermaßen zusammen: Niemand könne bestreiten, dass es in der Bundesrepublik rechtsstaatliche Defizite gebe: Bei Großeinsätzen der Polizei in Deutschland komme es regelmäßig zu Übergriffen gegen Demonstranten. Versuche von Betroffenen, sich auf dem Rechtsweg Geltung zu verschaffen, verliefen fast immer im Sande. Berichte über rassistische Übergriffe und »ausländerfreie Zonen« in Ostdeutschland zeigten, dass die Minderheiten- und Migrantenpolitik in der Bundesrepublik noch in den Kinderschuhen stecke. Und Deutschland sei von einer strikten Trennung von Staat und Religion noch weit entfernt. Der Staat treibe die Kirchensteuer ein und dulde trotz höchstrichterlicher Urteile religiöse Symbole in öffentlichen Einrichtungen. Und was die Frauen beträfe: Jede dritte Frau in Deutschland sei in ihrem Leben bereits einmal geschlagen worden. 58 Prozent der Befragten seien schon mal sexuell belästigt worden, und jede siebente erlebte sexuelle Nötigung oder Vergewaltigung. Dazu käme: In Deutschland sei der Europagedanke nicht sonderlich weit verbreitet. Das allgemeine Desinteresse erkenne man schon daran, dass nur etwa die Hälfte der Wahlberechtigten bei Europawahlen wählen gehe. Dieses alles bedenkend, warnte die Zeitung zwar davor, per Unterschriftenaktion den EU-Ausschluss Deutschlands zu fordern, sie stellte aber auch fest, Deutschland sei einfach noch nicht reif für Europa.

Zum Thema Europa hat Kurt Tucholsky zu Protokoll gegeben: »Einmal wurde ein besonders unanständiger, besonders kniffliger

Witz erzählt. Der Tscheche verstand ihn sofort, der Italiener gleich, der Holländer nach einer halben Stunde und die Dame aus Hamburg nie. Der Grieche kannte ihn.« Es ist also zu befürchten, dass wegen dieser gravierenden Unterschiede auch der Eurohumor auf eine einheitliche Euronorm festgelegt werden muss, damit die Europäer in einheitlich festgelegter Lautstärke lachen.

Womit deutsche Politikerinnen und Politiker immer wieder konfrontiert wurden, war der Beitritt der Türkei zur EU. Zu diesem Thema gab es zahlreiche Ressentiments, Vorurteile und Projektionen – einig war man sich aber, dass die Türkei Folter und Todesstrafe abschwören musste, wenn sie in die EU aufgenommen werden wollte. Irritierend daran war allerdings, dass niemand, dieser Logik folgend, verlangte, die USA müssten schleunigst aus der NATO rausgeschmissen werden.

Und was ging wohl in den Köpfen der Bulgaren und der Rumänen vor, wenn die den wegen seiner Billigstromaffäre selbst in der CDU inzwischen vergessenen Herrn Laurenz Meyer oder den Herrn Glos über die EU reden hörten? Die beiden Herren hielten Bulgarien und Rumänien für beitrittsfähig, die Türkei aber nicht für beitrittswürdig. Nähere Erklärungen wurden nicht abgegeben. Dabei gab es gute Gründe für die Aufnahme von Beitrittsverhandlungen – nicht nur mit der Türkei, sondern auch mit arabischen Ländern: Man könnte endlich die Muslime ins Kirchensteuersystem eingliedern, Muezzin würde Lehrberuf mit Diplom, und die Gefahr von Selbstmordattentaten fanatischer Moslems würde reduziert, weil es viel zu lange dauert, bis dafür aus Brüssel die notwendigen Bewilligungsbescheide vorliegen.

Als diese Möglichkeiten keinen Beifall fanden, startete die Jungfrau von Meck-Pomm die Aktion »Draußen vor der EU-Tür«. Angela Merkel warb für ihr Modell einer »privilegierten Partnerschaft« der Türkei. Das animierte einige borniere Nazis, in geschliffenem Doitsch ein Flugblatt zu entwerfen: »Hiermit erkläre ich, dass ich gehgen einen priwilegierten Beitritt, also gegen eine Volmitgliedschaft ohne Privilegien oder einfach gesagt, ich bin dagegen, dass der Türke hier bei uns mütmüscht, aber er soll ganz priweligiert da unten bei sich. Da bin ich dafür, und gegen das andere da bin ich dagegen.«

Auch Kurt Biedenkopf erklärte, dass der »Einwanderungsdruck aus dem Süden« eine »Gefahr« sei. Wie dieser »Gefahr« zu begegnen sei, ließ Biedenkopf offen. Aber er schlussfolgerte, dass »die Fortführung unserer Lebensweise nur möglich ist, wenn sie auch in Zukunft einer privilegierten Minderheit in den hoch entwickelten Industrienationen vorbehalten bleibt«. Das war eine Meinung von Gewicht, denn: Kurt Biedenkopf war Professor, kleinwüchsig und Ministerpräsident von Sachsen. Es gab zu der Zeit keinen Zweiten, auf den diese drei Kriterien zutrafen. Jenseits von Biedenkopf wurden ernsthafte Debatten geführt über die Deutschpflicht auf Schulhöfen. Claudia Roth von den grünen Gurken sprach sich gegen die Deutschpflicht auf Schulhöfen mit dem Argument aus, Schulhöfe seien keine Kasernenhöfe. Brillant! Übrigens auch keine Hinterhöfe, Bauernhöfe oder Wertstoffhöfe.

Der Hamburger CDU-Politiker Robert Heinemann plädierte dafür, die Deutschpflicht so strikt zu handhaben, dass Kinder, die in fremder Zunge redeten, den Hof fegen sollten. Das bietet immerhin die Möglichkeit, den türkischen Hausmeister einzusparen.

Wirklich überzeugend äußerte sich nur der damalige Ministerpräsident von Baden-Württemberg, der Herr Oettinger: »Deutsch bleibt die Sprache der Familie, der Freizeit, die Sprache, in der man Privates liest, aber Englisch wird die Arbeitssprache.« Oettinger war es also ein Herzensbedürfnis, dass auf Pausenhöfen südwestdeutscher Schulen Deutsch gesprochen wird – oder so etwas Ähnliches, wenn man das Schwäbische und Alemannische großzügig dazurechnet, während der Unterricht in Englisch abgehalten wird. Deutsch ist also nur noch Pausen-, Freizeit- und Feierabendsprache für die Eingeborenen. Die von außerhalb sollten nicht an einem Fun- und Event-Entertainment teilnehmen, das deutsche Privatsache ist – wie ja auch Wellness, power walking, surfen, chillen und weekend feeling. Deutsche, deren Englisch nicht mindestens dem Standard von Ministerpräsident Oettinger entspricht, bleiben vom Arbeitsprozess ausgeschlossen.

It walks one icecold the back down = es läuft einem eiskalt den Rücken runter
I understand just train-station = ich versteh nur Bahnhof
sorry, my English is under all pig = Entschuldigung, mein Englisch ist unter aller Sau

Zu diesem Thema schrieb die dämlichste Knalltüte im Land, Franz Josef Wagner, in *Bild*: »Liebe türkische Schüler – wenn Deutschland zu Eurem Land werden soll, dann müsst Ihr fließend Deutsch sprechen. Oder Ihr übernehmt die Rolle der Indianer in Amerika. Straßenräuber, Drogenkranke, Geächtete. Ohne Deutsch kein Schulabschluss, ohne Deutsch keine Lehrstelle, ohne Deutsch ein Indianer. (…) Eine schöne Wohnung, ein Auto in der Garage, eine Topfpflanze auf dem Balkon, geachtet von den Nachbarn – all das kriegst Du, wenn Du deutsch kannst. In unserer Sprache heißt das Glück.«

Ups – also die Indianer überfallen, völlig zugedröhnt, unschuldige Passanten auf der Straße? Weil sie nicht rechtzeitig aufgehört haben, indianisch zu sprechen? Da fragt man sich, wie die amerikanische Geschichte wohl verlaufen wäre, wenn die Indianer sich nur rechtzeitig an die Gepflogenheiten ihres Gastlandes ... Moment: Waren nicht die Indianer zuerst da? Wären dann nicht die Bleichgesichter die Türken Amerikas? Also quasi die Indianer? Oder, ganz anders, waren die Indianer einfach nicht integrationswillig genug, um in Amerika Topfpflanzen auf ihre Balkone zu stellen? Der xenophobe Herr Wagner handelt mit verbalem Gammelfleisch. Und wenn es nach ihm ginge, dann würden in Deutschland Einzeller, Amöben oder Blutegel den Ton angeben.

Nach Terroranschlägen in Istanbul warnte der CDU-Bundestagsabgeordnete Wolfgang Bosbach, ein Mensch mit der Ausstrahlung einer feucht gewordenen Puderquaste und Spezialist für Spitzengelalle zu jedem Thema, eindringlich vor einer schnellen Aufnahme der Türkei in die Europäische Union. Durch eine Mitgliedschaft des islamischen Landes »würde das Terrorproblem in die Gemeinschaft importiert«, sagte Bosbach. Zu dieser Idee, ein Terrorimportverbot zu verhängen und die Türkei nach dem Motto »Schäm dich, dass du terrorisiert wirst!« mit EU-Entzug zu bestrafen – so eine Reaktion deutscher Politiker hätten die Amerikaner nach dem 11. September 2001 sicher auch sehr lustig gefunden.

Und dann kam Guido. Mikrozephalos Westerwelle schlug gewaltig Schaum: »Wer kein Eigenkapital in die globale Wettbewerbsgesellschaft einbringt, dem können wir auch nicht helfen – es sei denn durch Kürzung in den Sozialsystemen und Verwässerung seiner Kohlsuppe.« Goethe erklärte die intellektuelle Minderausstattung der Lallbacke Westerwelle mit den Worten: »Das Denken ist zwar allen Menschen erlaubt, aber es bleibt vielen erspart.«

Guido, das zentrale Standbein von Angela, fiel sofort durch sein exzellentes English auf. Nobody could reach Guido the water, except Mr. Oettinger, he sits with us in one boat. Guido was the yellow from egg. Dass er jetzt endlich Minister war, machte ihn sehr, sehr, sehr, also very topeace.

Die Faszination der FDP gründete sich ja stets auf ihren liberalen Umgang mit der Sprache. Manche Leute können schreiben, andere können lesen, einige können auch beides, aber die FDP kann sogar Europa. Die Sprache der FDP war immer ihr Programm, und das Programm zu einer Europawahl lautete: »Wir können Europa besser.« Das kann man prägnanter nicht formulieren, denn das heißt auf Deutsch: »Wir arschgeile Tussen können Europa voll krass« oder: »Wir checken voll krass dem scheisendreck Europa.«

Die Rhetorik des Außenguido Westerwelle war von Anbeginn eine sprudelnde Quelle des Blödsinns. Im Rahmen seines Feldzugs gegen die sich in Champagner wälzenden Hartz-IV-Menschen gab der Vizekanzler die Parole aus: »Wer dem Volk anstrengungslosen Wohlstand verspricht, lädt zu spätrömischer Dekadenz ein.« Mumpitz, Westerwelle: Wenn etwas richtig faul war im Staate Rom, dann die korrupte und luxussüchtige kleine Elite, die alle Reichtümer Roms unter sich aufteilte – also die typische FDP-Klientel.

Guido Westerwelle, ein Typ mit der Ausstrahlung eines Animateurs an der Käsetheke von Tengelmann, vertrat die Meinung: »Die 35-Stunden-Woche bei vollem Lohnausgleich hat uns die Massenarbeitslosigkeit gebracht.« Vermutlich dachte er auch, der Brückenbau hat uns die Obdachlosigkeit gebracht.

Den Gipfel politischer Blödheit erklomm Herr Westerwelle aber mit der Behauptung: »Wer arbeitet, muss mehr haben als derjenige, der nicht arbeitet. Alles andere ist Sozialismus!« Es ist ungewiss, ob er's kapiert, aber irgendjemand sollte dem deutschen Außenminister mal mitteilen: Die Gesellschaftsform, in der man ohne eigene Arbeit hohe Einkommen erzielen kann, heißt nicht Sozialismus, sondern Kapitalismus.

Als die Vorsitzende der Partei »Die Linke«, Gesine Lötzsch, den eher banalen Satz formulierte, »die Wege zum Kommunismus kön-

nen wir nur finden, wenn wir uns auf den Weg machen und sie ausprobieren«, empörten sich vor allem jene, die den militanten Anti-
kommunismus in der Bundesrepublik als Staatsreligion etabliert
und die geistige Verfassung ihrer postfaschistischen Gesellschaft geprägt hatten, indem sie den Zusammenhang von Kapitalismus und
Faschismus tabuisierten. Hauptlallbacke Guido Westerwelle, dessen
Ehrgeiz immer darauf hinauslief, sich in jedem Interview als unfehlbaren Hort der politischen Vernunft zu präsentieren, forderte von
SPD und Grünen eine eindeutige Absage an Regierungsbündnisse
mit der Linken im Bund: »Ich fordere SPD und Grüne auf, auf Bun-
desparteitagen klare Unvereinbarkeitsbeschlüsse zu fassen.«

Dass die FDP nach der Wende 1989/90 gleich mit zwei DDR-
Blockflöten (der Liberal-Demokratischen Partei Deutschlands/LDPD
und der National-Demokratischen Partei Deutschlands/NDPD) fusi-
oniert hatte, war für ihn kein Thema. Hauptsache, die FDP als Erb-
schleicherin dieser Blockflöten war die einzige Partei, die mit einer
ehemaligen FDJ-Sekretärin eine Regierungskoalition bildete. Und
dass der Namensgeber der FDP-Parteistiftung, Friedrich Naumann,
ein engagierter Wegbereiter des Hitler-Faschismus war, dass nach
dem Zweiten Weltkrieg die FDP im Grunde ein Sammelbecken von
Nazis war, dass die FDP damals eine Generalamnestie für alle Nazis
forderte, dass Witzbolde von einer NSFDP sprachen, betrachtet Westerwelle vermutlich sogar als Ehre.

Er steht auf dem Standpunkt: »An Kommunismus, an sozialisti-
scher Diktatur gibt es nichts zu romantisieren. Die Ergebnisse sind
immer dieselben. Erst wird das Privateigentum enteignet, dann das
Denken und dann landen Andersdenkende im Gefängnis oder
Schlimmeres. Deswegen sollten wir nie in Versuchung kommen,
Wege zum Kommunismus ausprobieren zu wollen.« Von ihm und
seinen Leuten hat das auch niemand erwartet.

Dieser Westerwelle, ein geniales Blödeltalent, wurde gefragt: »Sie
sind Mitteleuropäer, Sie sind Deutscher. Sind Sie Patriot?« Wie aus
Aspik gemeißelt saß er da, blitzenden Auges, und erwiderte: »Ja,
Verfassungspatriot und im besten Sinne europäischer Patriot.«

Da wäre es interessant gewesen zu erfahren: Wie sieht denn ein
europäischer Patriot im schlechtesten Sinne aus? Und dann: »Ich
habe sogar kein Problem damit zu sagen, ich bin stolz auf Deutsch-

land und liebe mein Vaterland mit seinen Menschen.« Da hätte man gern gewusst, wie man das als normaler Mensch wohl machen könnte: Den östlichen Stadtrand von Berlin zum Beispiel und Gesine Lötzsch und ihre ganze Familie ganz doll liebhaben, aber auch den Bayern Klaus Ernst und alle seine Linken, dazu noch sämtliche Ossis mitsamt den Saarländern – das macht einen doch fertig, da wird man doch geisteskrank, da mutiert man doch zum Westerwelle. Und dann merkt man gar nichts mehr.

Außenminister Guido Westerwelle reist viel durch die Welt. Was er da genau treibt, weiß niemand. Immerhin bekam der Außenminister mit, dass die Menschen in Nordafrika ziemlich unzufrieden mit ihren Potentaten waren. Erst Tunesien, dann Ägypten. Und da wurde, wie schon bei seinen Vorgängern, deutlich: Deutsche Politiker interessierten sich schon immer mehr für die Stabilität Ägyptens als für die Rechte seiner Bürger. Jedenfalls wurde nicht bekannt, wann und wo Lallbacke Westerwelle in Ägypten die Einhaltung der Menschenrechte angemahnt hätte. Im Gegenteil – er pries Diktator Mubarak als »Mann mit enormer Erfahrung, großer Weisheit und die Zukunft fest im Blick«. Und Westerwelle fand es ganz prima, dass »Ägypten durch langjährige politische Kontinuität geprägt ist und ein Stabilitätsanker in der Region«. Ein Stabilitätsanker ist kompatibel mit einem Mobilitätsdampfer.

Als die Kontinuität im Eimer, die Stabilität zerbröselt und der Anker gelichtet war, forderte Außenminister Westerwelle im sicheren Berlin, dass der Wandel in Richtung Demokratie in dem nordafrikanischen Land sofort beginnen müsse. Es gehe nicht an, dass dieser Wandel herausgezögert oder vertagt werde. »Jetzt ist die Stunde des Dialogs, jetzt ist die Stunde des demokratischen Wandels«, tönte er.

Warum erst jetzt, warum nicht früher, als er mit dem Diktator gemütlich bei einem Tässchen Tee saß, darüber gab Westerwelle keine Auskunft. Aber er betonte, dass die Bundesregierung großes Interesse an einem stabilen Ägypten habe. Es dürfe nicht sein, dass am Ende Radikale oder Fundamentalisten auf der Demokratiewelle in eine Machtposition getragen würden. Also: Westerwelle befürchtete, die bösen islamistischen Muslimbrüder könnten von der Demokratiewelle umsteigen auf einen Diktaturtsunami und so Mubarak beerben. Und Grünen-Fraktionschef Trittin mahnte besorgt, je schneller Ägypten zur Demokratie zurückfinde, desto weniger Chancen hätten Islamisten.

Kurze Zwischenfrage, Herr Trittin: Wann bitte hat in Ägypten Demokratie stattgefunden? Und wie kommen Sie und andere Demokratieoberlehrerallbacken eigentlich dazu, den Ägyptern vorschreiben zu wollen, wer in Ägypten regieren darf und wer nicht?

Ganz einfach: Demokratische Politiker wissen eben, wie Demokratie geht, und Deutschland ist eine Musterdemokratie, an der sich andere Länder ein Beispiel nehmen können. Das kann man beweisen: Die Mehrheit ist gegen die Rente mit 67. Die Mehrheit will eine gute Ausbildung und sichere Arbeitsplätze. Die Mehrheit will, dass die Löhne steigen und nicht nur die Gewinne der Unternehmen. Die Mehrheit möchte einen Mindestlohn. Die Mehrheit ist gegen eine deutsche Beteiligung am Afghanistan-Krieg. Aber es geht eben nicht immer nach der Mehrheit. Zur Demokratie gehört auch der Minderheitenschutz. Deswegen sind Politiker in Deutschland auch so sicher, obwohl kaum jemand sie leiden kann.

Der globale deutsche Außenkasper hob, um der Welt ein Beispiel demokratischer Einsatzfreude zu bieten, die Bedeutung und die Interessen der »Mittelschicht« Ägyptens heraus. Also – es kommt darauf an, dass in den arabischen Ländern auch in Zukunft nicht nur die Interessen der Armen gewahrt werden.

Libyen und der Diktator Gaddafi waren nie so beliebt bei deutschen Außenministern wie Mubarak. Immerhin – das Land lieferte reichlich Öl, und es war ein wichtiger strategischer Partner der EU, wenn es darum ging, afrikanische Flüchtlinge an der Reise nach Europa zu hindern. Deswegen wurde es aufgerüstet, und Deutschland hat dazu seinen Teil beigetragen: hauptsächlich elektronische Ausrüstung, wahrscheinlich auch Störsender, mit denen das Gaddafi-Regime Handy, GPS und Internet blockieren konnte, Radartechnik vermutlich, die Libyen zur Sicherung seiner Grenze mit Italien erhielt. Die Situation in Libyen bewies einmal mehr, dass die Langzeitwirkung von Rüstungstransfers nicht bedacht wird: Als es in Libyen zum Aufstand kam, setzte der Diktator die von Europa gelieferten Waffen auch ein.

Guido Westerwelle empörte sich: »Dieses Regime schlägt in Libyen wie wahnwitzig um sich, es führt einen Krieg gegen das eigene Volk. Das kann nicht hingenommen werden.«

Dazu sei angemerkt: Es ist nicht so ungewöhnlich, dass Diktatoren gegen ihr eigenes Volk mit Waffengewalt vorgehen.

Deutsche Waffenhändler zeigten sich entsetzt von dieser unerwarteten Entwicklung, die einen ganzen Wirtschaftszweig in Misskredit bringen könnte. In Ägypten, hieß es, seien die deutschen Waffen offenkundig unsachgemäß eingesetzt worden. Ein verzweifelter und weinender Waffenhändler versicherte, es sei vereinbart worden, dass die Gewehre nur dazu benutzt werden dürfen, um das Couscous umzurühren oder sich am Rücken zu kratzen.

Während die Politiker des Westens lautstark Menschenrechte einforderten, wurde bekannt, dass der Ausfall der libyschen Ölproduktion ausgerechnet von der absolutistisch regierten Religionsdiktatur Saudi-Arabien kompensiert werden sollte, einem Regime, das immer wieder durch mittelalterliche Unterdrückungsmethoden und Menschenrechtsverletzungen unangenehm auffiel. Statt nun aber auf das saudische Regime Druck auszuüben und auch dort Menschenrechte einzufordern, brachte man das saudische Grenzüberwachungssystem und seine Grenzschützer auf Vordermann, wurde eine Fabrik für Sturmgewehre errichtet, und die Lieferung von Kampfpanzern bot nicht nur ein glänzendes Geschäft, sondern auch die Gewissheit, dass Truppen Saudi-Arabiens jederzeit die Opposition im benachbarten Bahrain niederschlagen konnten. Schließlich war Saudi-Arabien für Verteidigungsminister de Maizière dasselbe wie Ägypten für Westerwelle: ein Stabilitätsanker. Man kann also Hoffnung haben, dass der bald abtreibt.

Auch Innenminister Friedrich sprach sich dafür aus, Panzer nach Saudi-Arabien zu liefern, für die der Hersteller Krauss-Maffei-Wegmann mit der Aussage warb, sie seien »besonders effektiv im Einsatz gegen Einzelpersonen«. Ein Politiker, der mit Kriegsgerät ein totalitäres Regime stabilisiert, dessen religiöse Ausrichtung er dazu benutzt, in seinem eigenen Land die komplette Rundumüberwachung aller Bürger zu organisieren, bedarf dringend psychiatrischer Behandlung.

Auf die Idee, der Demokratiebewegung in Bahrein und anderswo wenigstens die gleiche Anzahl Panzerabwehrgeschütze zu liefern, kam von diesen Herren niemand. »Wir liefern Panzer nach Saudi-Arabien, damit die Saudis nicht damit schießen«, hieß es zur Begründung.

Die deutsche Regierung und ihr Außenminister fanden es ganz in Ordnung, zuerst einem arabischen Despoten in den Arsch zu kriechen und dann, als das Regime aus dem letzten Loch pfiff, dem demokratischen Aufbruch zuzujubeln und großmäulig Menschenrechte einzufordern. Erst als Oberst Gaddafi mit geöffnetem Regenschirm im Auto saß und Unfug lallte, wurde Lallbacke Merkel und Lallbacke Westerwelle klar, dass der Mann einen Vogel hat.

Westerwelle schrieb sich selbst ins Poesiealbum:

»Auf jedem Schiff, das dampft und segelt,
gibt es einen, der die Sache regelt – und das bin ich.«

Man darf daruntersetzen:

Auf jedem Schiff, das im Sturm versank,
War einer, der der Mannschaft stank – und das war er.

Vielleicht sollte es Lallbacke Westerwelle statt mit der Seefahrt mal mit Fallschirmspringen versuchen.

3 Innenministerium: Auf niedrigstem Niveau den höchsten Konsens herbeiführen

Das wichtigste Thema der Innenpolitik war immer die Sicherheit. Um absolute Sicherheit zu gewährleisten, müssen die Sicherheitsbehörden in allen Ländern alles in Erfahrung bringen. Wie überaus raffiniert die Innenpolitiker und ihre Sicherheitskräfte schon vor 300 Jahren den Staat gesichert haben, kann man von Jonathan Swift erfahren. In *Gullivers Reisen*:

»Ein anderer Professor riet allen großen Staatsmännern, die Diät verdächtiger Personen zu erforschen; sich nach ihrer Essenszeit und nach der Seite zu erkundigen, auf welcher sie sich des Nachts ins Bett legten; mit welcher Hand sie sich den Hintern wischten; ihre Exkremente hinsichtlich des Geschmacks, der Farbe, des Geruchs, der Konsistenz, zu früher oder später Verdauung zu untersuchen, um sich so ein Urteil über ihre Gedanken und Absichten zu bilden; nie seien Menschen so ernsthaft, gedankenvoll und nur mit sich beschäftigt, als wenn sie zu Stuhle gingen; er wisse dies aus eigener Erfahrung; unter diesen Konjunkturen habe er selbst des Versuchs halber an Königsmord gedacht und bemerkt, seine Exkremente hätten eine grünlichere Farbe, als wenn er nur über Aufstände und Verbrennung der Hauptstadt nachgesonnen habe.«

Auf die Idee, den Stuhlgang der Bevölkerung auskundschaften zu lassen, sind deutsche Innenminister vermutlich noch nicht gekommen. Oder vielleicht doch, und man hat es nur noch nicht erfahren. Es liegt durchaus im Bereich des Möglichen, dass jede Bürgerin und jeder Bürger gesetzlich verpflichtet werden, zwecks erkennungsdienstlicher Maßnahmen stets einige frische Darmwinde, schockgefrostet, in Tupperdosen mit sich zu führen. Vielleicht tarnt sich der Staat dann zum Ausgleich als Parfümerie.

Der sozialdemokratische Innenminister Otto Schily wurde gelegentlich verglichen mit Frankreichs legendärem Innenminister Joseph Fouché, Herzog von Otranto. Fouché war glühender Revolutionär unter Robespierre, nach Robespierres Sturz gemäßigter Innenminister der Republik, nach dem Ende der Republik kaisertreuer Innenminister bei Kaiser Napoleon, nach Sturz und Verbannung Napoleons Innenminister bei König Ludwig XVIII., und wenn er biologische Barrieren hätte überwinden können, dann wäre Fouché heute Innenminister bei Sarkozy.

Otto Schily hat einen ähnlich kurvenreichen Lebensweg hinter sich, aber sein legendäres Foto mit Helm auf dem Kopf und Schlagstock in der Hand gilt immer noch zu Recht als Ausdruck politischer und persönlicher Verelendung. Zu diesem Foto passte sein berühmtester Satz, den er in einem Interview den islamistischen Terroristen entgegenschleuderte: »Wenn ihr den Tod so liebt, dann könnt ihr ihn haben.«

Otto Schily, der Staatenlenker, war im Grunde immer ein Sicherheitsrisiko: Er bewegte sich als RAF-Anwalt bedenklich nahe der Infragestellung des Gewaltmonopols des Staates, bevor er der grünen Partei der Ökoterroristen beitrat. Dort spionierte er die Grünen für die SPD aus. Dann haben die ihn umgedreht, und anschließend informierte er die CDU über CSU-ler in der NPD im Verfassungsschutz. Um dies alles zu kaschieren, präsentierte er sich als fleischgewordener Hochsicherheitstrakt, und wegen seiner »Vorbildfunktion« ernannte ihn der Fachverband Deutsche Klavierindustrie auch mal zum »Klavierspieler des Jahres«.

Ein Gesinnungsgenosse von Innenminister Schily war der Präsident der Bundesvereinigung der deutschen Arbeitgeberverbände, Dieter Hundt. Dieser Hundt wusste auf Grund seiner Tätigkeit ganz genau: Ausländer beziehen bei uns deswegen oft Sozialhilfe, weil die Arbeitsplätze, für die sie einst angeworben wurden, mittlerweile wegrationalisiert sind. Er wusste ferner: Als Ausländer tauchen diese Menschen in der Statistik auf, weil Deutschland sich jahrzehntelang weigerte, von einem antiquierten Staatsbürgerschaftsbegriff Abstand zu nehmen und sie einzubürgern. Dieter Hundt wusste sogar: Asylbewerber belasten die Sozialsysteme deshalb, weil man ihnen jahrelang verboten hat zu arbeiten. Auch wenn Dieter Hundt nur einen IQ wie eine Bordsteinkante hat: Diese Dinge wusste er.

Und was sagte die Lallbacke Hundt? Lallbacke Hundt sagte: »Immer mehr Ausländer strömen ins Land, die unsere Sozialsysteme ausnutzen.« Das ist offene rassistische Agitation, und ein Land, das sich Arbeitgeberpräsidenten wie Hundt leistet, braucht sich über seinen mordenden Nazipöbel nicht zu wundern.

Für die Unterkunft eines Asylsuchenden in Berlin und Brandenburg sind sechs Quadratmeter vorgesehen. Möchte ein Deutscher einen deutschen Schäferhund im Zwinger halten, sind acht Quadratmeter Pflicht.

Otto Schily, Spezialist für bürgerlich-rassistische Gemütstöne, bekam im Bundestag Beifall für den Satz: »Es muss möglich sein zu sagen: Das Zusammenleben mit Ausländern ist schwierig und anstrengend.« Ja. Und? Das wurde doch überall gesagt, und zwar jeden Tag mehrmals.

Warum musste Lallbacke Schily ein Recht auf diesen Ausspruch einfordern? Von wem forderte er dieses Recht? Vor welchem Teil der Wählerschaft wollte er sich denn da als mutiger Anwalt der schweigenden Mehrheit darstellen? Nach der gegenwärtigen Rechtslage war es auch möglich zu sagen: Das Zusammenleben mit Inländern ist schwierig und anstrengend. Man konnte auch noch einen Schritt weiter gehen und sagen: Das Zusammenleben mit einer Lallbacke wie Otto Schily ist nicht nur schwierig und anstrengend, sondern unzumutbar.

Der schräge Otto verkündete auch: »Wer Asyl beantragt, soll wissen, dass er damit seine Chance auf eine Einwanderung aus wirtschaftlichen Gründen vertan hat. Wer die eine Tür nutzen will, dem bleiben die anderen Türen verschlossen.« Und wer Lotto spielt, kann seinen Antrag auf Sozialhilfe vergessen, selbst wenn er im Spiel kein Glück hatte.

Nach der Demontage des Asylrechts durch den Bundestag war klar: Die Ausländer mussten raus. Und Ronald Barnabas Schill, Deutschlands bedeutendster Hamburger Innensenator, tat sein Bestes, um den Wünschen Otto Schilys und eines Großteils der Bevölkerung nachzukommen. Sein Ziel: mindestens 500 Flüchtlinge im Monat abzuschieben. Denn jeder neue Abschieberekord galt als Beweis der besonderen politischen Leistungsfähigkeit des Hamburger Senats. In Hamburg war es durchaus an der Tagesordnung, dass Personen abgeschoben wurden, bei denen eigentlich Abschiebehindernisse vorlagen. Dabei wurden Wohnungen gestürmt und Personen in Abschiebehaft genommen, Familien getrennt oder nächtliche Abschiebungen durchgeführt, obwohl das Vollstreckungsgesetz dies eigentlich nicht zuließ, denn für solche Aktionen war eine richterliche Anordnung erforderlich.

Um solch bürokratischen Schnickschnack zu umgehen, erfand man die »Freiheitsbeschränkung«, also eine ins Humanistische gewendete Freiheitsberaubung. Hamburgs Ausländerbehörde erreichte glänzende Abschiebequoten, weil sie voller Hingabe und in unnachgiebiger Pflichterfüllung gern auch Kinder und Jugendliche auswies. Eisenhart brachte ein Sprecher der Ausländerbehörde die Angelegenheit auf den Punkt, als er erklärte: »Eine humanitäre Lösung wäre Rechtsbeugung.« Daraus war zu schließen: Anwendung fand ein inhumanes Rechtssystem.

Die Ausländerfrage war also in Angriff genommen worden, jetzt musste man nur noch die Nazis entsorgen. Nazis waren allenthalben zu besichtigen – in Brandenburg und Sachsen zum Beispiel, wo es Kommunalpolitiker gab, die mit rechtsextremen Strukturen keine Probleme hatten, dann eine Staatsregierung, die jedes Engagement gegen Neonazis massiv behinderte, dazu braune Schläger, die Menschen terrorisierten, die nicht in ihr primitives Weltbild passten, und schließlich bis zum Äußersten ausgeprägte deutsche Kleinbürger, die ihr faschistisches Weltbild pflegten: Hier waren sie sogar ins Parlament eingezogen.

Kein Wunder, dass besonders die CSU energisch nach einem NPD-Verbot verlangte: Rewe würde Aldi auch gern verbieten. Es war der reine Futterneid. Aber die NPD zu verbieten und Stoiber und Beckstein, Schönbohm und Schily im Amt lassen zu wollen, das war auch kaum nachzuvollziehen.

Nun war aber keine andere Organisation so vom Verfassungsschutz unterwandert wie die NPD – nicht unbedingt von eingeschleusten Agenten, sondern von rechten Überzeugungstätern, die aus unterschiedlichen Motiven ein Doppelspiel betrieben. Und der arme Otto Schily war einfach nicht intelligent genug, einen Antrag auf Verbot der Naziparteien so wasserdicht vorzubereiten, dass die Richter ein entsprechendes Urteil fällen konnten.

Gregor Gysi schwafelte sich zu diesem Thema in eine beachtliche Höhe: »Jeder weitere enttarnte VS-Mann ist Wasser auf die Mühlen einer Beweisführung der neonazistischen NPD, die sich in die Pose des braunen Biedermanns wirft und die wahren Brandstifter bei den Agents Provocateurs des Verfassungsschutzes wähnt ... Was die V-Leute anbetrifft, so müssen die Karten auf den Tisch. Dem Bundesverfassungsgericht muss reiner Wein eingeschenkt werden, aus welchen Quellen sich die Begründung des Verbotsantrags speist.«

Biedermänner – Karten – Wein – speisen: Gysis präzise Analyse hat die Atmosphäre eines Geheimdienstler-Kameradschaftsabends gut getroffen.

Ins Bild passte, dass das Rostocker Landgericht drei Männer wegen versuchten Mordes und schwerer Brandstiftung verurteilte. Sie waren 1992 am Brandanschlag auf das Asylantenheim in Rostock-Lichtenhagen beteiligt. Die drei erhielten Bewährungsstrafen zwischen sechs und achtzehn Monaten. Das Bundesverdienstkreuz wurde ihnen vermutlich vorenthalten, weil Asylanten überlebt haben. Zur gleichen Zeit beschloss der Rechtsausschuss des Bundestages die Kürzung der Mittel für die Opfer rechtsextremistischer Gewalt. Der Aufstand der Anständigen zeigte also seine ganze revolutionäre Power.

Als Aktivitätsnachweis startete Bundesinnenminister Schily zusammen mit dem Hamburger Innensenator Wrocklage eine Großoffensive für Arbeitslose: Geboten wurden persönliche Beratungen, Hilfe bei der Arbeits- und bei der Wohnungssuche sowie finanzielle Hilfen bei der Existenzgründung. Bedingung: Man musste ein aussteigewilliger Nazi sein. Am besten eine Einfluss- oder Schlüsselperson. Daraus ergaben sich zwei Fragen an die sozialdemokratischen Spitzendenker: Wie, glauben Sie, fühlt sich ein unverschuldet in Not geratener Arbeitsloser, wenn er von diesem großherzigen Angebot an das braune Gesindel hört? Und woher stammen eigentlich die offenbar fundierten Erfahrungen der Politiker hinsichtlich der Käuflichkeit von Gesinnung? Antworten auf diese Fragen gab's nicht, und Erfolg hatte die Aktion auch nicht.

Wie so oft brachte Edmund Rüdiger Stoiber die Dinge erst auf den Punkt und dann unter einen Hut: »Das ökonomische Versagen der Regierung Schröder, dieses Ausmaß an Arbeitslosigkeit, bildet den Nährboden für Extremisten. Die Massenarbeitslosigkeit ist Hauptursache für das Wiedererstarken der NPD. Das Land steht vor einer Situation wie seit 1932 nicht mehr.«

Auf so einen Blödsinn war vor Stoiber noch keiner gekommen. Denn die NPD wurde 1964 gegründet. Es gab zu jener Zeit keine Massenarbeitslosigkeit, und die CDU war an der Regierung. Ein Jahr später kam die NPD mit acht Sitzen in den hessischen und mit fünfzehn Sitzen in den bayerischen Landtag. Da soll sich der CSU-Landesvorsitzende Franz Josef Strauß ganz schlimme Selbstvorwürfe gemacht haben ... Stoiber vergaß außerdem zu erwähnen: Die längste Zeit gab es Naziabgeordnete im CDU-Land Baden-Württemberg – aber gleichzeitig gab es dort auch eine niedrigere Arbeitslosigkeit als sonst in der Republik. Wer hatte denn das zu verantworten? Stoiber sagte auch nichts dazu, dass Franz Schönhubers Nazirepublikaner 1983 in Bayern geboren wurden. Und da war Stoiber Chef der Staatskanzlei.

Im übrigen erfolgte der Machtantritt Hitlers nicht auf Druck der Straße, sondern entsprach dem Kalkül der konservativen deutschen Machteliten, der Großindustrie und der Banken, die sich mit Hilfe des braunen Gesindels fette Beute erhofften. Aber Lallbacke Stoiber glaubte ja vermutlich auch, die Agenda 2010 sei so etwas Ähnliches wie der Versailler Vertrag, und demnächst beginne Schröder mit dem Bau unzähliger Autobahnen.

Eines Tages machte sich Otto Schily, der harte Hund mit dem weichen Hirn, für die sogenannte Sicherungshaft stark: Ausländer, die man für gefährlich hielt, denen man aber strafrechtlich nichts vorwerfen konnte, sollten bis zu zwei Jahre eingesperrt werden können. Dergleichen hatte es in Deutschland zuletzt unter Hitler gegeben. Namhafte Politiker, auch solche mit juristischen Staatsexamina, haben darüber so ernsthaft geredet, dass man glauben konnte, sie hätten noch nie von einem Grundgesetz gehört. Sie taten so, als sei der Rechtsstaat ein Luxus, den sich das Land derzeit leider nicht leisten könne. Und sie versicherten: Die Sicherungshaft werde sich gründen auf eine »tatsachengestützte Gefahrenprognose«.

Da wurde deutlich, dass zahlreiche deutsche Volksvertreter intelligenzmäßig noch hinter Tulpen und Kaulquappen herhinkten, wenn sie nicht gar nur knapp vor Einzellern und Lattenzäunen rangierten. Sonst wüssten sie: Eine Prognose kann sich nicht auf Tatsachen stützen. Dann forderten sie weiter, dass im Einbürgerungsverfahren Vorstrafen bekanntzugeben seien, dass aber gewährleistet sein müsse, dass diese Vorstrafen in einem rechtsstaatlichen Verfahren ausgesprochen wurden.

Wer gewährleistet denn so was, und wie kann das überhaupt gewährleistet werden? Und schließlich sollte eine Ausweisung auch bei »geistiger Brandstiftung« praktiziert werden. Wo die Brandstiftung anfing und die Meinungsfreiheit aufhörte, wusste niemand präzise zu sagen.

Im Zusammenhang mit der Atomstaatsdiskussion und den Castordemonstrationen sagte Otto Schily: »Wer sich gegen Recht und Gesetz stellt, der muss mit den notwendigen Sanktionen rechnen.« An seine eigene Vergangenheit als Blockierer gegen die atomare Aufrüstung erinnert, mochte Schily keinen Vergleich zulassen. Damals sei es um den »atomaren Untergang« gegangen, aber heute müssten »völkerrechtliche Verpflichtungen« eingehalten werden. Egal – nach einem atomaren Unfall beträgt das Idealgewicht eines Politikers 2,5 Kilo inklusive Urne.

Als Globalisierungsgegner in Stockholm und Genua protestierten, wurden sie von Polizisten, die auch vor dem Gebrauch von Schusswaffen nicht zurückschreckten, mit diversen phantasievollen Menschenrechtsverletzungen in die Mangel genommen, denn die Welt liebt das Demonstrationsrecht und nicht die Demonstranten, und sie nennt »Krawall«, was der Verhinderung drohenden globalen Unglücks dienen will.

Otto Schily regte deswegen an, eine Antikrawallpolizei aufzustellen. Damit wollte er die Welt »ein Stück weit« bewohnbarer machen, sagte er. Die Antikrawallpolizei offiziell APO zu nennen, Außerparlamentarische Polizei-Organisation, lehnte er aber ab. Überlegungen, Globalisierungsgipfel in Zukunft im Hochsicherheitstrakt von Stuttgart-Stammheim stattfinden zu lassen, weil dort bei wenig Sicherheitspersonal die absolute Abschottung garantiert sei, um die Herren der Welt vor eben dieser zu schützen, nannte er wenig hilfreich. Schade – in Stammheim könnten sich die Staatsmänner schon mal an die Umgebung gewöhnen, in die sie gehören.

Kein Wunder, dass dem bedeutenden Menschenrechtler Schily für seine Verdienste um das deutsch-amerikanische Verhältnis der »Transatlantic Partnership Award« verliehen wurde. Die Laudatio hielt Tom Ridge, Minister für Heimatschutz im Kabinett George W. Bush. In seiner Zeit als Gouverneur von Pennsylvania war Tom Ridge nicht nur dadurch aufgefallen, dass er die Todesstrafe wieder einführte, sondern auch dadurch, dass er sie besonders oft vollstrecken ließ. Mehr als 200 Mal. Fast jede Woche eine Hinrichtung. Also, man hätte keinen passenderen Laudator für Otto Schily finden können. Und das war so recht nach dem Herzen des Innenstaatsmannes mit dem Cäsarenschnitt und der geschliffenen Rede.

Für die Ehre dankend, wies Schily darauf hin, dass die Sicherheit auf Grundlage der Ordnung dem Recht im Gesetz zum Schutz des Gemeinwesens nachhaltig durch die Verwaltung die Treue zum Zweck der Verfassung als Garant. Er befürwortete entschieden das Handeln des Einzelnen den Organen der Rechtspflege nach Maßgabe bei gleichzeitiger Verpflichtung zur Aufrechterhaltung von Maßnahmen verbindlich vor dem Hintergrund, aber eingeschränkt. Seine verantwortliche Position verpflichtete sich abzüglich der ausreisepflichtigen Ausländer im Einvernehmen mit dem Buchstaben der Gesetzeslage auch der Abwehr von Gefahren in sensiblen Bereichen. Die notwendigen Kontrollen entsprechend seinem Rechtsverständnis gemäß dem bürgernahen Vollzug des Instrumentariums auch im rot-grünen Reformprojekt durch Auflagen im Sinne der Regelungsdichte gemäß den Vorgaben des Bundes mit hoher Priorität unverbrüchlich, und zwar innerhalb einer eng gesetzten und streng umrissenen Frist. Langanhaltender Beifall.

Um all dieses und noch mehr in die Wege zu leiten, hatte die Bundesregierung insgesamt achtzig Werbeagenturen beschäftigt. Innenminister Schily hatte davon 24 Firmen unter Vertrag genommen, um seiner Weisheit auf die Sprünge zu helfen. Da fragte man sich natürlich, was nach Abzug der Leistungen dieser Beraterfirmen eigentlich noch auf dem politikereigenen Mist gewachsen war. Vielleicht hat man der Regierung ganz zu Unrecht die Kürzung von Sozialleistungen in die Schuhe geschoben oder dem Schily ganz unberechtigt Vorwürfe wegen seiner Zuwanderungsbegrenzungsvorschriften gemacht. Möglicherweise verdankte er seine intimen Kenntnisse der Terroristenszene einer hochkarätigen Beratung durch hochrangige Al-Kaida-Kader, wenn nicht sogar aus dem Parteipräsidium der CDU.

Der Abschiebungsanthroposoph Otto Schily war ein Meister jener Disziplin, die George Orwell »Newspeak« nannte. Orwells Roman *1984* handelt von einem Regime, das Sklaverei Freiheit nennt und Krieg Frieden. Sein letztes Kunststück präsentierte Otto Schily bei seinem Abschiedsbesuch im Bundesamt für Migration und Flüchtlinge in Nürnberg. Dort erklärte er, Deutschland sei ein modernes, weltoffenes Land. Als Beleg führte er an, dass die Bundesrepublik seit 1984 noch niemals so wenige Asylbewerber aufgenommen habe wie im Jahre 2005. »Offen« ist Schilys Wort für »zu«. Nach Schilys Meinung hatte Deutschland den höchsten Stand an Weltoffenheit erreicht, wenn keiner von denen da draußen mehr reinkommen konnte.

Wenn Politiker lügen – das ist nicht so schlimm, damit muss das Volk rechnen. Beängstigend wird die Situation erst, wenn ein Politiker seine eigenen Lügen glaubt. Lallbacke Schily hatte diesen Zustand erreicht. Im Grunde war er während seiner gesamten Amtszeit als Minister ein Fall für die stabilen Herren in den weißen Kitteln. Leider haben sie ihn nie abgeholt.

Otto Schilys Nachfolger war der geborene Innen- und Polizeiminister Wolfgang Schäuble. Er wurde einst selbst Opfer eines Anschlags, war also sachkundig. Und dass ein führender Volksvertreter, der aus naheliegenden Gründen Angst vorm Volk hat, zu besonders scharfen Vorsichtsmaßnahmen neigt – das ist ganz normal bei traumatisierten Patienten. Wolfgang Schäuble wusste genau: Terroristen wollten Menschen in Panik versetzen. Das ist ein Teil ihrer Inszenierung. Und da war es für Schäuble lebenswichtig, den Terroristen zu zeigen: Das können wir selbst, und das können wir besser.

Schäuble, der stets den Eindruck erweckte, als hielte er alle Bürgerinnen und Bürger für Untersuchungsgefangene auf kurzfristig freiem Fuß, strebte mit aller Kraft die vollständige digitale Erfassung der Bevölkerung an: Computer in Privathaushalten wurden ausgeforscht, Online-Durchsuchungen ermöglichten es den Ermittlern nicht nur, Daten unbemerkt und unprotokolliert zu kopieren – nein, sie konnten sie auch manipulieren, um dem Verdächtigen irgendeine Straftat anzuhängen, wenn man mal wieder ein Exempel statuieren wollte. Die Passbilder aus den elektronischen Reisepässen sollten online von der Polizei abgerufen werden können, die biometrischen Daten, die Internetbewegungen, Telefonate und alle SMS-Nachrichten aller Bundesbürger sollten zentral gespeichert werden. Fingerabdrücke sollten in die Pässe kommen, und wer sich gegen die Speicherung seiner Fußabdrücke im Computer des Finanzamtes sträubte, hatte mit Beugehaft zu rechnen.

Videokameras sollten Tag und Nacht Deutschlands Straßen und Plätze überwachen, Schäuble wollte die elektronische Überwachung an allen Treffpunkten der Kriminalität mit Ausnahme seines Büros bei der Übergabe von Parteispenden an ihn persönlich. Auch Hotelzimmer sollten ohne Ausnahme überwacht werden. Schäuble wollte auf Videobändern gespeichert wissen, wie die Bundeskanzlerin ins Bett geht, er wollte sehen, wie sie einen Zehnerpack Schokoriegel und alle Erdnüsse aus der Minibar verschlingt, er wollte sie rülpsen hören und die donnernden Flatulenzen ihres Begleiters, er wollte dabei sein, wie sie ihren Begleiter anmuffelt, er solle aufhören, sie zu befummeln, und wie sie dann schnarcht und der Mann an ihrer Seite leise weint. Nur deswegen wollte Schäuble aus Deutschland einen elektronischen Spitzelstaat machen.

Folgerichtig kündigte Schäuble an, »gewaltbereite Chaoten präventiv zwei Wochen wegzusperren«, und er betonte, »die Polizeigesetze der Länder sehen den sogenannten Unterbindungsgewahrsam vor« – obwohl er vermutlich durchaus wusste, dass »Chaot« kein Rechtsbegriff und »gewaltbereit« nicht gleichbedeutend mit »gewalttätig« war. Aber das ist ja typisch für Menschen mit obszönen Gewaltphantasien – diese Energie, mit der sie einengende Vorschriften innovativ interpretieren: Im tausendjährigen Reich nannte man die ungerechtfertigte Inhaftierung politisch unliebsamer Zeitgenossen schlicht »Schutzhaft«. Da wussten die anständigen Leute: Das ist in Ordnung, die werden beschützt. Und diese wohlige Geborgenheit allen Bürgerinnen und Bürgern zu vermitteln, die sich während der Zeit der Gestapo besonders gut aufgehoben fühlten, oder auch den Jüngeren, die vielleicht der Stasi hinterhertrauerten, darin sah Lallbacke Schäuble, ein Sicherheitspsychotiker von selten erlebter Gradlinigkeit, die vornehmste Aufgabe des Staates. Er hatte den Wunsch, jeden Einzelnen genau im Auge zu behalten. Nur deshalb sollte die Unschuldsvermutung abgeschafft werden, und deshalb schien ihm die Verwendung von Foltergeständnissen dringend geboten.

Das ganze Ausmaß dieser cerebralen Insuffizienz wurde deutlich rund um den G-8-Gipfel 2007 in Heiligendamm. Dort kam das personifizierte globale Kapital, das die Erde ausplündert, für 120 Millionen Euro Absicherungskosten hinter Gitter. Die handverlesenen Herrschaften wurden sozusagen in Käfighaltung festgesetzt. Die Pressestelle der Polizei korrigierte, wie üblich, die Zahl der Demonstrationsteilnehmer herunter, während die Zahl der verletzten Polizisten, wie ebenfalls üblich, aufgeblasen wurde, indem man jedes Gerstenkorn und jeden Schnupfen mitzählte.

Nicht verstummen wollten die Gerüchte, dass die Polizei Provokateure zum Steineschmeißen abkommandiert hatte. Das war natürlich eine Verleumdung. Dass da Autonome waren, bei denen unter nagelneuem Szene-Outfit olivgrüne Unterwäsche durchschimmerte: Zufall. Dass etliche festgenommene Steinewerfer sich unauffällig hinter der Polizeikette verkrümeln konnten, dass eine Polizeisondereinheit aus Berlin erst in dem Augenblick eingesetzt wurde, als die Demonstration einen allzu friedlichen Verlauf nahm: Unterstellungen. Nur, dass Zivilpolizisten aufgefallen sind, weil sie Mitdemonstranten gesiezt und ihnen Zigaretten angeboten hatten, das war peinlich.

Zehn Tage vor Heiligendamm, bei der Tagung der Außenminister in Hamburg, wurden 4000 Demonstranten beidseitig von je drei Reihen martialisch ausgestatteten Polizistinnen und Polizisten durch die Straßen geführt, und bei diesem Anblick fielen dem Betrachter die alten Schwarz-Weiß-Fotos ein, die Kolonnen deutscher Gefangener beim Abmarsch nach der Schlacht von Stalingrad zeigten: Die wurden von weniger Bewachern begleitet.

Im Zusammenhang mit geheimen CIA-Flügen und Vernehmungen in US-Militärgefängnissen rechtfertigte Bundesinnenminister Schäuble Verhöre von Gefangenen, bei denen Folterungen nicht ausgeschlossen werden konnten: »Wenn wir sagen würden, Informationen, bei denen wir nicht sicher sein können, dass sie unter vollkommen rechtsstaatlichen Bedingungen zu erlangen waren, nutzen wir unter keinen Umständen – das wäre völlig unverantwortlich. Wir müssen solche Informationen nutzen.«

Also ein grundsätzliches Problem mit Folterungen hatte der Herr Schäuble nicht, aber er wollte seine Hände in Unschuld waschen, wenn er per Folter erzwungene Aussagen verwendete und darauf eigene Ermittlungen aufbaute. Andererseits: Wenn der Staat erst mal die Ergebnisse solcher »Methoden« akzeptierte, hätte er seinen Sicherheitsorganen wohl nur schwer vermitteln können, dass sie selbst nicht zu diesem Mittel greifen dürften. Schäuble hat es zwar bestritten, aber glaubwürdig war es nicht, als er betonte, deutsche Sicherheitsbehörden würden auch nicht augenzwinkernd erwarten, dass von anderen gefoltert wird, um an Aussagen von Terrorverdächtigen zu gelangen.

Herr Schäuble behauptete auch, es gäbe keine seriösen Anhaltspunkte dafür, dass Häftlinge in Guantánamo gefoltert würden. Auf die Idee, dass schon das Eingesperrtsein allein ohne Verfahren, richterliche Kontrolle und Befristung in seiner Perspektivlosigkeit Folter genug war, darauf kam er nicht.

Als in Potsdam zwei hellhäutige Deutsche einen dunkelhäutigen Deutschen wegen dessen Hautfarbe einen »dreckigen Nigger« nannten und ihn fast totschlugen, da hat Innenminister Schäuble klar Position bezogen: »Es werden auch blonde, blauäugige Menschen Opfer von Gewalttaten, zum Teil sogar von Tätern, die möglicherweise nicht die deutsche Staatsangehörigkeit haben. Das ist auch nicht besser.«

Zwar sind nie Vorfälle an die Öffentlichkeit gedrungen, wonach blonde, blauäugige Deutsche in Deutschland Opfer von Gewalttaten rechtsradikaler Schwarzer geworden sind, aber so ein Innenminister muss es ja wissen. Und dann sagte Schäuble, ein Angehöriger der weißen Herrenrasse, die Abschottung der Menschen in der DDR sei für Ausländerfeindlichkeit und Rechtsextremismus in den neuen Ländern verantwortlich. Rechtsextreme Stimmung gedeihe dort am besten, wo wenige Ausländer lebten. Und wörtlich: »Deswegen ist es eher ein Problem, dass in der früheren DDR die Menschen die Erfahrung gar nicht sammeln konnten, was für eine Bereicherung es ist, mit Menschen aus anderen Teilen der Welt zusammenzuleben.«

Dazu war zu sagen: Die beiden Tatverdächtigen von Potsdam waren am Ende der DDR vierzehn und fünfzehn Jahre alt. Ihre Nazieinstellung hatten sie also erst in Schäubles Bundesrepublik angenommen.

In einer Hamburger Informationsattrappe, die eine Zeitung zu nennen man sich nicht aufraffen kann, stand immerhin die Meldung: Schäuble sagt Rechtsextremen den Kampf an. Ach herrje – der wird sich doch wohl nichts antun?

Ein Highlight der politischen Betätigung des Innenministers Schäuble war immer die Vorstellung des Verfassungsschutzberichts. Die Verfassungsfeinde beflügelten ihn regelmäßig, »alle Formen des extremistischen Denkens und Handelns« gleichzusetzen.

Braun = rot, das war ihm ein Evangelium. Aber wer genau hinschaute, konnte lesen: Bei den sogenannten Antifas ging es um brennende Müllcontainer, eingeschlagene Fensterscheiben, zerstochene Reifen, auch mal ein angezündetes Auto. Körperverletzung war die Ausnahme, gezielte Hetzjagden auf Andersdenkende gab es nicht, und niemand wurde zu Tode geprügelt. Die Nazis hingegen zündeten nicht leere Autos an, sondern bewohnte Häuser. Schäuble wies aber ausdrücklich darauf hin, die rechten Gewalttäter stünden »in aller Regel unter Alkoholeinfluss«. Da kann man nichts machen, Besoffene können eben nicht politisch klar denken, und überhaupt hat ein Trunkenbold Anspruch auf mildernde Umstände. Und die sogenannten No-go-Areas beziehungsweise die »national befreiten Zonen« tauchten im Verfassungsschutzbericht gar nicht erst auf. So etwas »darf es nicht geben«, sagte Schäuble. Zu einer etwas differenzierteren Betrachtungsweise war er nicht zu bewegen.

Und auch sein Kollege, Brandenburgs Innenministers Jörg Schönbohm, behauptete steif und fest, dass in Brandenburg solche Gebiete nicht existierten. Wie überall gebe es aber Bereiche, wo man spät abends oder nachts besser nicht hingehe, weil man unabhängig von der Hautfarbe Opfer einer Straftat werden könne. Verstanden: Selbst schuld, wenn der Nigger sich nach Einbruch der Dunkelheit noch auf der Straße rumtreibt. Und wer sich gegen Nazis wehrt, lebt sowieso verkehrt.

Während auf der Linken bereits das Werfen eines Farbbeutels mit dem Paragraph 129 a (»Bildung einer terroristischen Vereinigung«) verfolgt wurde, lauteten Polizeimeldungen über rechte Gewalt so: »Der 26-jährige Sudanese wurde in der Innenstadt von sechs kahlgeschorenen jungen Männern mit Fußtritten malträtiert. Die Hauswand am Tatort war mit Hakenkreuzen besprüht. Die Polizei schließt einen rechtsextremistischen Hintergrund nicht aus. Zeugen berichteten, dass die Täter ihr Opfer als ›Nigger‹ beschimpft haben. Das muss aber nicht böse gemeint gewesen sein – die jungen Leute heutzutage haben ja eine sehr offene Art, sich auszudrücken.«

Das gilt auch für eine erwachsene Vollpflaume wie Jürgen Rüttgers, den ehemaligen NRW-MP. Zur Abwanderung des Bochumer Nokia-Werks nach Rumänien fiel ihm ein: »Im Unterschied zu den Arbeitnehmern im Ruhrgebiet kommen die in Rumänien nicht morgens um sieben zur ersten Schicht und bleiben bis zum Schluss da. Sondern sie kommen und gehen, wann sie wollen, und sie wissen nicht, was sie tun.« Trotz dieses eindeutigen Koalitionsangebotes an die NPD hat Lallbacke Rüttgers die nächste Wahl verloren.

Hans Filbinger, baden-württembergischer Ministerpräsident von 1966 bis 1978, Mitglied im nationalsozialistischen Studentenbund, in der SA, in der NSDAP, im Zweiten Weltkrieg Marinestabsrichter mit einigen Todesurteilen im Tornister, er war ein furchtbarer Jurist und ein guter Deutscher – darin unterschied sich Hans Filbinger nach Kriegsende im Mai 1945 in nichts von allen anderen Deutschen: 95 Prozent aller Deutschen waren ja irgendwie gegen den Naziwahnsinn, und die meisten von ihnen hatten sich im Widerstand organisiert und nannten sich »Kritische Nationalsozialisten in der NSDAP«.

Als Hans Filbinger gestorben war, hielt ihm der baden-württembergische Ministerpräsident Günther Oettinger die Trauerrede. Und danach stand fest: Hans Filbinger war in grauer Vorzeit schicksalhaft in eine Situation hineingeraten. Hans Filbinger war Gegner des NS-Regimes. Hans Filbinger war Gegner der Diktatur, Adolf Hitler war gar kein Deutscher, und wer damals einen Klumpfuß hatte, muss heute keine Springerstiefel tragen. Und überhaupt: In der NSDAP hat es keinen einzigen Nazi gegeben. Und deswegen war auch Hans Filbinger kein Nationalsozialist, sondern allenfalls ein Sozialnationalist.

Auch Günther Oettinger war kein Nationalsozialist. Im Gegenteil: Er war ein Gegner der Filbinger-Leugnung. Auch Günther Oettinger war schicksalhaft in eine Situation hineingeraten. Günther Oettinger wurde gegen seinen Willen von der Bundeskanzlerin empfangen. Günther Oettinger konnte sich den Zwängen der brutalen und unmenschlichen Merkel-Diktatur ebenso wenig entziehen wie Millionen andere. Aber Oettinger, dieser tapfere Mitläufer der Demokra-

tie, hat den verstorbenen Filbinger noch am offenen Grab in die
Nähe von Widerständlern gerückt – das heißt, er hat dem Filbinger
den irdischen Abschied insgeheim gründlich versaut. Und dafür
schuldet ihm das Vaterland tiefen Dank.

Ebenfalls im Ländle, in Freiburg, fand die Polizei in der Wohnung
eines Nazis 22 Kilogramm Chemikalien, Zündschnüre und Bauteile
für Bomben sowie Gewehre, Munition und Messer. Das Landgericht
lehnte die Eröffnung des Hauptverfahrens ab, weil die Teile an unterschiedlichen Stellen in der Wohnung gelagert wurden und nicht
bewiesen war, dass der Mann sie auch zusammenbasteln wollte.
Eine strafbare Handlung lag nach Ansicht der Richter erst nach Fertigstellung der Sprengkörper, der Benennung konkreter Tatziele und
dem Einsatz vor.

Es war in Ordnung, dass das Gericht nicht übereilt urteilte: Man
muss das Zeug in der Wohnung liegenlassen und warten, bis es mitsamt dem Nazi in die Luft fliegt.

Seit Anbeginn seiner politischen Tätigkeit hat Wolfgang Schäuble
die Öffentlichkeit und vor allem das Grundgesetz mit seiner Forderung, die Bundeswehr im Innern einsetzen zu dürfen, gequält. Er
kämpfte darum, die Bundeswehr auf das möglicherweise renitente
Volk schießen lassen zu dürfen, da wollte er keine Gefangenen machen. Erfolg in dieser Angelegenheit haben ihm die eigenen politischen Kameraden vermasselt: CDU-Fraktionsvorsitzender Volker
Kauder war der Meinung, man solle Schäuble als erklärten Verfas-
sungsfeind aus der CDU ausschließen: »Einen Innenminister, der
nicht die Gewähr bietet, auf dem Boden unserer freiheitlich-demo-
kratischen Grundordnung zu stehen, können wir uns nicht leisten.
Ich fordere den Bundesinnenminister zum sofortigen Rücktritt auf.
Sollte er sich weigern, werde ich geschlossen in den Hungerstreik
treten.« Bayerns Innenminister Beckstein forderte Schäuble auf, ein
Bekenntnis zur deutschen Verfassung abzulegen, anderenfalls möge
er sich selbst abschieben, und CDU-Generalsekretär Pofalla sagte in
den *Tagesthemen*: »Sollte Herr Schäuble nicht zurücktreten, werde
ich nie wieder im deutschen Fernsehen erscheinen.«

Absurde Wunschträume. An Lallbacke Schäuble wurde nur eines
wirklich deutlich: Es gibt kein deutsches Wort für Selbstbestim-
mung.

Auf Schäuble folgte Thomas de Maizière. Der nahm zu der Frage Stellung, ob Deutschland einen Teil der Bootsflüchtlinge aus Tunesien aufnehmen sollte, die auf der italienischen Insel Lampedusa gelandet waren. De Maizière lehnte das ab: »Wir können nicht die Probleme der ganzen Welt lösen.« Für diesen Satz gebührte dem Minister Dank. Selten hat ein Regierungsmitglied derart ehrlich die Verlogenheit der deutschen Flüchtlingspolitik beschrieben. Die Verlogenheit bestand darin, Probleme systematisch vor die eigenen Landesgrenzen zu verlagern und dann so zu tun, als gehe einen das Elend nichts an.

Nach diversen unliebsamen Vorkommnissen auf dem Mittelmeer wusste auch Innenminister de Maizière: Schiffbrüchige muss man retten, aber Flüchtlinge sollte man lieber nicht retten. Wer beispielsweise 37 namenlose, in Seenot geratene Afrikaner nicht unbemerkt und anonym ertrinken lassen wollte und sie rettete, machte sich – wie der Kapitän der Cap Anamur – eitler Selbstdarstellung schuldig. Das Problem bestand darin: Der Tod von 37 Flüchtlingen vor der Küste war lange nicht eine so gewaltige Herausforderung für die Behörden, wie es ihr Überleben wäre. Das konnte man sich ja vorstellen, was für finanzielle und auch verwaltungsrechtliche Schwierigkeiten 37 klatschnasse Neger, die keinen Cent in der Tasche hatten, machten, wenn die lebend an Land kamen. Da war es dann für die öffentliche Hand schon zuträglicher zu warten, bis eine Lösung des Problems außerhalb offizieller Maßnahmen erfolgte, etwa auf meteorologischer Basis.

Obwohl ihm diese Problematik nicht fremd war, hat der Fraktionschef der Grünen im Bundestag, Jürgen Trittin, in einem Interview gemahnt, Deutschland dürfe »nicht im Abseits stehen«, wenn es darum gehe, den Menschen »schnell und unkompliziert zu helfen«. Er forderte die Bundesregierung auf, »500 oder 1 000 Flüchtlinge vorübergehend« in unserem Land aufzunehmen. Das war natürlich eine große humanitäre Geste. Damit Flüchtlinge aus Nordafrika diesen Edelmut nicht falsch deuteten, fügte Trittin an, dass sie aber »keinen Anspruch auf politisches Asyl« hätten: »Wenn sich die Lage in Libyen oder Tunesien wieder beruhigt, müssen sie in ihre Heimatländer zurückkehren.« In ihrem Grundsatzprogramm hatten die Grünen sich einst als »Garanten des Asylgrundrechts unserer Verfassung« beschrieben. Lallbacke Trittin saß damals vermutlich an seinem Stammtisch.

Die Ansicht, dass Deutschland von Asylbewerbern überschwemmt sei, stimmt nicht. Die weitaus meisten Asylanträge scheitern am komplizierten Flüchtlings-Duldungs-Bleiberechts-Kuddelmuddel. Vom Angekommenen über den Asylbewerber zum anerkannten Flüchtling – das dauert Jahre. Und bis es so weit ist, hat der Flüchtling gute Chancen, abgeschoben zu werden.

Der niedersächsische Innenminister Uwe Schünemann machte sich für Massenabschiebungen von Roma ins Kosovo stark, der bayerische Innenminister Joachim Hermann hielt an den Sammelunterkünften für Asylsuchende fernab von bayerischen Dörfern und Städten fest, und Bundesinnenminister Thomas de Maizière wurde Abschiebeminister des Jahres 2010. Diese Ehrung verliehen ihm »Jugendliche ohne Grenzen«, ein Zusammenschluss junger Flüchtlinge in Deutschland, weil er trotz aller Warnungen Flüchtlinge nach Griechenland abschieben ließ. »Obwohl Flüchtlinge in Griechenland keine Chance auf Asyl haben, auf der Straße leben und illegal in die Türkei abgeschoben werden. Darum hat de Maizière verdient gewonnen«, erklärte die Sprecherin von »Jugendliche ohne Grenzen«. Auch das UN-Flüchtlingshilfswerk, Amnesty International und der EU-Flüchtlingsbeauftragte hatten davon abgeraten, Flüchtlinge nach Griechenland abzuschieben. Doch Lallbacke de Maizière ist ein ehrenwerter Mann: Er ist Mitglied im Evangelischen Kirchentagspräsidium und weiß, wie man als Christ Friedensethik und Verteidigungspolitik zusammenbringt.

Das war auch ein guter Grund, warum der Abschiebeminister zum Verteidigungsminister avancierte. Sein Nachfolger als Innenminister wurde ein Bayer mit drei Vornamen: Hans-Peter Friedrich. Der Innen-Fritze führte sich gleich gut ein, als er erklärte: »Dass der Islam zu Deutschland gehört, ist eine Tatsache, die sich auch aus der Historie nirgends belegen lässt. Es geht um den Zusammenhalt der Gesellschaft.« Das war schon ein bizarres Gesellschaftsverständnis, Menschen muslimischen Glaubens zuzugestehen, Teil Deutschlands zu sein und zugleich zu behaupten, der Islam sei es aus historischen Gründen nicht. Aber vielleicht ist es Herrn Friedrich in der ländlichen Abgeschiedenheit seiner oberfränkischen Heimat, also da, wo der liebe Gott den Sack zugenäht hat, entgangen, dass in Deutschland über vier Millionen Muslime leben.

Es ist doch unübersehbar: Der Islam gehört zu Deutschland wie die Zeugen Jehovas, wie »das Dschungelcamp«, Königsberger Klopse und der Zapfenstreich. Zur Kultur in Deutschland zählen auch Deutschlands Next Topmodel, der Quatsch-Comedy-Club und andere Abgründe des Fernsehens, obwohl sich dafür in der Historie keine Belege finden lassen. Die *Bildzeitung* mit ihren Brustbildern auf Seite eins hat ebenfalls keine historischen Wurzeln bei uns, auch wenn die Herren von der CSU und den katholischen Kartellverbänden sich karrierehalber mit diesem Merkmal unserer »Leitkultur« bestens arrangiert haben. Der Missbrauch von Kindern in christlichen Kirchen und Schulen sollte genauso wenig zu unserem Land »gehören« wie der stumpfsinnige Ehrenkodex in manchen türkischen Familien. Doch das Schächten der Lämmer wirkt keineswegs befremdlicher als der Zölibat, und die Gastfreundschaft vieler islamischer Familien ist einladender als die Rücksichtslosigkeit und die betrügerische Raffgier deutscher Banker und Unternehmer. Und dann sei auch noch der Hinweis erlaubt: Die CSU ist genauso wenig wie der Islam eine prägende Kraft der deutschen Geschichte. Auch die CSU muss noch integriert werden.

Lallbacke Friedrich erbrachte den Beweis: Nicht die Migranten, sondern die Politiker selbst sind es, die sich über Jahrzehnte einer aktiven Integrationspolitik verweigert haben.

Als die Grünen-Politikerin Ekin Deligöz die in Deutschland lebenden muslimischen Frauen dazu aufrief, sie sollten als Zeichen ihrer Integrationsbereitschaft das Kopftuch ablegen, und als sie daraufhin Mord- und Totschlagsdrohungen islamistischer Idioten erhielt, da trat Lallbacke Pofalla an die Mikrofone: »Ein solches Klima des Hasses gegen eine Person, die lediglich ausspricht, was viele denken, ist nicht hinnehmbar.« Und wenn sie ausspricht, was nur wenige denken, ist es dann weniger hinnehmbar? Und wenn sie ausspricht, was nur sie ganz allein denkt, ist es dann gar nicht mehr hinnehmbar? Ob es hinnehmbar ist, wenn der Generalsekretär der CDU so einen Quatsch von sich gibt? Schon die Frage ist eine Zumutung.

Claudia Roth, der führende Grünkern-Bratling der Gurken-Partei, verkündete unüberhörbar: »Die Aufnahme von Flüchtlingen und ihre Behandlung in unserem Land ist Ausdruck des Verständnisses von der Gesellschaft, in der wir leben möchten.« Zum besseren Verständnis dieses Satzes empfiehlt sich ein Blick auf das Asylbewerberheim Freienbessingen im Kyffhäuserkreis: Dort leben zwanzig Nationalitäten auf engstem Raum. Sechs Quadratmeter Wohnfläche pro Asylbewerber entsprechend der gesetzlichen Vorgabe, die sanitären Anlagen entsprechen allerdings bei weitem nicht dem sowieso schon dürftigen Mindeststandard. Das Heim befindet sich abgelegen von jeder Chance auf soziale oder kulturelle Kommunikation drei Kilometer vom Ort entfernt. Einkaufen können die Asylbewerber nur mit Chipkarten, die entweder im nächsten Ort oder in der 25 Kilometer entfernten Kreisstadt in Märkten der gehobenen Preisklasse einzulösen sind. Um ihre monatlichen vierzig Euro Taschengeld zu erhalten, müssen sie 8,80 Euro für die Busfahrt ausgeben. In einer Gesellschaft, die so mit schutzsuchenden Flüchtlingen umgeht, will Lallbacke Roth also leben. Wenn die Dame ihre Stimme erschallen lässt, fliegen im Umkreis mehrerer Kilometer alle Fledermäuse vor Entsetzen gegen die nächstbeste Scheunenwand.

In Bayern hörte man von Asylbewerbern, die mit Hungerstreiks auf ihre Lebenslage aufmerksam machen mussten. Marode Gebäude, Kakerlaken, überfüllte Schlafstätten, nicht ganz einwandfreie Lebensmittel, fehlende Winterkleidung, die Liste war lang. Wenn in Bayern eine derartige Mangelwirtschaft herrschte, durfte man doch eigentlich keine Menschen aufnehmen, oder? Um die Situation wenigstens einigermaßen zu beherrschen, wurden Asylbewerber während des Verfahrens vielfach wie politische Gefangene gehalten, obwohl es sich nicht um Kriminelle handelte. Sie durften ihre Nahrungsmittel nicht selbst einkaufen, sie durften den ihnen zugeteilten Bezirk nicht verlassen, sie wurden, wie bei Gefängnissen üblich, außerhalb der Sichtweite von Stadtbewohnern in »Sammelunterkünften« gehalten, sie durften nicht arbeiten und hatten keinen Anspruch auf Integrationskurse.

Gott sei Lob und Dank, hatte Bayern diese gesegnete Frau Christine Haderthauer. Die beklagte unablässig »massenhaften Asylmissbrauch« und rief bei jeder Gelegenheit aus, »wem es nicht gefällt, soll zurückkehren«, und dies alles tat sie nur zum Schutz der einheimischen bayerischen Bevölkerung, denn sie war schließlich Sozialministerin, und zwar eine christliche.

Auch im CDU-Landesverband Mecklenburg-Vorpommern gibt es Christen. Die unterbreiteten in einem Schreiben an den Schweriner Flüchtlingsrat zur Heimunterbringung von Flüchtlingen Vorschläge, wie mit Asylbewerbern zu verfahren sei: »Die Mehrheit der Asylbewerber hat Defizite hinsichtlich allgemeiner Regeln des Zusammenlebens. Viele zeigen Verhaltensauffälligkeiten (wie) mangelnde Konfliktfähigkeit, niedrige Toleranzgrenze, ›Ellenbogenmentalität‹ und Defizite in den sozialen Kompetenzen (beim) Verhalten gegenüber Mitmenschen, insbesondere Frauen und Kindern. (...) Durch die Unterbringung in Gemeinschaftsunterkünften und die damit einhergehende Betreuung werden soziale Kompetenzen erworben.«

Warum man eine Heimunterbringung favorisiert, kann man einer Stellungnahme des brandenburgischen Landkreises Oberspreewald-Lausitz entnehmen: Zweck der Unterbringung in Gemeinschaftsunterkünften sei unter anderem, Asylbewerber und potentielle Nachahmer abzuschrecken. Mancherorts haben sich die Vorschriften zu artgerechtem Halten von Untermenschen prächtig konserviert.

Der niedersächsische Innenminister Uwe Schünemann, ein dynamischer Politiker, der am liebsten jeden Tag ein langes weißes amerikanisches Nachthemd anziehen würde mit hoher spitzer Kapuze und zwei Augenlöchern drin, wollte potentielle islamistische Gewalttäter mittels einer elektronischen Fußfessel überwachen lassen. Das war ein ausgezeichneter Gedanke. Zwar war ein potentieller Gewalttäter kein Gewalttäter, denn ein potentieller Vergewaltiger konnte ja auch nicht angekettet werden. Ganz egal, wie verlockend er es fand, seine Vorstellungen zu verwirklichen: Solange er – der Terrorist oder der Vergewaltiger – »es« nicht tat und auch niemanden dazu veranlasste, blieb er unbehelligt – aber Lallbacke Schünemanns Vorschlag diente der Verbrechensbekämpfung auf raffinierteste, nämlich auf vorbeugende Weise: Durch die Fußfesseln wären die potentiellen islamistischen Gewalttäter bestens vor Entführungen durch die CIA geschützt.

Etwas sensiblere Menschen waren in diesen Zusammenhängen peinlich berührt, als sie einer winzigen Zeitungsnotiz entnehmen mussten: Deutschland belegt auf der Beliebtheitsskala bei den Einwanderungsländern, bezogen auf die Gesamtbevölkerung, den vorletzten Platz bei der Zuwanderung in den OECD-Staaten. Nur in Japan ist der Anteil an Einwanderern noch geringer. Aber wenn man dort in 100 000 Jahren die Fukushima-Folgen überwunden hat, kann sich das schnell umdrehen.

Verblüffenderweise hat der türkische Ministerpräsident Erdogan seine in Deutschland lebenden Landsleute trotzdem zur Integration aufgefordert: »Unsere Kinder müssen Deutsch lernen, aber sie sollen erst gut Türkisch lernen.« Daraufhin hat CSU-Generalsekretär Alexander Dobrindt Erdogan vorgeworfen, seine Landsleute aufzuwiegeln, und CDU-Generalsekretär Hermann Gröhe sagte, Erdogan schaffe neue Gräben.

Historisch betrachtet, ist ein beachtlicher Intelligenzverfall an der politischen Spitze zu beklagen, denn: Der Große Kurfürst, der den calvinistischen »Réfugiés« aus Frankreich in Berlin Tor und Tür geöffnet hatte, so dass sie zeitweise zwanzig Prozent der Stadtbevölkerung ausmachten, forderte, dass deren Kinder in der Schule vor allem Französisch lernen müssten. Seine Begründung: Nur wer die eigene Sprache und Kultur kenne und liebe, könne eine andere wertschätzen und annehmen.

»Multikulti ist gescheitert, absolut gescheitert« – das behauptete Frau Merkel in aller Entschiedenheit. Mal davon abgesehen, dass sich die USA auf Multikulti gründeten: Was war absolut gescheitert? Was meinte sie?

Lallbacke Merkel erzählte überall herum, die prägende Kraft unserer Kultur seien die christlich-jüdischen Werte. Mal abgesehen von der falschen Reihenfolge – offenbar wusste sie nicht, dass die europäische Kultur in erster Linie der Wiedergeburt der heidnischen Antike, also der Renaissance, zu verdanken war und der Aufklärung: Voltaire, Lessing und so weiter. Oder wollte Frau Merkel ernsthaft die heimische Kultur des Scheiterhaufens dem fremden Brauch der Steinigung entgegenstellen? Und Martin Luthers und Johann Sebastian Bachs Antisemitismus der Israelfeindlichkeit vieler Araber?

Als Friedrich Schiller notierte: »Sire, geben Sie Gedankenfreiheit«, ging er davon aus, dass es Gedanken gibt, für die es sich lohnt, Meinungsfreiheit zu fordern. Also dachte er vermutlich nicht an Angela Merkel. Und schon gar nicht an Thilo Sarrazin, einen rassistisch durchfeuchteten Pointenkellner, der in seinem Berufsleben weniger zum Bruttosozialprodukt beitrug als jeder türkische Gemüsehändler. Sarrazin entwickelte das genetische Hirngespinst von einem »Judengen«, er fuchtelte mit obskuren Statistiken durch die Gegend, und er stellte seltsame Thesen auf über die Intelligenz der Migranten. Lallbacke Sarrazins Unsinn löste etwas aus, das als angeblich »notwendige Debatte über Migration« verkauft wurde, dabei war es nur Volksverhetzung unter dem Deckmantel der Meinungsfreiheit. Das sollte man eigentlich, zwei Generationen nach der Nazidiktatur, schon noch unterscheiden können.

Islamophobie geisterte durch Europa. Es sei mal wieder Zeit, wie im Jahre 732 bei Tours und Poitiers oder wie im fünfzehnten und sechzehnten Jahrhundert vor Wien, die muslimischen Horden aufs Haupt zu schlagen und das Abendland zu retten, glaubte man. Christliche Zeitungen machten mobil gegen die » islamistische« Bedrohung. Ein blonder, blauäugiger, christlich konservativer Norweger nahm die Hetze ernst: In seinem Kampf gegen Marxisten und Islamisten ließ dieser Terrorist, der so gar nicht als Al-Kaida-Modell durchgehen konnte, Bomben in der Innenstadt von Oslo hochgehen und richtete in einem Ferienlager ein Massaker an. Deutsche »Sicherheitsexperten« nutzten – quasi als Trittbrettfahrer – das Verbrechen, um mal wieder schärfere Überwachungsgesetze zu fordern. Die *Fuldaer Zeitung* kritisierte die liberale Ausländerpolitik Norwegens: »Diesem feigen Terrorpack mit Großzügigkeit zu begegnen hieße, ein Feuer mit Benzin löschen zu wollen.« Dieser Anschlag wurde im Internet geboren, war in etlichen Publikationen zu lesen, und weil diese schlicht strukturierten Bürokraten und autoritären Gedankenkontrolleure schon immer Angst vor der Freiheit des Internets hatten, stellten sie ruckzuck die ganze Bevölkerung unter Generalverdacht.

Bernhard Witthaut, der Vorsitzende der Gewerkschaft der Polizei, forderte, eine Datei für »auffällige Personen« mit »kruden Gedanken« einzurichten. Keine Frage – Lallbacke Witthaut wäre erster Kandidat für eine staatliche Überwachung seiner kruden Gedanken. Ein weiterer Anwärter: der innenpolitische Sprecher der CDU/CSU-Bundestagsfraktion, Hans-Peter Uhl: »Wir brauchen die Vorratsdatenspeicherung ... Nur wenn die Ermittler die Kommunikation bei der Planung von Anschlägen verfolgen können, können sie solche

Taten vereiteln und Menschen schützen.« Dem machte es also gar nichts aus, dass das Bundesverfassungsgericht die alte Regelung für verfassungswidrig erklärt hatte. Ihm schloss sich Bayerns Justizministerin Beate Merk an: Es müsse »über mehrere Monate hinweg« nachvollziehbar sein, »wer mit wem telefoniert, wer wem eine E-Mail oder SMS geschickt hat«.

Der Innenminister Bayerns, Joachim Hermann, unterstützte Witthaut im Deutschlandfunk: »Es gehört offensichtlich dazu, dass wir auch im Internet präventiv unterwegs sind, dass wir beobachten, wo gibt es radikale Einträge.« In demselben Statement räumte er aber auch ein, bei Einzeltätern komme man »mit der Beobachtung der Kommunikation nicht weiter«. Wonach will er denn dann im Internet suchen? Nach islamophober Hetze? Da muss er doch nur »Pro Köln« und ähnliche reaktionäre Vereine anklicken. Da kann er dann lesen, der Massenmörder sei ein Irrer gewesen ohne politischen Hintergrund. Krank – nicht rechts. Nicht wie er.

Die Sehnsucht nach dem totalitären Regime, nach totaler Überwachung und Kontrolle, letztlich nach Blockwart und Geheimpolizei, ist weit verbreitet bei diesen Lallbacken.

Um des lieben Friedens in der Welt willen und um der Vernunft endlich zum Sieg zu verhelfen, sollte man in Deutschland mal Klartext reden über Religion, Gläubige und Jenseitsphantasien.

Vor über 300 Jahren erschien die Schrift eines Anonymus mit dem Titel *Traktat über die drei Betrüger*. In diesem Traktat wird Moses als machtgieriger Gauner vorgeführt, Jesus als gerissener Betrüger, der keine gebildeten Leute in seiner Gefolgschaft duldete, weil er nur allzu gut wusste, dass seine Lehre mit der Vernunft nicht in Einklang zu bringen war, von Mohammed, heißt es, muss sich fernhalten, wer die Wahrheit liebt, und über die sogenannten Gläubigen steht in diesem Traktat: »Nachdem sich die Menschen den Glauben an unsichtbare Kräfte, die für ihr Glück und Unglück verantwortlich sind, in den Kopf gesetzt hatten, schworen sie dem Verstand und der Vernunft ab und hielten ihre Hirngespinste für Götter. Sie errichteten diesen imaginären Wesen Altäre und fanden ihren Zusammenhalt in nutzlosen Zeremonien und einer abergläubischen Verehrung phantasieentsprungener Phantome ...«

Damals konnte man so was schreiben – heutzutage wird einem

aus geringfügigerem Anlass die Kehle durch- oder der Kopf gleich ganz abgeschnitten.

Die fundamentalistischen Eiferer, von den Mullahs in Teheran bis zu Joachim Kardinal Meisner, wollen ihren Gläubigen weismachen, das Grundproblem der menschlichen Gesellschaft sei die Gottlosigkeit. Dabei ist es offensichtlich: Die Gottlosen sind nun gerade nicht das Problem auf dieser Welt. Die Atheisten drehen den Agnostikern nicht die Hälse um – es sind die frommen Vollidioten, die weltweit keinen Frieden geben, die eifernden Gotteskrieger: In Irland wie in Indien gehen sie sich an die Gurgel, Schiiten und Sunniten bomben sich gegenseitig ins Jenseits, auf dem Balkan massakrieren sich die Gläubigen, in Russland reißen orthodoxe Spießer das pöbelhafte Maul auf, in den USA predigen religiöse Kretins Kreuzzüge und Kreationismus, und in Palästina hat sich eine muslimische Großmutter als Selbstmordattentäterin in die Luft gesprengt.

Der amerikanische Physiker und Nobelpreisträger Steven Weinberg sagte: »Religion ist eine Beleidigung der Menschenwürde. Mit oder ohne Religion können sich gute Menschen gut verhalten und böse Menschen Böses tun; aber damit gute Menschen Böses tun – dafür braucht es Religion.«

Deutschland ist noch kein Gottesstaat, auch wenn die Kirchensteuer den Verdacht nahelegt. Allerdings: In Rundfunk und Fernsehen gibt es religiöse Sendungen en masse, und kein Mensch kommt auf die Idee, diese Sendungen im Sinne des Verbraucherschutzes mit dem Warnhinweis »Werbesendung« zu versehen. Auch die Absurdität, Religion zum Schulfach zu machen, wird als gottgegeben hingenommen. Aber Religion kann kein Schulfach sein, da kein Wissen vermittelt, sondern nur mit Spekulationen jongliert wird. Gegen Religionsgeschichte wäre nichts einzuwenden – wenn die Verbrechen der Religionen gebührend zur Sprache kommen. Und wenn klargemacht wird: Jeder, der einem religiösen Glauben anhängt, egal welchem, ist partiell unzurechnungsfähig.

Selbstverständlich sollte die Religionsfreiheit nicht angetastet werden. Jeder darf in seiner Wohnung jeden Quatsch glauben. Wer glaubt, dass er von einem Känguruh abstammt oder von Außerirdischen, darf dies gern tun. Aber religiöse Missionstätigkeit sollte eine aufgeklärte Gesellschaft nicht dulden. Der Dichter Peter Hacks brachte es auf den Punkt:

»Die Glocke stört. Es stört der Muezzin.
Man bringe sie zum Schweigen. Die wie ihn.«

Bei aller Toleranz – man sollte allen mit einem Glauben an Gespenster und andere Geister infizierten Menschen die Möglichkeit einräumen, auf Krankenschein eine Entziehungskur zu machen.

Und statt des Nachtgebets wird allmorgendlich die folgende wahre Geschichte vorgelesen, die Pierre Bayle, einer der größten Geister der Aufklärung, vor über 300 Jahren aufgeschrieben hat: »Ein Mann aus Genua war so neugierig darauf zu sehen, was die Mauren oder Sarazenen in ihren Moscheen trieben, dass er sich heimlich dort einschlich, obwohl er ihre Gewohnheit sehr genau kannte, alle Christen, die eine Moschee betraten, zu töten oder sie zu zwingen, dem Christentum abzuschwören.

Nun war er aber von einer derart großen Menschenmenge umgeben, dass er nicht nach draußen gelangen konnte, als ihn etwas überkam, was danach verlangte, dass er draußen wäre, denn eine natürliche Notwendigkeit bedrängte ihn heftig. Er war nicht Herr über sie und sah sich kurz darauf in Todesgefahr, weil der widerliche Gestank, der sich um ihn herum verbreitete, sein Missgeschick verriet. Er befreite sich aus dieser üblen Lage, indem er zu verstehen gab, dass er seit langer Zeit unter Verstopfung leide und gekommen sei, um sich an Mohammed zu wenden, und daraufhin augenblicklich Erleichterung erfahren habe. Daraufhin nahm man seine Hose, hing sie in der Moschee auf, und die Gläubigen riefen: ›Es ist ein Wunder geschehen! Ein Wunder! Ein Wunder!‹«

Religionsfrieden zu stiften, etwa darauf hinzuwirken, dass sich Juden und Muslime bei der Begrüßung bekreuzigen, damit ist Innenminister Friedrich überfordert. Unter ihm darf der Verfassungsschutz weiterhin Extremisten zählen, und das Ergebnis lässt die Rechtsradikalen gut schlafen, denn laut Zählung des Verfassungsschutzes gibt es erheblich mehr gewaltbereite Nazis als Linksextremisten. In der Sichtweise des Verfassungsschutzes gilt als linksextrem, wer den Kapitalismus überwinden will und die Überwindung der Dominanz kapitalistischen Eigentums in der Wirtschaft fordert. Ein deutscher Bundesinnenminister hat noch nie einen Zweifel daran gelassen, dass er auch die nicht-militante Arbeit von Antifagruppen für illegitim hält: Diesen ginge es in Wahrheit gar nicht um den Kampf gegen die Nazis, sondern um einen Kampf gegen die Demokratie. Und deswegen sind auch die Ausspähung und Auswertung von Handyverbindungen bei Antinaziprotesten nur konsequent: So kriminalisiert man antifaschistisches Engagement.

Auch Lallbacke Friedrich hat es nicht begriffen: Das Schlimmste an einem Naziaufmarsch ist nicht die Gegenaktion, sondern der Naziaufmarsch selbst. Vielleicht muss dem deutschen Innenminister und seinen Verfassungsschützern mal jemand klarmachen: Eine Politik, die Nazis das Recht einräumt, gesellschaftlich in Erscheinung zu treten, taugt nichts. Und ein Nazi ist einer, der die Verbrechen der Nationalsozialisten leugnet und gleichzeitig davon träumt, selbst gefahrlos Ähnliches tun zu können. Die Vorbilder der NPD-Abgeordneten sind Massenmörder und KZ-Wärter. So muss man sie betrachten: Als das, was sie wären, wenn man sie lässt.

4 Justizministerium: Hühner, die vorm Fressen Knoten in die Würmer drehen

Kein Mensch braucht das Bundesjustizministerium. Diese saft- und kraftlose Behörde könnte man einsparen, wenn man als juristische Controller einige ausgeschlafene Rechtsanwälte in ein Kanzleramtvorzimmer setzte. Das Bundesjustizministerium hat keine Befugnisse, es kann weder Schuluniformen vorschreiben noch eine drogenverseuchte Apotheke schließen.

Das Bundesjustizministerium ist nur eine Verwaltungsbehörde für die Bereitstellung des äußeren Rahmens der Rechtspflege und darf bei der Beratung der Gesetzgebung der Europäischen Union mit am Tisch sitzen. Das könnten andere Ministerien auch locker mit erledigen.

Die Chefs in diesem nichtsnutzigen Laden waren zuletzt Frauen: Sabine Leutheusser-Schnarrenberger zum ersten, dann Herta Däubler-Gmelin, anschließend Brigitte Zypries, etwas später Sabine Leutheusser-Schnarrenberger zum zweiten. Zwischen Sabine Leutheusser-Schnarrenberger und Herta Däubler-Gmelin amtierte Edzard Schmidt-Jortzig, dessen Doppelname vermutlich ausreichte, ihn für sein Amt zu qualifizieren.

Man weiß ungefähr, wie Juristen denken, sprechen und schreiben. Ihr Studium hat nichts zu tun mit wissenschaftlicher Forschung und Lehre, es dient nur dem Erlernen einer spezifischen Berufssprache, die es ihnen im Erwerbsleben ermöglicht, andere Menschen einzuschüchtern und ein Wissen vorzugaukeln, das dem normalen menschlichen Verstand und seinen Ausdrucksmöglichkeiten weit überlegen ist. Insofern unterscheiden sie sich nicht groß von anderen Berufen, die untereinander auch einen spezifischen Verständigungscode pflegen, Mediziner zum Beispiel oder Baumarktverkäufer. Allerdings haben Juristen eine besondere Affinität zur Politik – das erste Staatsexamen und ein zügig hingeferkelter Doktortitel reicht vielen als Kompetenznachweis, um einen Abgeordnetensitz zu besteigen.

Juristen maßen sich an, andere Menschen und deren Verhalten zu beurteilen und zu verurteilen nach Maßstäben, die sie selbst erlassen haben. Durch das ständige Konstruieren neuer Gesetze und permanente Veränderungen der geltenden Gesetze erschaffen sie ununterbrochen neue Kriminelle, was ihnen, wenn sie nicht in der Politik Unterschlupf gefunden haben, eine auskömmliche Existenz als Kläger, Verteidiger, Richter und Versender von Mahnschreiben garantiert. Das bedeutet aber auch, dass diese Juristen nicht oder nur sehr selten in der Lage sind, als gewöhnliche Lallbacken mit komischen Äußerungen, sprachlichen Entgleisungen, logischen Purzelbäumen oder einfach mit verbalem Schrott in Erscheinung zu treten. Wenn sie das doch tun, und sie tun es, wie häufig genug versichert wird, stoßen sie auf allgemeines Unverständnis.

Das gehört auch zum juristischen Berufsbild: Das ständige Debakel, dass man bei Nicht-Juristen mit keinem einzigen Witz Gelächter auslösen kann. Die einzig wirklich große Ausnahme war immer Edmund Rüdiger Stoiber, von dem alle Welt zu Unrecht raunte, er sei einer von diesen legendären Einser-Juristen: Eine schlichte Drei ist es gewesen, und sein ganzes verkrampftes Leben lang hat er den Eindruck zu erwecken versucht, besser zu sein als diese Zensur.

Justizministerin Herta Däubler-Gmelin zumindest hat sich zwei Mal so ausgedrückt, dass man sie verstand im Land. Beim ersten Mal wurde deutlich: Frau Minister war gegen Sterbehilfe. Keine Frage: Sie hatte Angst vor ihren Verwandten.

Beim zweiten Mal wagte sie sich an einen Vergleich. Das war schon immer heikel, und das Vergleichsniveau in Deutschland sank ja auch von Tag zu Tag, immer nach dem Muster: »Nelson Mandela hat wegen seiner Ansichten im Gefängnis gesessen und ist dort seinen Ideen treu geblieben. Bald nach seiner Entlassung wurde er Regierungschef und hat den Staat radikal umgemodelt. Trotz aller inhaltlichen Unterschiede – bei Hitler ist es in etwa genauso gelaufen ...«

Die Nazigrößen wirkten schon arg abgenutzt vom vielen Vergleichen, und das Fernsehpublikum wartete eigentlich nur darauf, dass in der Werbung Hitler mit einem herkömmlichen WC-Reiniger oder Göring mit einem »Mensch-ist-der-Dickmann« verglichen werden. Herta Däubler-Gmelin nun zog ausgerechnet den amerikanischen Präsidenten George W. Bush in ihr Vergleichsraster. Ungebremst die Weltpolitik deutend, ballerte sie: »Bush will von seinen innenpoliti-schen Schwierigkeiten ablenken. Das ist eine beliebte Methode. Das hat schon Hitler so gemacht.«

Ach Herta, du dummes Mädel, du – war es nicht so, dass Hitler innenpolitisch beklagenswert wenig Schwierigkeiten hatte? Und wissen wir nicht längst, dass man in Deutschland kaum innere Schwierigkeiten hat, wenn man Nazi ist? Viel durchschlagender wäre es gewesen, wenn Frau Däubler-Gmelin gesagt hätte: »Das hat schon Göring so gemacht.« Denn Hermann Göring war wie Bundestagspräsident Wolfgang Thierse – das hat Altkanzler Kohl festgestellt. Und gegen Wolfgang Thierse hatte Mr. Bush nichts. Wegen ihres Vergleichs Hitler/Bush musste Lallbacke Herta Däub-ler-Gmelin als Justizministerin zurücktreten, und so ganz zutref-fend war der Vergleich ja auch wirklich nicht, denn der eine hatte nur einen Papptruthahn, der andere aber hatte lebende Schäfer-hunde.

Also, wenn in einer Konversation jemand die moderne Welt mit-tels historischer Vergleiche ordnen will, empfiehlt es sich, einfach aufzustehen und rauszugehen. Sonst läuft man Gefahr, sich anhören zu müssen: »Also, wenn ich Angela Merkel sehe, da fällt mir immer Margot Honecker ein; ich weiß zwar nicht genau, wieso, aber die Damen stammen ja immerhin aus dem gleichen Milieu, oder?«

In der Politik nützt es wenig, stets hilfreich, edel und gut zu sein. In Politikerkreisen ist es auch immer eine Frage des Bekanntheits-grades, ob einen eine Äußerung aus dem Amt kegelt oder nicht. Jus-tizministerin Brigitte Zypries zum Beispiel, die immerhin jeder Sie-bente kannte, ist mit heiler Haut davongekommen, als sie mal Klartext redete. Im Streit um das Antidiskriminierungsgesetz hieß es, sie habe sich im Ton vergriffen: Als die Union ein Sonderrecht für die Kirchen verlangte, damit diese keine Mitarbeiter fremder Konfes-sionen einstellen müssten, sei die Ministerin ausgerastet und habe gezischt: »Das Selbstbestimmungsrecht der Kirchen geht mir am Arsch vorbei!«

Der Abgeordnete Norbert Geis aus Aschaffenburg, der sich im letzten Jahrhundert als Lallbacke oft jenseits aller Grenzen des Limits und darüber hinaus artikuliert hatte, zeigte sich über die »unglaubliche Entgleisung« der Ministerin unglaublich enttäuscht, wohingegen ein bisschen anspruchsvollere Menschen gewiss hoch begeistert gewesen wären, wenn Brigitte Zypries als Spitzenlallbacke noch hinzugefügt hätte: »Die Kirchen können mich mal am Arsch lecken, und zwar kreuzweise!« Schade, es ist Frau Zypries vermutlich nicht rechtzeitig eingefallen.

Ob Justizministerin Leutheusser-Schnarrenberger zu einem solchen Ausspruch im passenden Augenblick fähig gewesen wäre, kann man nur hoffen. Aber es ist unwahrscheinlich. Wenn alle Politikerinnen und Politiker wären wie Frau Leutheusser-Schnarrenberger, wäre dieses Buch ungeschrieben geblieben. Sie verweigert sich, wenn es darum geht, auch mal als Lallbacke in Erscheinung zu treten. Dabei war sie schon dabei, als 1996 Kohls »großer Lauschangriff« zu Fall gebracht wurde, und danach war sie dann als Justizministerin im Kabinett Kohl zurückgetreten. Sie sträubte sich gegen die Verlängerung der deutschen Antiterrorgesetze und verlangte die Auflösung des Militärgeheimdienstes MAD. Und was die umstrittene Vorratsdatenspeicherung betraf, da machte sie ihr Meisterstück: Bürgerrechtlerin Leutheusser gehörte einerseits zu den Beschwerdeführern gegen das Gesetz und zog vor Gericht. Andererseits vertrat sie als Bundesjustizministerin den Antrag der Bundesregierung, die Verfassungsbeschwerden gegen das Gesetz als unzulässig und unbegründet abzuweisen. Es handelte sich also um eine Klage Leutheusser gegen Schnarrenberger. Sabine ist ein in seiner Schwere äußerst interessanter Fall.

Als das Bundesverfassungsgericht sein Urteil zur Vorratsdatenspeicherung bekanntgab, nannte die Gewerkschaft der Polizei das Urteil eine »schallende Ohrfeige« für den Gesetzgeber. Der Kinderschützer Heinz Hilgers sagte zum Karlsruher Hartz-IV-Urteil: »Das Karlsruher Urteil ist für Sozialpolitiker aller Couleur eine schallende Ohrfeige.« Während FDP-Fraktionsvorsitzende Birgit Homburger in dem Urteil eine »schallende Ohrfeige für Rot-Grün« sah, nannten Linkspartei und Paritätischer Wohlfahrtsverband das Urteil eine »schallende Ohrfeige« für die Bundesregierung. Ohrfeigengesichter

unter sich. Schallende Ohrfeigen waren schon immer der einzig angemessene Umgangston. Jedes Urteil ist für irgendwen eine schallende Ohrfeige. Das Bundesjustizministerium ist zuständig für schallende Ohrfeigen.

5 Finanzministerium: Eines Tages wird Geld nichts mehr kosten

Die Deutschen lieben ihren Staat. Sie nennen ihn sogar »Vater« Staat. Und die Deutschen lieben ihr Steuersystem, sie lieben jedes Detail, denn die Steuergesetzgebung ist in vielen Jahrzehnten gewachsen, und sie wird liebevoll gepflegt. So ein Steuersystem, das kann man nicht einfach reformieren. Das steht unter Denkmalschutz. Und deswegen haben sich die Deutschen auf Bundesebene ein Bundesfinanzministerium zugelegt, zuständig für Bundesforstverwaltung, Bundesmonopolverwaltung für Branntwein, Bundesvermögensverwaltung und Bundeszollverwaltung und die Rechts- und Fachaufsicht über die Bundesanstalt für Finanzdienstleistungen und die Bundesanstalt für vereinigungsbedingte Sonderaufgaben. So eine Spitzenbehörde kann nur von Spitzenkräften geleitet werden.

Der erste, der sich im dritten Jahrtausend vergeblich daran versuchte, war Hans Eichel, die Büroklammer der Herzen. Der zweite, der scheiterte, hieß Peer Steinbrück. Der dritte Versager ist Wolfgang Schäuble.

Diese drei Herren widerlegen das Vorurteil: Politik verdirbt den Charakter. In die Politik gehen nur Leute, die einen entsprechend konditionierten Charakter haben. Und deswegen kann man Eichel/Steinbrück/Schäuble sowie alle Finanzminister aller Zeiten und aller Länder als Personalunion betrachten und abhandeln. Jeder von ihnen redet vom Sparen. Wenn dann mal einer reklamehalber in öffentlichen Verkehrsmitteln fährt, weiß man sofort: Der denkt überhaupt nicht ans Sparen.

Jeder potentielle Finanzminister versucht der Wählerschaft einzureden, er könne den Armen geben, ohne den Reichen zu nehmen. Kaum war Herr Schröder zum Kanzler gewählt und hatte seinen Finanzminister ernannt, stieg der Brotpreis. Dafür wurden in anderen

Ländern die Verantwortlichen schon mal an die Laternen gehängt. Teurer wurden auch Zahnersatz und Dienstwagen, Tierfutter, Brennholz, Erdgas und Kondome. Schnürsenkel wurden merkwürdigerweise nicht teurer, aber Blumensträuße und bildende Kunst. Künstler, angewiesen auf öffentliche Museen und private Sammler, mussten plötzlich mit erheblichen Einkommensausfällen rechnen. Offenbar hatte man sich in der Regierung daran erinnert, dass die besten Maler auch immer die größten Hungerleider waren. Aber der Gedanke, mit einer Steuererhöhung für Blumen und Bilder den deutschen Staatshaushalt zu sanieren, war faszinierend.

Um der staatlichen Finanzmisere zu entfliehen, mussten zuerst einige Privilegien gestrichen werden, und zwar – wie immer – bei den Unterprivilegierten. Ein neoliberaler Philosoph aus Karlsruhe namens Peter Sloterdijk lieferte dazu den philosophischen Überbau: Er wollte den Sozialstaat am liebsten ins neunzehnte Jahrhundert zurückversetzen, in die Zeit vor Bismarcks Sozialgesetzen, als die Versorgung der Alten, Kranken und Bedürftigen noch ein Akt der Barmherzigkeit war. Sloterdijk beklagte, die staatlichen Wohlfahrtssegnungen seien ein Fluch; vor allem die Besserverdienenden hätten unter einer unerträglich hohen und sie in ihrem für die Gesellschaft segensreichen Tun massiv beeinträchtigenden Steuerlast zu leiden. Allen Ernstes forderte er, die Ausbeutung der Reichen zu beenden durch eine massive Umwertung aller Werte: »Angenommen, der moderne Staat brauchte tatsächlich genau die Summe, die er heute durch Zwangssteuern eintreibt: So soll er sie erhalten. Jedoch: Wäre es dann nicht würdevoller und sozialpsychologisch produktiver, dieselben Beiträge würden nicht durch fiskalische Zwangsabgaben aufgebracht, sondern in freiwillige Zuwendungen von aktiven Steuerbürgern an das Gemeinwesen umgewandelt?«

Also – das fehlte noch, dass das Gemeinwesen auf die Huld und Gnade des Geldadels angewiesen ist. Wenn der Philosoph auf Freiwilligkeit setzt, kriegt er eher den letzten Notgroschen einer armen Witwe als den Scheck eines fetten Pfeffersacks. Lallbacke Sloterdijk wurde zum Fernsehclown der Regierung.

Die deutsche Steuerpraxis sieht so aus: Wer Steuern zahlt, ist nicht reich genug. Und wer reich genug ist, wird mit Hilfe der Politik von Steuern verschont. Wer diese Abmachung stört, wird für verrückt erklärt und gefeuert. Das wurde beispielhaft in Hessen vorgeführt.

Steuerfahnder vom Finanzamt Frankfurt hatten für den Staat riesige Summen an hinterzogenen Steuern zurückgeholt: eine Milliarde Mark für den Bund und 250 Millionen für Hessen. Sie hatten spektakuläre Verfahren gegen Deutsche Bank, Commerzbank und deren vermögende Kundschaft eingeleitet. Die Beamten hatten getan, was die Öffentlichkeit immer wieder gefordert hatte: Banken effektiv kontrollieren, Steuerflucht von Superreichen verhindern, illegal abgezweigtes Geld zurückholen.

Aber Leute, die sich für was Besseres hielten, nahmen das krumm: Ein Commerzbank-Vorstand drohte unverhohlen, er werde sich auf höchster politischer Ebene beschweren, weil die Fahnder die Frechheit besessen hatten, auch Büros der Vorstände zu durchsuchen. Kaum zu glauben, aber den Fahndern wurde es trotz ihrer Erfolge per Amtsverfügung unmöglich gemacht, große Steuerhinterziehung weiterhin zu verfolgen; brisante Fälle wurden ihnen ohne Begründung entzogen, wer dagegen aufbegehrte, wurde gemobbt oder versetzt, und einige Hartnäckige wurden mit Hilfe des falschen Gutachtens eines mittlerweile zu einer saftigen Geldstrafe verurteilten Psychiaters als lebenslang dienstunfähig abgestempelt und zwangspensioniert. Der jüngste dieser Fahnder war 39.

Der hessische Finanzminister Karlheinz Weimar, CDU, erklärte, man habe es bei den geschassten Steuerfahndern mit Querulanten zu tun. Mit Spinnern im Ruhestand.

Nachdem die Spinner nicht mehr tätig waren, brachten 191 Fälle von Steuerhinterziehung via Liechtenstein von Kunden der Deutschen Bank, bei denen pro Fall Millionenbeträge zu erwarten waren, im Durchschnitt nur noch 208 Euro ein. Das war die offizielle Zahl des hessischen Finanzministers. Der war Mitglied und Vorsitzender mehrerer Aufsichtsräte, stellvertretender Vorsitzender des Verwaltungsrats der Landesbank Hessen-Thüringen, Träger des Bundesverdienstkreuzes, und er stand auf dem Boden des Grundgesetzes.

Laut Artikel 20 Grundgesetz ist Deutschland ein Sozialstaat. Allerdings, sagen die Finanzexperten, ist der Sozialstaat »nicht mehr finanzierbar«.

Seltsamerweise wird der Staat von vielen als diebischer Feind wahrgenommen, weil er angeblich immer mehr abgreift. Dabei privatisiert er unentwegt, denn die deutsche Wirtschaft basiert einerseits auf totaler privater Freiheit und andererseits auf absoluter staatlicher Absicherung, anzuschauen bei Energieversorgung, Verkehrsmitteln, Telekommunikation, Post, Bildung, Sicherheit, Müllabfuhr, Krankenhäusern und, wenn die Bürger nicht aufpassen, sogar beim Wasser. Alles wurde von der öffentlichen in private Hände verschoben und sollte dem Kommerz, dem Aufschwung und dem Wachstum dienen. Wenn die Preise und Gebühren nicht genug hergaben, wurde aus öffentlichen Haushalten in jeder gewünschten Höhe dazugebuttert. Niemand hat ernsthaft den Versuch unternommen, das zu unterbinden.

Und weil der Staat kaum noch Tafelsilber besaß, wollte er immer mal wieder an die Autobahnen ran. Die Autobahnen waren ja die deutschen Bodenschätze. Während andere Länder Gold, Gas und Erdöl förderten, produzierte Deutschland einen Kilometer Autobahn nach dem anderen und legte ihn in die Landschaft. Es ergab ja wirklich keinen Sinn, dass der Staat diese Fahrbahnen hortete, während internationale Firmen nur darauf warteten, sie zu kaufen. Auch wenn ein Investor eine Fabrik baute, wurde die weitgehend über Steuerermäßigungen, Lohnverzicht und Infrastrukturvorleistungen von den Steuerzahlern finanziert.

Durch diese Praxis wurde der Staat im Lauf der Jahre immer ärmer, schob beträchtliche Schulden vor sich her, und seine Verdienst- und Einnahmequellen wurden immer weniger. Kein Wunder, dass viele Menschen der Ansicht sind, der Staat könne nicht mit dem ihm anvertrauten Geld umgehen. Da bleibt nur ein Trost: Opel, Porsche, Hypo Real Estate, Commerzbank und andere können es auch nicht.

Es sind vor allem die Verbraucher und abhängig Beschäftigten, die den Staat finanzieren. Die Kapitalbesitzer hingegen kommen billig davon. Ganz generell gilt, dass vor allem die Konsumenten für den Staat zahlen, indem sie unter anderem Mehrwertsteuer, Energiesteuer, Lottosteuer, Tabaksteuer oder Versicherungssteuer blechen. Die Steuern auf Gewinne und Einkommen hingegen sinken beständig. Das liegt an den vorzüglichen deutschen Geldwaschanlagen – Liechtenstein, Monaco, Bermudas, Zypern, Kaimaninseln, Andorra und der lieblichen Schweiz, wo jeder Bankangestellte wahrheitsgemäß »Hehler« auf seine Visitenkarte schreiben kann. In diesen sogenannten Steueroasen lautet die allseits gültige Bankerfaustregel: Wer nicht kriminell ist, macht sich strafbar. Und die staatstragende Philosophie dieser Länder besagt: Ein Wirtschaftslenker, der nicht die Kreativität aufbringt, bei uns so viele Steuern wie möglich zu hinterziehen, der ist auch nicht vertrauenswürdig. Also: Jeder sollte so viel verdienen, dass er in der Lage ist, Steuern zu hinterziehen.

Und das gilt selbstverständlich auch für reiche Schweizer, die ihre Steuern mit Hilfe grenznaher deutscher Banken hinterziehen. Wenn sich sein Vermögen im Ausland steuerfrei vermehrt, dann ist der Unternehmer gut gelaunt, und das verbessert das Betriebsklima.

Um diese menschenfreundlichen Zustände zu beenden, hat ein deutscher Finanzminister mal angeregt, vor der liechtensteinischen Küste zur Abschreckung ein paar Flugzeugträger auffahren zu lassen. Den Einwand, Liechtenstein sei kein Wassergrundstück, konterte die Regierung mit dem Hinweis, Deutschland habe ja auch keine Flugzeugträger. Letztlich stellte sich heraus, es kam den Staat billiger, in der Schweiz oder in Liechtenstein die eine oder andere CD mit den Namen von Steuerhinterziehern zu kaufen.

Finanzpolitiker waren stets in diversen Teufelskreisen gefangen. Ein Bundesfinanzminister erklärte, die Unternehmen bräuchten dringend finanzielle Entlastung. Zugleich beteuerte er, in die Staatskasse würden dann zusätzliche Steuermilliarden fließen, weil die Unternehmen bei niedrigeren Steuersätzen künftig zahlungsbereit seien. Das soll dem Finanzminister mal einer nachmachen: Ein und dieselbe Firma zahlt dann sowohl mehr als auch weniger Steuern. Ein Mirakel!

Mit dickem Ministergehalt und Anspruch auf üppige Pensionen ausgestattet, saß Finanzminister Steinbrück breitärschig auf Usedom und empfahl aus dem Urlaub heraus dem deutschen Volk: »Wir müssen im Zweifel auf eine Urlaubsreise verzichten, um für später vorzusorgen.« Das war zwar eine Glanzleistung politischer Blödheit, doch gemach: Die Formulierung des Ministers ließ Spielraum für Interpretationen. »Wir müssen im Zweifel auf eine Urlaubsreise verzichten,« sagte er. Okay, dass die Arbeitslosen in den Bars von Marbella rumhängen oder mit dem Speedboat vor Palm Beach kreuzen, ohne an ihre Altersversorgung zu denken, das musste aufhören. Andererseits: Die Urlaubsbranche ist keine kleine – wird weniger gereist, kann das Jobs kosten, und das mindert dann wieder die Steuereinnahmen.

Geschmeidigkeit war das Gebot der Stunde: Ein Minister empfahl, auf Urlaub zu verzichten, ein anderer meinte, für ein gesegnetes Alter sollten die Leute doch einfach auf ein neues Auto verzichten. Das rief sofort mehrere bedeutende Politiker auf den Plan, die forderten das Gegenteil: So viel Geld wie möglich in neue Autos und anderen Krimskrams zu stecken, wegen Binnennachfrage. Das Dilemma war offenkundig: Wenn die Daseinsfürsorge privatisiert wurde, brauchte es höhere Sparraten, doch jeder Euro, der nicht ausgegeben wurde, schadete der Wirtschaft. Aber die Lallbacke von einem Finanzminister traute sich nicht, das auszusprechen. Er pupte in seinen Strandkorb und freute sich, dass er mal wieder in der Zeitung stand.

Und die Zeitung schrieb auch, was der Präsident des Zentralverbandes des Deutschen Baugewerbes, Arndt Frauenrath, zur Absicht der Regierung, die Eigenheimzulage zu streichen, sagte: »Wer den Wunsch von annähernd achtzig Prozent der Bevölkerung, in den eigenen vier Wänden zu wohnen, nicht ernst nimmt, gehört abgewählt.«

Analog könnten die deutschen Winzer verkünden: Wer den Wunsch von achtzig Prozent der Bevölkerung, sich abends einen hinter die Binde zu kippen, missachtet, gehört zurückgetreten.

Weil die Eigenheimzulage wegfiel, wurden weniger Häuser gebaut, und die Bauindustrie schwächelte. Dadurch gab es mehr Arbeitslose. Das war günstig, weil man die Pendlerpauschale kürzen konnte. Die war kurz vorher erhöht worden, um den Verlust auszugleichen, der den Pendlern durch die Erhöhung der Ökosteuer entstanden war, die die Fahrer vom Pendeln abhalten sollte. Die Pendlerpauschale diente aber auch dazu, an den Tankstellen die Rentenkassen zu füllen. Weil gerechterweise aber auch Radfahrer und Fußgänger die Pendlerpauschale kassieren durften, füllten sich die Rentenkassen nicht wie gewünscht. Deswegen sollte die Pendlerpauschale wieder weg – aber wohin damit?

Man vertraute sie der Autoindustrie an – die konnte so lukrative Sonderangebote herausbringen, um die Pendler zum Autokauf anzuregen, denn es war ja klar, dass der Wegfall der Pendlerpauschale den Umsatz der Autoindustrie drücken würde, weil sich niemand ein Auto kaufte, wenn er kein Eigenheim hatte, vor dessen Tür er das Auto parken konnte, für dessen Betrieb er aber draufzahlen musste, um an eine Arbeitsstelle zu gelangen, die er gar nicht hatte. Deswegen blieb er untätig in seiner Sozialwohnung sitzen und träumte von einem Eigenheim, das er sich nicht bauen konnte, weil die Eigenheimzulage weggefallen war. So fügte sich eins zum anderen und offenbarte letztendlich eine tiefe Logik. Aber für einen Finanzminister ergab sich ein Problem nach dem anderen.

Ob ein Finanzminister nun blöde oder dreist oder beides ist, das lässt sich nur schwer durchschauen. Die Senkung der Spitzensteuersätze sollte Deutschlands Besserverdiener in die Lage versetzen, sich endlich mal wieder richtig satt zu essen, die zerschlissene Garderobe zu erneuern und vielleicht sogar ein neues Gebrauchtfahrrad zu kaufen. Das, so hieß es, werde die Binnennachfrage ankurbeln, die Konjunktur beleben und letztendlich Millionen neue Arbeitsplätze schaffen. Gerade hatte man sich vorgenommen, dem Rat des Bundesfinanzministers zu folgen und so den Aufschwung herbeizuführen, da bettelte der, man solle unbedingt Bundesschatzbriefe kaufen und dadurch dem Staat Geld leihen, gegen Zinsen, und zwar am liebsten das Geld, das der Staat gerade für die Senkung der Spitzensteuersätze herausgerückt hatte, weil diese Steuergeschenke ja irgendwie finanziert werden mussten. Wenn man nicht genau wüsste, dass Finanzminister immer alles ganz präzise durchdenken, könnte man vermuten, die wollen einen verarschen.

Steuerzahlers liebstes Kind war immer die Gemeindefinanzreform. Weil sie so unkompliziert war, so nachvollziehbar und so bürgernah. So gab es Kommunen, die planten, Straßenbeleuchtung und Polizeiwachen abzuschaffen, weil es billiger und auch nachbarschaftsförderlicher war, wenn jeder Bürger mit Taschenlampe und eigenem Schlagstock Streifendienst versah. Im großen und ganzen ging es bei der Gemeindefinanzreform immer darum, das Geld, das weder Bund noch Länder hatten, den Kommunen zukommen zu lassen. Damit das klappte, mussten sich die Freiberufler so arm rechnen, dass sie die 500 Millionen Euro Effizienzgewinne, die aus der Zusammenlegung von Arbeitslosen- und Sozialhilfe resultierten, selbst einstreichen durften, was ihnen aber auf Grund der Einführung einer Mindestgewinnbesteuerung, der Einschränkung des Verlustvortrages sowie der Verschärfung der Gesellschafterfremdfinanzierung noch weniger brachte, als man bei einem kommunalen Hebesatz von 360 Prozent und der Erweiterung der Bemessungsgrundlage um ertragsunabhängige Komponenten ohnehin befürchten musste. Das war im Grunde so klar wie die Gesundheitsreform, nur etwas schwerer zu vermitteln. Da musste die Politik wirklich um das Vertrauen der Wählerinnen und Wähler ringen.

Nach den Wahlen heißt es grundsätzlich erst mal »Wünsch dir was.« Naturschützer, Einzelhandel, Schornsteinfeger, Bauern und Kinderlose – alle haben Wünsche an die Regierung. Die Wünsche werden registriert, abgeheftet, eingeordnet und eventuell weitergeleitet an die entsprechenden Wunscherfüllungsressorts, wo Machbarkeitsstudien erstellt, die Umweltverträglichkeit und vor allem die Nachhaltigkeit des Wunsches ermittelt werden. So prüft man beispielsweise auch, ob der Wunsch der Gewerkschaften nach Lohnfortzahlung an die Skatbrüder eines Verstorbenen aus einem Reptilienfonds finanzierbar ist.

Vor allem der Mittelstand ist seit Generationen alles andere als wunschlos glücklich: In jeder Nachrichtensendung dieses Zetern und Drohen, dieses Jammern und Klagen! Dem Mittelstand geht es seit Menschengedenken so schlecht, dass jederzeit Hungeraufstände ausbrechen können. Schuld daran sind Verbraucher, Käufer, Konsumenten – ein stures Pack, das nicht tut, was es tun sollte: verbrauchen, kaufen, konsumieren. Mit diesen Leuten kann man einfach kein Wirtschaftswunder auf die Beine stellen. In der Hinsicht funktioniert die Marktwirtschaft einfach nicht. Die Wirtschaft leidet, weil die Menschen nicht genug kaufen, weil sie nicht genug Geld haben, weil die Wirtschaft leidet.

Der Mittelstand kommt mit seinem Kapitalismus einfach nicht klar.

Überhaupt: Immer diese Krisen. Und immer müssen die Deutschen bezahlen. Vor allem für Griechenland. Ein kleiner Trost für die Menschen draußen im Lande ist, dass Kanzlerin Merkel mittlerweile die Stammtischhoheit erobert hat: »Deutschland hilft nur dann, wenn die anderen sich wirklich anstrengen, und das muss nachgewiesen werden. ... Wir können nicht eine Währung haben, und der eine kriegt ganz viel Urlaub und der andere ganz wenig ... Es geht nicht nur darum, keine Schulden zu machen: Es geht auch darum, dass man in Ländern wie Griechenland, Spanien, Portugal nicht früher in Rente gehen kann als in Deutschland, sondern dass alle sich auch ein wenig gleich anstrengen – das ist wichtig.«

Damit wollte Lallbacke Merkel zum Ausdruck bringen: Die Südländer sind ein faules Pack, für das man nicht mehr zahlen will. Die Kanzlerin wäre allerdings gut beraten gewesen, sich besser zu informieren, denn bei genauem Hinsehen hatten die Deutschen bis dato nichts bezahlt.

Im Gegenteil: Der deutsche Finanzminister strich satte Krisengewinne ein, die Banken verdienten sich dumm und dämlich, und die europäischen Statistiken bezüglich Steuern, Renten und Urlaub rechtfertigten keineswegs Merkels populistisches Geschwafel. Es wäre aber ihre Aufgabe gewesen, für Klarheit zu sorgen. Und nicht üble Vorurteile anzuheizen.

Wie kommt diese trostlose, dicke Tante überhaupt dazu, Menschen, die fleißig für ihren Lebensunterhalt arbeiten, die wir als freundliche Gastgeber kennen, die wir in der kostbarsten Zeit des Jahres aufsuchen, um wieder zu Kräften zu kommen, derartig abzuwerten? Hatte diese Person aus einer Ecke Deutschlands, wo man die Arbeit auch nicht gerade erfunden hat, mittlerweile völlig verklebte Synapsen? Bei ihren Äußerungen zum Thema »Rettung Griechenlands« klang sie wie eine Angestellte der mit antigriechischer Hetze vollgestopften *Bildzeitung*.

Für dieses antihellenistische Kampfblatt ist Hans-Werner Sinn »Deutschlands klügster Wirtschaftsprofessor«. Herr Sinn, von dem man gern wüsste, wie viel er wohl für seinen Nachnamen bezahlt hat, verhehlt nie, dass er Griechenland am liebsten in den Staatsbankrott schicken und aus der Eurozone werfen würde. »Top-Ökonom Sinn warnt – Griechen-Rettung gefährdet Renten« lautete eine Schlagzeile von *Bild*.

Sinn schrieb: »Was nach Griechenland und Portugal fließt, um dort den Lebensstandard aufrechtzuerhalten, geht zu Lasten des Lebensstandards der Deutschen«, und dass »die deutschen Rentner zu den ersten Opfern der Rettungspakete gehören«.

Man konnte sich des Verdachts nicht erwehren: *Bild* verbreitete diesen Unsinn nur, um seine mäßig informierte Leserschaft in Panik zu versetzen. Denn Lallbacke Sinn und auch die sogenannte Wirtschaftsredaktion von *Bild* haben zwar Magerquark im Hirn, aber sie wussten doch gewiss, dass die Rente weder kapitalgedeckt noch steuerfinanziert ist, sondern aus den eingezahlten Versicherungsbeiträgen stammt, und dass der Staat lediglich einen relativ kleinen Zuschuss zahlt. Stimmungsmache also. Vermutlich, um weitere neoliberale Sparprogramme zu Lasten der Geringverdienenden zu begründen, anzukündigen und durchzusetzen.

Neoliberale Finanzexperten, Springer-Journalisten und von diesen Leuten beeinflusste Rentner sollten zur Kenntnis nehmen: Schon während der Okkupation Griechenlands durch Nazideutschland von 1941 bis 1944 wurden die Nazis nicht müde, die Griechen als Schieber und korrupt hinzustellen. Sie zerstörten über 400 Dörfer und verschuldeten den Tod von 7,2 Prozent der Bevölkerung. Die Säuglingssterblichkeit stieg auf achtzig Prozent, in den Sommermonaten 1944 wurden täglich zwischen 106 und 110 Griechen ermordet, außerdem hat sich die deutsche Seite bei der Ermordung von beinahe 60 000 jüdischen Menschen erheblich bereichert. Nach Abzug der Deutschen waren fast alle Straßen, Brücken, Tunnel, Bahnhöfe, Gleisanlagen, Eisenbahnen und alle wichtigen Hafenanlagen zerstört.

Es ist nicht zu erwarten, dass diejenigen, die sich mit ihrer rassistischen Antigriechenhetze in Deutschland so hervorgetan haben, sich nun still und bescheiden in die Ecke verziehen und höflichst bei den Griechen anfragen: Wie können wir euch helfen? Im Gegenteil – wackere Streiter für die soziale Marktwirtschaft wie Dr. Josef Schlarmann von der CDU/CSU-Mittelstandsvereinigung richteten deutliche Worte an die »bankrotten« Griechen: »Ein Bankrotteur muss alles, was er hat, zu Geld machen – um seine Gläubiger zu bedienen. Griechenland besitzt Gebäude, Firmen und unbewohnte Inseln, die für die Schuldentilgung eingesetzt werden können.«

Also, Akropolis verkaufen! Kap Sounion! Den Olymp! Kreta! Alles verramschen!

Sicher wäre es am billigsten, Griechenland einfach den Türken zu schenken. Aber Irland auch den Engländern? Das gäbe wohl Probleme: Den Iren schlug aus den deutschen Medien seltsamerweise nicht eine Welle des Hohns und der Ablehnung entgegen. Dabei hat Irland außer einigen Dichtern auch nicht viel zu bieten – ein bisschen Irish Folk Music mit dem dürren Gepfeife der Tin Whistle und einen speziellen irischen Whisky, der aber auch nur dazu taugt, nachts das Gebiss reinzulegen.

Merkels Finanzminister Schäuble ging die Sache gewohnt berechnend an – er arbeitete für die europäischen Profite und vor allem für die Gewinne der Banken, nicht indem der Staat diese Banken verstaatlichte, sondern indem der Staat verbankert wurde. Das bizarre Treiben der Ratingagenturen konnte und wollte er wohl auch nicht stoppen – diese größenwahnsinnigen Agenturen sind Eigentum von Finanzinvestoren, und sie werden finanziert von denen, die Finanzprodukte auf den Markt bringen. Da gehört Korruption also zur Geschäftsleitung, zumal die Regierungen diesen Leuten auch noch einen Status verliehen hatten, der es möglich macht, dass nicht die Staaten die Ratingagenturen kontrollieren, sondern die Ratingagenturen schreiben vor, was Staaten dürfen und was nicht. Mit denen musste Schäuble sich also gut stellen und mit den Banken sowieso.

Warum es sinnvoll ist, dass verschuldete Staaten wie Griechenland das notwendige Geld auf dem Umweg über die Banken und nicht von der Europäischen Zentralbank direkt bekommen, das versuchten die Neoliberallala-Lallbacken von *Spiegel*-Online plausibel darzustellen: »Fakt ist: Banken sind im Wirtschaftssystem dazu da, Risiken zu bewerten und unter Umständen auch einzugehen. Würde die Europäische Zentralbank den Staaten direkt Geld leihen, würde sie alle Risiken allein schultern. Zudem beruft sich die EZB bislang selbst auf Ratings.«

Darauf muss man erst mal kommen, dass Banken im Wirtschaftssystem dazu da sind, Risiken zu bewerten und auch einzugehen. Die Öffentlichkeit musste doch einiges zur Rettung dieser Institutionen abdrücken, schon vergessen? Für die Hypo Real Estate mindestens achtzig Milliarden, Commerzbank achtzehn Milliarden, Industriekreditbank zehn Milliarden, deckte der aufgespannte Bankenrettungsschirm allein in Deutschland nicht ungefähr 480 Milliarden Euro ab?

Interessant wäre es zu erfahren, ob und, wenn ja, wie viel Banken und Ratingagenturen *Spiegel*-Online für diese PR-Aktion rübergeschoben haben.

Aber das pupt sich alles flach – Finanzkonzerne und Regierung feierten gemeinsam ihre Grundsatzeinigung zur Griechenhilfe als allgemeine Wohltat für die Armen. Die Bundesregierung freute sich, als Handlanger der Finanzindustrie tätig werden zu dürfen, und ein gut gelaunter Bundesfinanzminister räumte ein, der Privatwirtschaft entgegengekommen zu sein: »Die deutschen Banken und Versicherungen haben mir sehr deutlich gemacht, dass ihre Beteiligung nicht zu einer Benachteiligung gegenüber europäischen Wettbewerbern führen darf.«

Und dann sagte er: »Natürlich bereiten wir uns für den unwahrscheinlichen Fall vor, dass es entgegen aller Erwartungen doch zu einem Ausfall griechischer Zahlungen kommt.« Da gewährte er also einerseits Milliardenkredite, und andererseits spekulierte er über die Pleite des Kreditnehmers. So baut man es auf, das sogenannte »Vertrauen der Märkte«.

Es gibt den Verdacht, dass die momentane Krise nur ein Manöver ist: Wie manipuliert man Menschen, wenn man sie ganz knapp am Existenzminimum leben lässt, ohne dass diese Menschen sich zusammentun und zurückschlagen? So eine Staatspleite will ja geübt sein. Möglicherweise handelt es sich um eine Probe für das ganz große Debakel, und das betrifft dann die USA oder Europa. Der Basisgedanke jeglicher Finanzpolitik im Kapitalismus ist: Die notleidenden Banken haben zu wenig Geld, weil die Bevölkerung zu viel davon hat.

Übrig bleibt die bittere Gewissheit, die Industriestaaten jagen im Hindukusch mit Hightech barfüßige und vollbärtige Nachthemdenträger, aber die Spekulanten im feinen Zwirn, die den Fortbestand ganzer europäischer Staaten bedrohen, die werden der Öffentlichkeit als eine Art Naturgewalt verkauft, gegen die man nichts machen kann. Und deswegen müssen die griechische, die spanische, die portugiesische, die irische und überhaupt jede Bevölkerung die Rechnungen für ihre Krise über Lohnverzicht, höhere Mehrwertsteuern, Rentenkürzungen und Entlassungen bezahlen. Und die Aufgabe der Medien ist es, zu verhindern, dass die Lohnabhängigen, beispielsweise in Deutschland, Gemeinsamkeiten mit ihren Kollegen in Griechenland entdecken und dann womöglich feststellen, dass sie ebenfalls Griechen sind.

Da kann es auch nicht verwundern, dass das Bundesfinanzministerium Kritik an den Bonuszahlungen für Angestellte der Hypo Real Estate zurückgewiesen hat. Die Millionen Euro seien nötig gewesen, um gute Mitarbeiter zu halten. Vertreter des Staates, dem das Unternehmen gehört, zeigten sich begeistert, wie die verdienten Mitarbeiter immer wieder neu begründen konnten, dass ihre Hypo Real Estate frisches Geld und neue Garantien brauchte. So etwas schaffe kein Hartz-IV-Empfänger, erklärte der Finanzminister, das könnten wirklich nur gute und verlässliche Mitarbeiter. Man sei schon sehr gespannt, wie die verdienten Mitarbeiter ihre nächsten Forderungen begründen würden. Sie müssten sich aber auch etwas wirklich Originelles ausdenken, zum Beispiel: »Wir brauchen wieder Geld, weil das alte alle ist.« Dann wären erneute Zahlungen so was von verdient, verdienter geht nicht.

Den Gedanken an Steuererhöhungen weisen die Politiker vor der Wahl stets weit von sich.

Aber jeder weiß: Nach der Wahl sind Steuererhöhungen unumgänglich. Ein gut präparierter Finanzminister hat dann alle Vorhaben bereits griffbereit in der Schublade. Eingedenk der Tatsache, dass Kinder der Allgemeinheit nur Kosten verursachen, ist es jetzt zum Beispiel möglich, für jedes weitere Kind ab dem Zweitkind eine nicht zu knapp bemessene Kindersteuer zu erheben, denn Kinder, ihre Aufzucht, Ernährung, Krankenversorgung, Ausbildung, Kleidung und letztendlich auch ihre finale Entsorgung, kosten die Gesellschaft viel Geld. Es gibt keinen vernünftigen Grund, warum der Staat die Produktion des Kostenfaktors Kind fördern sollte. Im Gegenteil – schon der Versuch sollte strafbar sein und entschlossen verfolgt werden.

Es durfte ja wohl nicht wahr sein, dass zum Beispiel die *Badischen Neuesten Nachrichten* die Werbeanzeige eines Autohauses in Karlsruhe abdruckten, die zwei relativ niedliche Kinder zeigte und darunter den Text: »Danke, Onkel Finanzminister! Mit unserem Kindergeld können wir Papa einen 3er-BMW-Touring finanzieren.«

Obwohl ... man muss das mal durchrechnen.

Vor der Wahl steht fest: Nur Steuersenkungen garantieren weiteres Wachstum und gewährleisten wenigstens die Erfüllung bescheidenster Wünsche: Für jedes Kind wird ein kindgerechter Betreuungsplatz eingerichtet, Lehrmittelfreiheit wird selbstverständlich sein, Studiengebühren werden verboten, für Arbeitslose, Kranke, Jugendliche und Kinder ist die kostenlose Nutzung des öffentlichen Nahverkehrs angedacht, eine Krankenversicherung für alle Menschen in Deutschland ist bereits im Endstadium der Planung, in Kindergärten, Krankenhäusern und Pflegeeinrichtungen wird auf jeden Fall frisch, knackig und gesund gekocht werden. Und das Beste: Durch eine marktgerechte Steuersenkung wird es möglich sein, jedem in Deutschland lebenden Menschen ein seine Menschenwürde sicherndes Grundeinkommen zu überweisen. Ja, das ist schon beeindruckend, was man mit Steuern alles anfangen könnte, wenn man wollte.

6 Wirtschaftsministerium: Doch Sorge folgt und nimmersatte Gier dem wachsenden Gewinn (Horaz)

Thomas Morus, der Kanzler Heinrichs VIII. von England, notierte um 1500: »Wenn ich alle Staaten, welche heutzutage in Blüte stehen, betrachte, so sehe ich in ihnen nichts anderes als eine Art Verschwörung der Reichen, die unter dem Deckmantel des Staatsinteresses lediglich für ihren eigenen Vorteil sorgen, und sie denken sich alle möglichen Arten und Weisen aus, wie sie das, was sie mit üblen Künsten zusammengerafft haben, ohne Furcht es zu verlieren, behalten, und wie sie die Arbeit aller Armen um so wenig Entgelt als möglich sich verschaffen, um sie auszunutzen.«

Als der Euro eingeführt wurde, hingen in den Banken Plakate, auf denen der Euro in allen Erscheinungsformen abgebildet war, und darüber stand geschrieben: »Unser Geld«. Damit signalisierten die Banken: Auch nach Einführung der neuen Währung blieben die alten Besitzverhältnisse unverändert. Nur hatte man die große Chance verpasst, die Rückseiten von Münzen und Geldscheinen mit Werbung zu bedrucken. Damit hätte man die Herstellung des neuen Geldes locker finanzieren können.

Wie einflussreich das Bundesministerium für Wirtschaft und Technologie ist – von »Macht« sollte man gar nicht erst sprechen – weiß niemand. Es hat relativ wenige Kompetenzen, in den wichtigen Bereichen drängelt sich stets das Kanzleramt vor, und dem Bundeswirtschaftsminister bleibt es vorbehalten, als Grußaugust von Markt und Wettbewerb aufzutreten und systemerhaltende Toasts auszubringen: »Es ist die Aufgabe dieses Hauses, dass es querbeet die Dinge im Auge hat, damit wir in unseren Strukturen bleiben«, beschrieb Minister Brüderle sein schweres Amt.

Und die Strukturen bestimmten: Der Mensch war für die Wirtschaft da und nicht umgekehrt. Darauf bestehen die Herren des großen Geldes, von Allianz oder Aldi, von Bayer oder BMW, die man nur höchst selten zu Gesicht bekommt und die auch nur höchst selten in den Medien als Lallbacken in Erscheinung treten. Sie sind verantwortlich für die ungerechte Verteilung der Güter dieser Welt und was daraus folgt, aber sie übernehmen nicht die Verantwortung dafür. Die schieben sie den Politikern zu, und die Rechtfertigung dafür lassen sie von ihren Funktionären und Experten besorgen. Diese zweitklassigen Karriereristen nennen sich mit Vorliebe »Präsidenten«. Sie sind die Präsidenten von BDA, BDI, DIHK, ZDH und anderen Abkürzungen. Sie vertreten Deutschlands Arbeitgeber, Industrie, Handel und Handwerk, und sie haben gemeinsame Hobbys: mahnen, warnen, fordern, verlangen. Zu allem und jedem äußern sie eine Meinung, auch wenn zum Beispiel eine Fernsehmoderationsamöbe wissen will: »Wie sozial ist die globale Wirtschaft?«

Genauso könnte man fragen: Wie schmackhaft ist Hühnerkacke?

Irrtum und Zweifel sind ausgeschlossen, Nachdenken ist verpönt. Sie haben immer einen ordentlichen Anzug an, ein sauberes Hemd und eine perfekt gebundene Krawatte um den Hals. Alles sehr straff. Diese Präsidenten haben nicht mal in ihren eigenen Kreisen etwas zu sagen. Aber Sie haben vermutlich keine Schuld an ihrer Inkompetenz, denn New Yorker Ärzte haben festgestellt, dass ordentlich gebundene Krawatten nicht nur zu erhöhtem Augeninnendruck und am Ende zur Erblindung führen, sondern dass auch andere Organe oberhalb des Krawattenknotens akut gefährdet sind. Also, intensives Schlipstragen macht gaga, und man kann Politikern, denen das Wohl des Volkes wirklich am Herzen liegt, nur raten, schlipsgewürgten Präsidenten aufmerksam zuzuhören und dann, wenn keine »Sachzwänge« im Wege stehen, möglichst das Gegenteil zu veranlassen. Aber diese Politiker würgen sich ja selbst jeden Morgen.

Es hatte sich längst herumgesprochen: Diese sogenannten Wirtschaftsexperten, die zwar vor der Bankenkrise nicht gewarnt hatten, aber sehr bald wussten, dass die Steuerzahler diese Krise bezahlen mussten, weil der Satz von Ernst Bloch »Wenn's für alle nicht mehr reicht, springen die Armen ein« die Maxime aller neoliberalen Ökonomen ist – diese Lallbacken, die nach wie vor regelmäßig im Fernsehen Auf- und Abschwung prognostizieren dürfen, hätte man schon vor Jahren ohne jeden Qualitätsverlust durch ein Rudel durchschnittlich aufgeweckter Schimpansen ersetzen können.

Das Credo dieser Leute ist eine immerwährende langweilige Litanei: Der Wirtschaftsstandort Deutschland steht am Abgrund, wenn es nicht endlich gelingt, den Unternehmen alle Steuern zu erlassen, die Sozialabgaben zu ersparen und den Arbeitnehmern Lohnverzicht aufzuerlegen. Erfolgversprechend wäre das Modell: Geht es der Firma gut: länger arbeiten ohne Lohnausgleich. Geht es der Firma schlecht: kürzer arbeiten mit Lohnangleichung. Aber am besten wäre es, zwei Drittel der Bevölkerung zu entlassen und den Rest zu privatisieren. Denn Lohnsenkungen führen zum Aufschwung, Arbeitszeitverlängerung bewirkt den Abbau von Arbeitslosigkeit, und Krieg produziert Frieden. Insgeheim ist man sich wohl einig: In Mitteleuropa hat einfach zu lange kein Krieg stattgefunden.

Das heißt: Häuser blieben stehen, Fabriken erzeugten allzu langlebige Konsumgüter, es gab zu wenig Sachschäden, und die Zivilbevölkerung lebt zu lange. Ein Gespenst geht um in Unternehmerkreisen, und das flüstert: Bedarf gedeckt. Kapitaleigner und Wirtschaftsexperten sowie ihre Krümelaufsammler aus der Politik sind der Auffassung, dass in der Bundesrepublik der Sozialismus herrscht, solange noch ein Arbeitsloser Arbeitslosengeld bezieht, und dass dieses Verbrechen an den Leistungsträgern abgestellt werden muss. Getragen wird das von der Überzeugung: Wenn alle nur ihrem Eigennutz folgen, dann ist das zum Nutzen aller. Lallbacken, die am Kamin oder beim Dinner solche Erkenntnisse äußern, verstehen sich als Elite.

Hans-Olaf Henkel, Expräsident des BDI und selbst unter Lallbacken eine Null, wollte der Öffentlichkeit mitteilen, dass es jetzt ganz schlimm bergab ginge mit Deutschland. Diesen relativ schlichten Gedanken aufzuschreiben, damit war er aber überfordert. Denn er schrieb: »Im Geleitzug der Industrienationen sitzen wir nicht mehr wie früher in der Lokomotive, sondern endgültig im Bremserhäuschen.« Endgültig, aha. Hans-Olaf, alte Oberlallbacke, mit so einem Schwachsinn kannst du vielleicht die Chefredaktion der *Bildzeitung* beeindrucken, aber sonst doch niemanden, denn: »Wir« sitzen ganz gewiss nicht im Bremserhäuschen des Geleitzuges. Und eine Lokomotive ist weit und breit auch nicht zu sehen: Ein Geleitzug hat weder eine Lokomotive noch Waggons – ein Geleitzug ist ein Konvoi von Schiffen.

Zwischen seinen zahlreichen Lallbacken-Auftritten in Talkshows schrieb der von allen Gehirnströmen längst verlassene Hans-Olaf Henkel auch noch Bücher. Und in denen stand dann beispielsweise geschrieben: »Heute wird die Gleichheit nur noch in den letzten sozialistischen Staaten wie Kuba und Nordkorea intensiv gepflegt. Und dazu gehört leider auch unser Land.«

Was muss man einwerfen, um auf diesen Gedanken zu kommen? Die kubanische Gleichheit in Deutschland bewirkt, dass das Volk sich fett frisst, während die völlig verarmten Unternehmer sich nordkoreanisch durchhungern müssen.

Der Gleichheitsexperte Henkel schrieb weiter: Der Wohlstand der Deutschen sei bedroht von »Mittelmaß, falsch verstandener sozialer Fürsorglichkeit und selbstverständlich der Vorliebe für die Gleichheit in fast allen Lebensbereichen«. Hans-Olaf wollte der Leserschaft klarmachen: In Deutschland haben alle das gleiche Geld, die gleichen Bildungschancen und den gleichen Zugang zu den Erzählungen des Baron Münchhausen. Und schließlich schrieb er: »Die Selbstzufriedenheit hat uns vergessen lassen, dass der Wohlstand ganz entscheidend auf den Spitzenleistungen Einzelner in Wirtschaft, Ingenieurwesen und Forschung beruht.«

Die »Fragen eines lesenden Arbeiters« vom Kollegen Brecht kannte der Spitzentyp Henkel offenbar nicht. Er liest nur den Quatsch, den er sich selbst schreibt.

In einer Talkshow erzählte Hans-Olaf, wie der kleine Hans-Olaf sich in der Schulzeit den Arm gebrochen hatte und wie aus dem, als der Gips weggenommen wurde, auf einmal ein dünnes Ärmchen geworden war. »Das Gleiche gilt für die Gesellschaft. Je mehr der Staat an Aufgaben übernimmt, desto mehr verkümmert die Leistungsfähigkeit der Bürger.«

Damit wollte er seinen Zuhörern klarmachen: Der kleine Hans-Olaf hätte besser auf ärztliche Behandlung verzichten sollen, weil auch der Arbeitslose, dem durch Arbeitslosengeld das Existenzminimum gewährleistet wird, dadurch zu faul wird, eine blühende Ich-AG auf die Beine zu stellen.

Die Frage, ob sich Deutschland am Wiederaufbau des Irak beteiligen sollte, beantwortete Hans-Olaf mit sensationeller Weitsicht: »Gerade deutsche Firmen können viel tun. Das hilft dann nicht nur den leidgeprüften Irakern, sondern schafft deutsche Arbeitsplätze.« Na prima, und wenn dann noch Syrien, Libyen, Iran und Nordkorea dazukommen, wird das auch noch den letzten deutschen Arbeitslosen wegschaffen. Dann kriegen die deutschen Firmen im Ausland ganz schnell dieselben Probleme wie zu Hause.

Henkel-Kollege Dieter Hundt, intellektuell etwa so geschmeidig wie ein toter Frosch beim Laichen, stellte sich auf den Standpunkt, dass Renten- und Krankenversicherung reduziert, der Arbeitsmarkt dereguliert und die nächste Stufe der Ökosteuer ausgesetzt werden sollten, denn, trompetete er:»Für uns steht der Mensch im Mittelpunkt aller Bemühungen!« Da kam die Frage auf: Wie wurde man eigentlich Arbeitgeberpräsident? Musste man da eine spezielle Trinkerausbildung absolvieren, oder wie?

Lallbacke Hundt machte auch mal in Optimismus, als er verkündete, dass die deutsche Wirtschaft gute Aussichten habe, dauerhaft zu wachsen. Zuwachsraten von jährlich 2,5 Prozent seien realistisch. Unausgesprochen stand dahinter die Forderung, im selben Maße wie die Wirtschaft müsse aber auch die Arbeitsdauer der Berufstätigen wachsen: jährlich um 2,5 Prozent. Wer 2070 in Rente gehen will, muss dann mindestens 194 Jahre alt sein.

Henkel-Hundt-Kollege Rogowski soll ja einen Intelligenzquotienten von mehr als vier haben. Um einen Anhaltspunkt zu liefern: Laub braucht zum Rascheln einen IQ von drei. Das weiß jeder Igel. Michael Rogowski war zweifellos die ärmste Sau im Land: Der Mann war Tag und Nacht im Dienst steigender Aktienkurse unterwegs. Durch seiner Hände Arbeit konnte er ja kaum etwas beiseiteschaffen, und seine Einkünfte lagen deutlich jenseits der Armutsgrenze. Wenn Rogowski seine amerikanischen Managerkollegen besuchte, dann wischten die sich Tränen des Mitleids aus den Augen. Die Caritas überlegte, ein Spendenkonto Rogowski einzurichten, und was das Demütigendste war: In die Dritte Welt durfte er nur noch nachts einreisen, und wenn er sich von einer Sitzung zur nächsten bewegte, wurde ihm eine Plastiktüte über den Kopf gestülpt, damit die Bevölkerung diese deutsche Elendsgestalt nicht sehen musste.

Rogowski machte deutlich: Die deutschen Unternehmer waren die gequältesten in Europa, wenn nicht in der ganzen Welt. Es war gut und sehr mutig, als Rogowski in der *Bildzeitung* mal knallhart formuliere, was Sache war: »Die Gewerkschaften fügten uns in den letzten zwanzig Jahren viel Schaden zu.« Und: »Wer einstige Errungenschaften wie die 35-Stunden-Woche auf Biegen und Brechen verteidigt, der fördert die Abwanderung von Arbeitsplätzen ins Ausland.«

Lallbacke Rogowskis offene Worte machten deutlich, wie brutal bei VW und Opel die Kapitalseite von einer verantwortungslosen Belegschaft unter Druck gesetzt und zu erheblichen Opfern genötigt wurde und dass nur die Wiedereinführung der Arbeitsbedingungen aus den fünfziger Jahren den Aufschwung der achtziger Jahre noch mal heraufbeschwören und locker übertreffen konnte. Er wies auch darauf hin: Lehrlingsausbildung konnten sich die Unternehmen überhaupt nicht mehr leisten, weil die Lehrlingsgehälter einfach zu hoch waren. Da musste man schon dankbar sein, wenn es wenigstens noch für eine angemessene Steigerung der Managergehälter reichte.

Insofern war auch die Forderung der SPD nicht ganz abwegig, dass die Azubis eine Ausbildungsplatzabgabe zahlen sollten, und zwar wöchentlich statt Disco.

Bayerns Ministerpräsident, der Randlagenzombie Stoiber, machte eine überzeugende Rechnung auf, wie die deutsche Wirtschaft in Schwung zu bringen sei: Jede Stunde mehr Arbeit pro Woche bewirkte nach Stoibers Schätzung 60 000 neue Stellen. Das hieß: Fünf Stunden mehr Arbeit im Westen ergaben 300 000 neue Stellen, und zwei Stunden Arbeit mehr im Osten ergaben wegen der geringeren Löhne 120 000 neue Stellen, zusammen 420 000 neue Stellen. Das reichte nicht. Bei einer Fünfzig-Stunden-Woche reichte es nach Stoibers Rechnung für 1,62 Millionen, bei einer Sechzig-Stunden-Woche für 2,82 Millionen neue Stellen.

Und dieser Rechenkünstler hat in Bayern Wahlen gewonnen.

Um den Horizont der präsidialen Experten abzurunden, sei eine ganz wichtige Lallbacke, der Daimler-Boss Dr. Dieter Zetsche, zitiert: »Die Welt hat das Automobil in 125 Jahren entscheidend weiterentwickelt, aber gleichermaßen hat das Automobil die Welt dramatisch verändert.« Wer hätte das gedacht: Rhabarber ist und bleibt Rhabarber.

Wenn die bedeutendsten Wirtschaftsführer in ihren Äußerungen eine Trefferquote erreichten wie mäßig begabte Kohlrüben, konnte man nur staunen, wie gut die deutsche Wirtschaft trotzdem funktionierte.

»Der Kampf gegen das internationale Finanz- und Leihkapital ist zum wichtigsten Programmpunkt des Kampfes der deutschen Nation um ihre wirtschaftliche Unabhängigkeit und Freiheit geworden.« Das hat keiner der aktuellen deutschen Wirtschaftsexperten gesagt, das ist ein Zitat aus *Mein Kampf* von Adolf Hitler.

Franz Müntefering, Freund einer einfachen Ausdrucksweise, führte den Gedanken weiter: »Manche Finanzinvestoren verschwenden keinen Gedanken an die Menschen, deren Arbeitsplätze sie vernichten. Sie bleiben anonym, haben kein Gesicht, fallen wie Heuschreckenschwärme über Unternehmen her, grasen sie ab und ziehen weiter.«

Anonyme Finanzinvestoren waren also die wahre Heuschreckenplage, wie sie beschrieben ist im zweiten Buch Mose im zehnten Kapitel: Wanderheuschrecken, bis zu 25 Zentimeter lang und mit schrecklichem Beißwerkzeug ausgerüstet, die achte Plage, fressen alles weg, was die siebte Plage, der Hagel, den Menschen übriggelassen hat.

Und erklärend fügte Müntefering hinzu: »Kapitalismus ist keine Sache aus dem Museum. Kapitalismus ist brandaktuell.«

Ja, wer hätte das gedacht? Es hatte wirklich etwas Komisches, wenn ein Politiker plötzlich die sensationelle Entdeckung machte, dass sich hinter der harmlosen Tarnbezeichnung »die Wirtschaft« der schiere Kapitalismus und seine Politinsekten verbargen. Das konnte man ja nicht ahnen. Früher war es einfacher. Da gab es auch noch den sogenannten Sozialismus. Der hatte gegen den Kapitalismus gekämpft. Erfolglos. Jetzt wurde der Kapitalismus mit noch mehr Kapitalismus bekämpft. Das war als Kampf manchmal gar nicht so leicht zu erkennen.

Die SPD kämpfte so raffiniert gegen den Kapitalismus, dass der das kaum merkte. Und wenn ein namhafter Sozialdemokrat plötzlich den Kapitalismus lautstark in aller Öffentlichkeit kritisierte, dann war das geradezu ein Fanal: Achtung, alle mal herhören, Leute: Hier bekämpft die deutsche Sozialdemokratie den Kapitalismus! Und natürlich ganz energisch auch die Schwarzarbeit: »Das Volumen der Schwarzarbeit beträgt etwa 640 Milliarden, das kostet 650 000 reguläre Arbeitsplätze.«

Dummes Zeug, lautete die Antwort des Kenners der Verhältnisse, ohne Schwarzarbeit könnte so mancher Student nicht studieren, blieben viele Häuser ohne Dach, die Tourismusindustrie ginge pleite, und Mallorca würde wieder spanisch. Man musste nur mal in ein Reisebüro gehen und beobachten, wie viele Kunden ihre Urlaubsreise mit schwarz verdientem Bargeld bezahlten. Steuerhinterziehung war kein Privileg der Parteien, sondern eher Volkssport, und Tipps, wie man das Finanzamt austrickste, waren ein beliebter Gesprächsstoff, vor allem unter Besserverdienenden.

Man hörte aber auch sagen: Alles kommt raus. Das sei doch ein Zeichen für die Stärke der Demokratie, und letztlich würde jede Affäre die Demokratie nur stabilisieren. Ob wirklich alles rauskommt, war fraglich. Aber mit dem Gedanken, dass die Qualität einer Demokratie mit der Anzahl ihrer Skandale stieg – damit konnte man sich anfreunden.

Als dann im Herbst 2008 das internationale Geschäft mit Geld und Kapital kollabierte, herrschte Konsens bei den Experten in den Talkshows, dass die Akteure strikt an die Kandare zu nehmen sind. Selbst die Forderung nach einer neuen Finanzordnung fand einen gewissen Widerhall. Banken und Konzerne boten aber auch ein wirklich erbarmungswürdiges Schmierentheater: Im staatstragend feierlichen Gewande bettelten aalglatte Dünnsäurekutscher aus dem Versicherungs- und Krankenkassenmilieu um ein wenig Zuwendung und servierten eine eklige Mixtur aus Kitsch, Heuchelei und Kommerz. Und wenn einer sagte, was die Hypo Real Estate betrifft, da hat sich der Abschaum selbst auf den Teller geschissen, erntete er zustimmendes Kopfnicken.

Der bedeutendste Publizist auf Arbeitgeberseite, der stets etwas denkreduziert wirkende Arnulf Baring, rief die Deutschen im Fernsehen zum Steuerboykott, zu aktivem und passivem Widerstand und zu empörten Revolten auf die Barrikaden. Leider kannte Arnulf Baring sich trotz seines Alters nicht recht aus mit Revolutionen, er wusste nicht, dass man Barrikaden schon lange nicht mehr spontan aus Haushaltsmitteln errichten konnte, weil es kaum noch Vollholzmöbel gab, sondern nur noch so Zeug von Ikea. Auch der Otto-Versand hatte schon seit Jahren keine Barrikaden mehr im Angebot, Barrikaden erhielt man mit Sicherheit nur noch übers Internet, aber dort kaufte Lallbacke Baring auch nicht so gern.

Gott sei Dank sprang ihm CSU-Generalsekretär Thomas Goppel bei. Der outete sich nämlich als Sympathisant und Gelegenheitsterrorist, er wollte Barings neuer APO beitreten. Lallbacke Goppel sagte: »Wenn der enttäuschte Bürger auf die Straße geht, gehören wir an seine Seite.« Was für ein Bild: Die neoliberalen Herren in hell- und dunkelgrauen Maßanzügen demonstrieren untergehakt für weitere Sozialkürzungen. Wer wollte da nicht neben Pappkopf Goppel schreiten? Der hatte so viel Puffmais im Kopf, dem konnte man auch zutrauen, dass er von zu Hause eine Barrikade mitbrachte.

Trotz der massiven Aufstandsdrohungen zockten die Banken weiter, und ihre Manager kassierten, als hätte es nie eine Krise gegeben. Bruchlos wurde die Politik, die zur Finanzkrise geführt hatte, fortgesetzt, und schon sehr bald hieß es wieder, das Hauptproblem seien doch die Staatsschulden. Der Staat, der gerade erst die Finanzmärkte gerettet hatte, wurde zur Krake erklärt, die den Aufschwung mit der Schuldenwirtschaft erwürge. Das Volk konnte beobachten, wie der Staat auf den Bankrott losmarschierte, weil er die Banken gerettet hatte, während die Banken schon wieder glänzende Profite verbuchten.

Wer Sinn für Skurriles hatte, wurde bestens unterhalten, zum Beispiel durch Wirtschaftsnachrichten im *Hamburger Abendblatt*: »Nach der geplatzten Fusion zwischen Dresdner und Deutscher Bank rollen weitere Köpfe. Schon vor einer Woche hatte Dresdner-Chef Bernhard Walter seinen Hut genommen.« Wenn Vorstandsmitglieder ohne Hut mit Handtüchern auf rollende Köpfe werfen, dann darf man wohl einen besonders fiesen Vorstandstrick vermuten. Es kann aber auch sein, der Redakteur hatte nur nicht alle Tassen in der Schüssel und einen Sprung im Schrank.

Während und kurz nach der Bankenkrise war glasklar zu erkennen: Unrechtsbewusstsein gehörte zu den weniger entwickelten Charaktereigenschaften von Wirtschaftskapitänen und ihren politischen Marionetten. Die setzten Steuergelder ein, um Kreditinstitute zu stützen und das Vermögen der Anleger zu schützen. Die Vermögenden sanierten sich auf Kosten der Mehrheit. Das konnte man auch Enteignung nennen.

Fürs allgemeine Wohlbefinden, vor allem der Autoindustrie, erfand der Staat die sogenannte Abwrackprämie, und es war bemerkenswert, wie die politischen Parteien sich für Opel, aber nicht für die Rettung von Karstadt engagierten. Vermutlich, weil bei Opel überwiegend Vollarbeitsplätze von Männern bedroht waren, bei Karstadt dagegen nur Teilzeitarbeitsplätze von Frauen.

Der Chefvolkswirt der Deutschen Bank, Norbert Walter, nannte die Deutschen »Heulsusen« und rief dazu auf, nach dem Sozialismus in der DDR nun auch den »westdeutschen Sozialismus« zu überwinden. Diese Lallbacke wollte also die Bundesrepublik von jenem Sozialismus befreien, der in Artikel 20 Grundgesetz immer noch vorgeschrieben ist. Das könnte man dahingehend ändern: Das Volk ist an die neoliberale Grundordnung des Staates gebunden. Heulsusen sind verboten.

An anderer Stelle stellte Lallbacke Norbert die Frage in den Raum: »Wenn ich in Halle jogge, das ist so schön wie an der Elbchaussee in Hamburg. Warum sieht das keiner?« Offenbar verfügte man an der Spitze der Deutschen Bank über eine eingeschränkte Wahrnehmungsfähigkeit.

Und dann überraschte die Deutsche Bank das Fernsehpublikum auch noch mit einem grandiosen Werbespot. Darin fand das Wort »Ertragswinkel« Verwendung. Womöglich unwissentlich in denselben eingeklemmt, hörte man eine sonore Stimme: »Finanzieller Erfolg ist kein Zufall, sondern eine Frage des Ertragswinkels.« Hä?

Der erste Teil des Satzes war banal: Selbst für den dämlichsten Hauptschüler kommt finanzieller Erfolg meistens nicht zufällig zustande, sondern ist Resultat eines energischen Gewinnstrebens. Und der zweite Teil – eine Frage des Ertragswinkels – vernebelt, dass, um überhaupt einen Winkel zu ermöglichen, erst mal ein Betrag eingesetzt werden muss, den die Bank dann verwirtschaften kann. Vermutlich hatte ein alkoholkranker Filialleiter diesen Satz beim Sonntagsfrühstück erfunden, weil ihm klargeworden war: Eigelb auf der Krawatte ist kein Schicksal, sondern eine Frage des Kleckerwinkels.

Klartext hingegen sprach eine andere Lallbacke der Deutschen Bank. Die greinte: »Der Rechtsextremismus bedroht die deutsche Wirtschaft.« Da lehnten sich die Ausländer ganz entspannt zurück – sie waren ja nicht die Opfer, bedroht war nur die deutsche Wirtschaft, und die wusste, wie man mit Nazis umging. Die waren ja lange genug Geschäftspartner.

Die meisten Bürger bemerkten die Bedrohung denn auch kaum, aber immer wieder wurden sie darüber informiert: Deutschland steckt tief in der Krise, war seit Jahren von Krisen umzingelt, Finanzkrise, Wirtschaftskrise, Automobilkrise. Im Spreewald erlebten die Sorben eine Gurkenkrise nach der anderen, und sogar die Krisengipfel steckten in der Krise.

Da die Menschen Demokratie gern mit materieller Sicherheit gleichsetzten, kam es in Krisenzeiten schnell zu Demokratieverachtung und Wahlenthaltung, und man fragte sich, ob das Land wohl ein Personalproblem hatte. Einigkeit bestand in der Tatsache: Übertrug man in einer Demokratie ehrgeizigen Leuten Macht, wurden die meisten automatisch kriminell. Die Inkompetenten unter diesen Kriminellen wurden erwischt und kriegten eine Abfindung, die Bösartigen durften weitermachen. Das nannte man Kontinuität. Wer das nicht schon lange wusste, war blöde. Oder log. Die Kriminellen bettelten das Volk täglich mehrmals in sämtlichen Medien an, ihnen Vertrauen zu schenken.

Aber einem Staat zu vertrauen war dasselbe, wie einer Bank etwas zu schenken: Bevor man sein Geld einem Geldinstitut anvertraute, schien es nun ratsam, zunächst dessen Kreditwürdigkeit zu prüfen und eine Schufa-Auskunft einzuholen.

Der Motor dieses Systems funktionierte ganz simpel: Wenn der Chef der Deutschen Bank, Ackermann, Bohnen aß, gab Lallbacke Merkel Gas.

Die Kanzlerin faselte en suite und ohne Pause von Marktwirtschaft, ohne dass im Bewusstsein der Menschen jemals auch nur ein einziger Satz von ihrem Geschwätz hängengeblieben wäre. Sie profitierte von einem Wirtschaftssystem, dessen Nachteile sie nie erfuhr und auch nie erfahren würde. Wenn Frau Merkel über Marktwirtschaft dozierte, klang das, als ob ein Mastschwein die Vorzüge des Islam anpries.

Dabei war Marktwirtschaft ganz einfach: Das Kaufhaus verkaufte Herrn Mustermann eine große Tiefkühltruhe samt Styroporverpackung im Pappkarton. Das Verpackungsmaterial musste Herr Mustermann mitbezahlen, und er sollte alles gut aufbewahren, für den nächsten Umzug oder falls er die Truhe umtauschen oder in der Originalverpackung bei eBay weiterverkaufen wollte. Das Kaufhaus nahm die Verpackung aber auch als Müll zurück. Allerdings gab das Kaufhaus Herrn Mustermann nicht das Geld dafür wieder, sondern verlangte für die Abholung von Pappkarton und Styropor noch mehr Geld. Der Gipfel der ökologischen Marktwirtschaft war erreicht, wenn das Kaufhaus den Pappkarton plus Styropor nur noch dann zurücknahm, wenn das alles gut verpackt war in einem anderen Pappkarton, den Herr Mustermann zusammen mit dem Styropor vorher kaufen musste.

Frau Merkel werkelte daran, ihre Pappkartonwirtschaft zu perfektionieren, und mit dem Wachstumsbeschleunigungsgesetz bewies sie eine beachtliche Kreativität, denn indem man Altes, was aber noch bestens funktioniert, zerdeppert, erzeugt man Bedarf an Neuem, und so kann man schleunigst Wachstum erzwingen, wo von allein gar nichts mehr wächst.

Und eines schönen Morgens hatte Kanzlerin Merkel dann laut Eigenauskunft die Krise im Griff, wenn nicht überwunden, weil sie verstanden hatte: Man musste sich die Finanzwelt vorstellen wie einen gut organisierten Kreisverkehr. Die Staaten retten die Banken, und die Banken verdienen an der »Rettung« der Staaten, denen die Banken kein Geld mehr für ihre eigene Rettung leihen wollten. Alles andere war immer wieder absolut unvorhersehbar.

Sigmar Gabriel, ein Stützstrumpf der Bundesrepublik Deutschland, kommentierte die wirtschaftlichen Bemühungen der Regierung: »Ich kenne keine Bundesregierung in der Vergangenheit, die so offen und so dreist die wirtschaftlichen Interessen eines kleinen Teils der Wirtschaft vertreten hat wie die jetzt amtierende.« Lallbacke Gabriel hatte recht. SPD-Regierungen haben das auch gemacht. Aber lange nicht so offen.

Marktwirtschaft ist der Tarnname für ein System, das außer Angebot und Nachfrage keine Regeln kennt, also Kapitalismus. Und der sollte reguliert werden. Wie machte man das – den Kapitalismus regulieren?

Um die Scheiße mit ein wenig Wohlgeruch olfaktorisch aufzupeppen und um die Bewegungsfreiheit des Kapitals zu stabilisieren, setzten sich die acht führendsten Staatschefs der acht wichtigsten Industrienationen regelmäßig an ihrem G-8-Stammtisch zusammen, und dieses Treffen war ein wichtiges Treffen, weil in der globalen

Welt nichts wichtiger war, als dass die acht führendsten Staats- und Regierungschefs der acht wichtigsten Industrienationen sich trafen, um sich mit den acht führendsten Staats- und Regierungschefs zu treffen. Und dieses Treffen der acht führendsten Staatschefs der acht wichtigsten Industrienationen der Erde fand statt auf Anweisung der führendsten Konzerne der wichtigsten G-8-Staaten. Kanzlerin Merkel vertrat die Allianz Group, US-Präsident Bush Wal-Mart und Exxon, Putin sprach für Gasprom, der Japaner für Toyota und so weiter – jeder der führendsten Staatschefs wurde von bedeutenden Unternehmen seines Landes gesponsert.

Im Mittelpunkt der Gespräche über Wachstum und Wirtschaft standen bei den Gesprächen über Wachstum und Wirtschaft die Gespräche über Wachstum und Wirtschaft, damit die Weltwirtschaft von heute im Mittelpunkt der Weltwirtschaft stand, und um es gerade auch den armen Ländern zu ermöglichen, durch die Förderung der Weltwirtschaft das Wachstum zu fördern, denn das Wachstum wuchs, weil Wachstum einzig und allein durch Wachstum zu mehr Wachstum führen konnte.

Das Ergebnis des Gipfels war: Auf dem Wochenmarkt in Hamburg kostete im Juli ein Kilo Kirschen aus dem Alten Land 6,50 Euro und eine Flug-Ananas aus Costa Rica 1,75 Euro.

Dass, wenn von der deutschen Wirtschaft die Rede ist, auch die Wirtschaftsminister Erwähnung finden, ist eigentlich unnötig und nur mit purer Höflichkeit zu erklären.

Der erste, den Kanzler Schröder als Minister für Wirtschaft und Arbeit in die Berliner Konjunktursonne stellte, und darüber freute sich vor allem Nordrhein-Westfalen, war Wolfgang Clement. Der kündigte im Bundestag an, er werde »zügig die Überprüfung der Arbeitnehmerrechte vornehmen«. Klar, die Arbeitgeberrechte interessieren einen SPD-Wirtschaftsminister weniger.

Karl Kraus hatte 1929 den Typus Wolfgang Clement folgendermaßen beschrieben: »Nun gibt es ja auf Erden unter allen Lebewesen, die sich nach rechts und links zugleich krümmen, nebst dem Regenwurm nichts annähernd so Erbärmliches wie einen Rechtssozialisten.«

Herr Clement verschleierte seine wirtschaftspolitischen Bildungslücken mit einer Rhetorik, die sich am deutschen Mittelgebirge orientierte. Ging es steil abwärts, sah er Licht am Ende des Tunnels. Blieb es dennoch finster, wusste er sich nahe der Talsohle. Sah er das Schwarze unter seinem Fingernagel, meldet er einen Silberstreif am Horizont, und sprach er davon, dass die Wirtschaft über den Berg sei, dann verschwieg er, dass es von dort nur noch bergab gehen konnte. Eines sonnigen Wandertages verkündete Herr Clement: »Das Tal der Tränen ist durchschritten. Es geht endlich wieder aufwärts.«

Aber was kam nach dem Tränental? Es konnte der Sumpf der Gastritis oder die Wüste des Schluckaufs oder der kahle Forst des sauren Aufstoßens sein. Und wenn der Wirtschaftswandergeselle die Hochebene der Vernunft nicht fand und im Dickicht der Phrasen landete – dann konnte er nur noch ins Unterholz der verbalen Fürze flüchten. Dort ließ er dann alle Hoffnung fahren. Auch die auf einen sinnvollen Gedanken mitsamt adäquater Formulierung. Stattdessen behauptete Lallbacke Clement in den *Tagesthemen*: »Nein, das ist nicht die Wahrheit, das ist die Tatsache.«

Mittlerweile ist er aus der SPD ausgeschieden. Ausgeschieden – das ist ein hässliches Wort, aber es passt. Beruflich muss man sich keine Sorgen um Herrn Clement machen. Er ist ja auch nicht wirklich ausgeschieden. Über eine Agentur kann man Lallbacke Clement für Betriebsfeiern und Familienfeste als Kotzbrocken buchen …

Nachfolger von Lallbacke Clement war Michael Glos. 88 Prozent der Befragten kannten Wirtschaftsminister Michael Glos nicht. Die übrigen zwölf Prozent waren sicher, ihn bei »Tiere vor der Kamera« gesehen zu haben. Glos sprach immer möglichst langsam, damit er sich selbst folgen konnte und die Worte nicht seine Textlücken überholten. Michael Glos, der als Einziger in der gesamten deutschen Wirtschaft nicht wusste, dass er zu viel Luft im Kopf hatte, verbreitete voller Stolz: »Das Bundesministerium für Wirtschaft und Technologie hat die Zuständigkeit für die gesetzliche Zeit vom Bundesministerium des Innern übernommen.« Wenn ein Mann wie Glos meinte, die Zuständigkeit für die gesetzliche Zeit zu haben, hielt er sich für den Herrn des Universums. Ausgerechnet Glos, der Terror des Mittelmaßes, das Debakel der Talentlosigkeit, die Tragödie eines Kleindarstellers.

Dass Glos von nichts eine Ahnung hatte, wusste die Welt, und ausgerechnet Glos wollte dem Land sagen, was die Glocke geschlagen hatte. So verkündete er, Grund für die Preissteigerungen bei Milch und Milchprodukten sei die Tatsache, dass die Chinesen plötzlich ganz wild auf Milch waren. Das verwunderte viele, vor allem Chinesen, denn die vertrugen gar keine Milch, weil ihnen ein Abbauenzym namens Laktase fehlte.

Gab es für die Deutschen eine Möglichkeit, sich dagegen zu wehren, dass die Chinesen trotz nachfolgender Bauchschmerzen und Übelkeit die gute deutsche Milch einfach so wegsoffen? Ja! Die Deutschen mussten nur endlich damit anfangen, Hunde zu essen. Dann würde der Kilopreis für Hund in China ins Unbezahlbare steigen.

Glos war wirklich immer für einen fundamentalen Schwachsinn gut. Noch auf der Oppositionsbank hatte er, an den Kanzler gewandt, ins Plenum gerufen: »Es wird Ihnen in den kommenden Monaten nicht gelingen, Ihre Fehlleistungen unter den Teppich des Terrorismus zu kehren.« Und so ist es auch kein Wunder, dass Lallbacke Glos einen Verein der Verfolgten des Grünenregimes gründete. Für ihn waren Jürgen Trittin und Joseph Martin Fischer »Ökostalinisten«, und deswegen plädierte Glos dafür, den 17. Juni als Gedenktag für die Opfer der Grünenherrschaft neu zu beleben. Gerade die junge Generation müsse sich stets an die dunklen Stunden der Diktatur unter Joschif Dschugaschwili Trittiniowitsch erinnern, an die Schauprozesse gegen Windradgegner, an die Folterkeller im Greenpeace-Gulag, an die Millionen Autofahrer, die spurlos in stillgelegten AKWs verschwanden, an die Massenaufmärsche schwer bewaffneter Feministenbrigaden und an die brutale Umsiedlung unbescholtener bayerischer Nationalsozialisten vom Starnberger See ins eisige Mecklenburg-Vorpommern. Durchsetzen ließ sich dieser Gedenktag nicht. Nicht mal in Prichsenstadt im schönen Frankenland, wo Glos' elterliche Mühle stand.

Eines Tages dann bat Lallbacke Glos völlig überraschend schriftlich um seine Entlassung. Das war, so hieß es, seine erste Amtshandlung überhaupt. Die Kanzlerin zeigte sich erstaunt, dass Glos ein Ministeramt bekleidet hatte, sie habe ihn ja leider nie kennengelernt. Innenminister Schäuble beauftragte das BKA, herauszufinden, welches Ministeramt dieser Herr Glos bekleidet hatte, aber die Nachforschungen blieben ohne Ergebnis. In einem Interview bekannte Glos:

»Ich wusste nicht mal, wo genau dieses Wirtschaftsministerium stand, es hat mich auch nie interessiert. Und ich hatte kaum eine Ahnung davon, welches die Aufgaben des Ministeriums sein könnten.« Seit seiner Ruhigstellung tritt Lallbacke Glos gerne bei Jubiläumsfeiern, Schützenfesten und Wurstmärkten als Wolpertinger auf.

Nachfolger von Lallbacke Glos war Guttenberg. Der trat in Erscheinung. Eingehüllt in güldene Cashmere-Seide-Pullis, fein abgestimmt auf die malvenfarbenen Socken, in samtenen Ermenegildo-Zegna-Hosen, bewies der von seinen Fans und Groupies liebevoll Gutti genannte, auch als fränkischer Plattitüden-Obama bekannte Politiker stets Stil. Sein Auftreten, für seine Anhänger eine Epiphanie, war seine Kernkompetenz. Man sprach von einem inneren Leuchten, als habe er ein Bündel brennende Altarkerzen verschluckt. Guttenberg, der auch als beliebtester SPD-Minister-Politiker galt und dessen Arbeit als CSU-Kanzler sogar von der FDP positiv bewertet wurde, verkörperte die tief verwurzelte Sehnsucht vieler Menschen nach einem gütigen, gerechten, vertrauenerweckenden Herrscher, den sie guten Gewissens anhimmeln konnten. Den Deutschen war der Heiland erschienen. So jemand wurde nicht gewählt, sondern gekrönt.

Das Wirtschaftsministerium, das als feines Ministerium mit feinen Beamten gilt, wusste Guttenbergs geschliffene Umgangsformen zu schätzen. Seine Erfahrungen in der Wirtschaft erfüllten niemanden mit Ehrfurcht, aber das machte nichts, denn als Qualifikation für dieses Bundesministerium reichte es vollkommen, jung und unverbraucht zu sein und als intelligent und lernfähig zu gelten.

Als Guttenberg dann die Sanierung von Opel in Angriff nahm, fragte er sich, wie viele andere Menschen auch, das Nächstliegende: Warum nur ging es den sympathischen Opel-Autobauern eigentlich so schlecht? Und er war der Letzte, der herausfand, dass es mehrere Gründe gab. Die wichtigsten waren: VW, Ford, Audi, Honda, BMW, Mercedes, Peugeot, Renault, Citroën, Seat, Skoda, Nissan, der Wartburg und die Fahrradindustrie.

Es dauerte ein bisschen, bis man merkte: Dieser Guttenberg war auch nur ein schlichter Textautomat, aus dem das Schmalz quoll, wenn man draufdrückte, besonders zur Weihnachtszeit: »Besonders schön empfinden meine Frau und ich, was Kinderaugen einem zu geben vermögen.«

Erst ein völlig ungebrochenes Verhältnis zu süßlichstem Kitsch qualifiziert einen durchschnittlichen Politiker nicht nur zum Wirtschafts-, sondern sogar zum Kriegsminister. Das wurde er dann auch. Und das freute auch die deutsche Rüstungsindustrie, weil Lallbacke Guttenberg sogleich auf einer Messe in Indien den Reklameonkel machte und die garantierte Wertarbeit deutscher Rüstungsgüter empfahl. Das war auch angebracht, denn deutsche Rüstungskonzerne wie EADS, Rheinmetall, Daimler und Krauss-Maffei Wegmann lassen von den Milliardengewinnen, die ihnen Waffenexporte in alle Welt einbringen, beachtliche Parteispenden an CDU, CSU, FDP und SPD springen. Es ist nicht anzunehmen, dass so eine Parteispende der einzige Grund ist für ein Rüstungsexportgeschäft – da gibt es auch noch Bündnisverpflichtungen und Arbeitsplatzsicherung und, nicht zu vergessen, den Nachschub an Rohstoffen. Aber eine großzügige Spende kann ein Geschäft sicher beflügeln, denn wer würde schon spenden, wenn es sich nicht rechnet.

Sogar Rudolf Scharping hatte begriffen, dass es noch schöner ist, am Krieg zu verdienen, als ihn zu gewinnen, und er nannte auch einen Grund für die Notwendigkeit einer deutschen Rüstungsindustrie: »Sonst wird Deutschland zum dummen Kunden, der die zweitbeste Ausrüstung kaufen muss, und das auch noch überteuert.« Das hieß: Die Nato-Freunde, die auch alle ihre Rüstungsindustrie hatten, wollten Deutschland mit schlechten Waffen zu überhöhten Preisen über den Tisch ziehen. Also lag auch immer schon ein Präventivschlag gegen die USA und Russland im Bereich des Möglichen.

Gegen wen Griechenland zu Felde ziehen wollte, das wusste man zwar noch nicht genau, aber es griff besonders gern auf Waffen made in Germany zurück, egal ob U-Boote oder Leopard-Kampfpanzer. Und Eurofighter wollte man auch bestellen. Die Deutschen waren, als »Exportweltmeister«, solchen Wünschen immer gern nachgekommen. Und so konnte man auch Außenminister Westerwelle bei einem skurrilen Spagat beobachten: Einerseits ermahnte er die griechischen Freunde, ihr Haushaltsdefizit auszugleichen, andererseits empfahl er ihnen den Kauf des deutschen Kampfjet. Eine Welt ohne militärisch-industriellen und sicherheitsindustriellen Komplex ist in der deutschen Ökonomie jedenfalls nicht vorgesehen.

Die deutsche Wirtschaft veröffentlicht keine Zahlen, die Aufschluss darüber liefern, wie viele afghanische, libysche, libanesische, palästinensische oder israelische Kinder und Zivilisten durch deutsche Waffen starben, um wie viele deutsche Arbeitsplätze in der Rüstungsindustrie zu erhalten.

Nach seinem Abgang aus dem Wirtschaftsministerium schaute Guttenberg staunend in einen Spiegel, war entzückt und sagte zu sich selbst: »Ich bin's!« Dann entschwebte er ins Verteidigungsministerium.

Nachfolger von Lallbacke Guttenberg war Rainer Brüderle, je nach Betrachtungsweise der Weinkönig vom Liebfrauenberg oder das Leergut der Bundesrepublik Deutschland. Es gab nur wenige Themen, zu denen sich der Schluffi aus Mainz-Gonsenheim nicht äußerte. Oft unverständlich. Er polterte, küsste Winzerinnen und wirkte im Vergleich zu seinem Vorgänger altbacken, etwa wie ein Rentner, der sich beim Seniorengeburtstag zu einer zu langen Tischrede erhob und infolge massiver labialer Schwächen und einem Hang zum Nuscheln allgemeines Gähnen auslöste. Brüderle, der, außer dass er immer seinen Teller leeraß, noch niemals irgendetwas geleistet hatte, galt nicht nur als geselliger Kollege, sondern auch als echter Hochleistungsträger der Demokratie, weil man ahnte: Der kommt bei der allgemeinen Absahnerei nicht zu kurz. Er war ein »Marktwirtschaftler reinsten Wassers«, wie es ein langjähriger Mitstreiter ausdrückte. Lautstark verteufelte er staatliches Engagement in der Wirtschaft selbst in den größten Turbulenzen der Krise. Die Abwrackprämie hielt er für eine schlechte Idee. Genauso das finanzielle Engagement des Staates bei Opel. Er wollte unbedingt den Kündigungsschutz lockern, er war heftiger Gegner des Mindestlohns, und Subventionen sollten nach seinem Willen überall radikal gekürzt werden. Nur die Subventionen für den Weinbau in steilen Hanglagen in Rheinland-Pfalz steigerte er um satte 200 Prozent – dort saß er lange als Minister in der Wirtschaft.

Seinen Status als Lallbacke erwarb sich Brüderle, als er einen Satz absonderte, der von dumpfer Intellektuellenverachtung, piefiger Angeberei und blanker Arroganz zeugte: »Ratschläge von Professoren können das Nachdenken der Politiker nicht ersetzen, darum sind sie ja auch Berater und nicht Entscheider; die Entscheider werden gewählt.« So kann man es sehen, aber es wird wohl ewig ein Rätsel bleiben, was Wählerinnen und Wähler veranlasste, Brüderle und die

Repräsentanten dieser mit Gier und Doofheit vollgestopften Partei zu wählen.

Wenn Lallbacke Brüderle Tacheles nuschelte, blieb vieles dankenswerterweise im Unverständlichen kleben. So weiß man bis heute nicht, was er meinte, als er irgendwas von einem »XL-Aufschwung« laberte. Trost schaffte die Erkenntnis: Jede Regierung braucht einen Buffo. Brüderles Stärke war es, stets direkt in den nächsten Müllschlucker zu formulieren. Als Wikileaks im Internet militärische Dokumente des US-Militärs veröffentlichte, da erinnerte ihn das an die Stasi. Daraus konnte man schließen: Für Brüderle war die übelste Eigenschaft des DDR-Staatssicherheitsdienstes die unglaubliche Transparenz.

Schließlich erlebte der Weltökonom Brüderle seinen GAU. Es wurde bekannt, dass er laut BDI-Protokoll gesagt hatte, »dass angesichts der bevorstehenden Landtagswahlen Druck auf der Politik laste und die Entscheidungen daher nicht immer rational seien«. Das hatte man zwar schon vermutet, aber nun war es amtlich: Die Bundesregierung hatte das Atom-Moratorium nur aus wahltaktischen Gründen verhängt. Es wurde also Zeit, Lallbacke Brüderle vom Netz zu nehmen.

Aus dem Wirtschaftslenker Brüderle wird wohl nichts mehr. In Zukunft kann man ihn vermutlich für Kindergeburtstage engagieren – da springt er dann in einem lustigen Hampelmannkostüm aus einer Torte und hält eine launige Ansprache. Ohne Ansprache kostet der Auftritt mehr – nämlich fünfzig Euro Qualitätshumorzuschlagsgebühr.

Nachfolger von Lallbacke Brüderle war Dr. med. Philipp Rösler. Der trat an in dem Bewusstsein, was Brüderle konnte, kann jeder. Röslers Dissertation hatte den Titel: »Einfluss der prophylaktischen Sotalolapplikation auf die Inzidenz des postoperativen Vorhofflimmerns im Rahmen der aortokoronaren Bypassoperation«. Wie es dem Patienten erginge, wenn Rösler eine Bypassoperation an ihm durchführen würde, ob er den Eingriff wohl überlebte – man weiß es nicht. Rösler hatte seine Facharztausbildung abgebrochen. Und von Wirtschaftspolitik hatte er auch keine Ahnung. Rösler hat nie eine leitende Rolle in irgendeinem Unternehmen innegehabt, geschweige denn ein Unternehmen geleitet. Angesichts der in Deutschland beschäftigten Wirtschaftsminister mussten sich die Unternehmer eigentlich veralbert fühlen.

Wenn man sich auf etwas verlassen kann, dann sind es Ahnungslosigkeit, Hilflosigkeit und Arroganz deutscher Politiker und ihr nie nachlassender Ehrgeiz, sich der Lächerlichkeit preiszugeben: »Es geht um die Privatisierung, auch hier sind schon Mitarbeiter in Griechenland vor Ort aus Deutschland, so dass wir also hier auch schon ganz konkret werden helfen können.« Herr Rösler empfahl Griechenland also deutsche Experten, zum Beispiel solche, die schon bei der Privatisierung der deutschen Post erfolgreich waren.

Der Mehrheitsaktionär der Deutschen Post AG, die Bundesrepublik Deutschland, also die Allgemeinheit, optimierte ihre Dividende aus dem Post-Aktienpaket mittels Vernichtung von Arbeitsplätzen. Man kann also sagen, die Gewinne für die Vorstandsgehälter kommen nicht aus dem Markt, sondern in Wirklichkeit aus dem Sozialbudget. Daraus folgt: Deutschlands teuerste Sozialhilfeempfänger sitzen in den Vorstandsetagen. Das hat doch etwas ungeheuer Tröstliches. Diese leitenden Sozialhilfeempfänger zeichnen sich durch hohe Kompetenz und eine phantasievolle Unternehmensführung aus. In ihren Postämtern neuen Stils kann man nicht nur Bleistifte und Bindfaden kaufen, sondern auch ein Schinkenbaguette verzehren, Filterkaffee trinken und sogar einen Brief aufgeben. Es kann einem allerdings passieren, dass die benötigten Postwertzeichen ausverkauft sind.

Der Service im Postamt ist ausgezeichnet und flink. Bis man am Schalter nach seinen Wünschen gefragt wird, vergehen im Durchschnitt fünf Minuten. Wenn ein Postler pro Stunde zwölf Kunden abfertigt, dann haben diese zusammen eine Wartezeit von sechzig Minuten erbracht. Wenn sich zwölf Kunden pro Stunde insgesamt sechzig Minuten die Beine in den Bauch stehen, dann heißt das: Bei einem Acht-Stunden-Tag werden von einem Postler oder einer Postlerin auch acht Warte-Stunden produziert. Da auf einem Postamt von sechs Schaltern meistens zwei besetzt sind, bedeutet das pro Tag sechzehn Stunden oder mit anderen Worten: In zweieinhalb Tagen produzieren die beiden Postler mehr Zeit, als ein zusätzlicher Angestellter eine Woche lang arbeiten könnte. Das heißt, die Kunden eines Postamtes erstehen an zehn Tagen eine Vollzeitstelle. Ja, der Segen der Privatisierung schwebt über dem Land. Und wenn eines Tages Herr Rösler privatisiert wird, kann er ja immer noch als Briefmarkenanlecker sein Auskommen finden.

Und es gibt noch einen Grund zur Freude: Die Zahl der bewaffneten Überfälle auf Postfilialen ist zurückgegangen. Daran hat die Deutsche Post einen erheblichen Anteil, denn durch die Einsparung ihrer Filialen wurden die Chancen der Räuber immer geringer, und es ist zu vermuten, dass nach Schließung der letzten Filiale die Überfälle ganz ausbleiben.

Heraklit aus Ephesos kommentierte die deutsche Wirtschaft schon vor rund 2500 Jahren, also etwa 500 Jahre vor der Bergpredigt: »Möge nie der Reichtum euch ausgehen, Ephesier, dass offenbar wird, wie verkommen ihr seid.«

7 Arbeitsministerium: Das Recht auf Arbeit brauchen wir nicht, aber das Recht auf Wohlstand

Anton Storch war von 1949 bis 1957 der Chef des Bundesministeriums für Arbeit. Da wusste man genau, worum sich das Haus zu kümmern hatte. Danach hieß es Bundesministerium für Arbeit und Sozialordnung, Bundesministerium für Wirtschaft und Arbeit, Bundesministerium für Gesundheit und Soziale Sicherung, Bundesministerium für Arbeit und Sozialordnung, und schließlich Bundesministerium für Arbeit und Soziales. Und jede dieser Namensänderungen kostete einen Haufen Geld.

Einstein hatte sich einst gewundert: »Es ist eigentlich rätselhaft, was einen antreibt, die Arbeit so verteufelt ernst zu nehmen. Für wen? Für sich? Man geht doch bald. Für die Mitwelt? Für die Nachwelt? Nein, es bleibt rätselhaft.« Stimmt schon: Wir brauchen keine Arbeit. Wir brauchen Wasser, warme Kleidung, Schuhe, Wohnungen, Betten, Brot und Butter, Bier und Steaks, Bücher und Musik. Arbeit braucht kein Mensch. Die macht ja auch keinen Spaß. Das weiß jeder, der sich dank der Arbeit anderer Leute höheren Dingen widmen kann: Weibern, Weinkellern, Weltreisen, Wellness.

Laut Altem Testament ist Arbeit die Strafe Gottes. Aber dann kam Luther, und seitdem behaupten interessierte Kreise: Arbeit adelt. Das ist eine höchst durchsichtige Verarschung. Arbeit macht auch nicht frei: Sie engt einen ein. Es ist auch nicht einzusehen, warum die Arbeit unbedingt geschafft werden muss. Und warum diejenigen gelobt werden, die ihre Arbeit schaffen, obwohl man die Arbeit doch überall abschafft, um höhere Gewinne einzufahren.

Wenn Arbeitsplätze tatsächlich knapp sind, warum belohnen wir nicht diejenigen, die freiwillig auf Arbeit verzichten?

Im Bundesministerium für Arbeit und Soziales geht es um Arbeitgeber und Arbeitnehmer, Reich und Arm, Oben und Unten. Es geht um Unternehmen. Die Ausgangslage hat Konfuzius beschrieben: Ein Unternehmen ist wie ein Baum voller Affen, alle auf unterschiedlichen Ästen auf unterschiedlichen Höhen. Einige klettern hoch, manche sitzen untätig herum, und manche machen Unsinn. Wenn die Affen ganz oben dann herunterschauen, sehen sie einen Baum voll lachender Gesichter. Die Affen ganz unten schauen nach oben und sehen nichts als Arschlöcher.

Hier einen Interessenausgleich herzustellen ist nicht leicht für einen Arbeitsminister. Von Müntefering stammt der Satz, die Regierung sei im »Tal des Alltags« angekommen. Wo war sie vorher?

Man weiß, dass fast hundert Prozent aller Arbeitslosen sich mit Absicht in ihre komfortable Lage gebracht haben: Ohne ihre Firmenleitung zu informieren, haben sie jahrelang Produkte hergestellt, die unverkäuflich waren. Indem sie als Arbeitnehmer einfach alle Anordnungen der Werksleitung befolgten, trieben sie ihre Firma in die roten Zahlen und ihre Manager in schwere Depressionen. Aufsichtsräte und Vorstandsmitglieder sahen sich gezwungen, ihre Versagensängste durch Hausbesuche bei brasilianischen Prostituierten zu kompensieren. Warum taten die Arbeitnehmer ihren Vorgesetzten das an? Rache für jahrelange Ausbeutung, ist doch klar. Die Leute haben mutwillig einen Zustand der Arbeitslosigkeit herbeigeführt, damit sie anschließend richtig schmarotzen konnten.

Franz Müntefering hielt den Begriff der »Unterschicht« für »Soziologendeutsch« und erklärte, es gebe in Deutschland keine »Unterschicht«. Hätte Müntefering die Armutsberichte der Bundesregierung gelesen, für die er Mitverantwortung trug, hätte er erfahren, dass die deutsche Gesellschaft durch eine eindeutige Teilung in Klassen und Schichten gekennzeichnet war. Ihm hätte auffallen können, dass ein Vorstandsmitglied der Deutschen Bank Anfang der 1970er Jahre rund dreißigmal so viel wie ein durchschnittlicher Angestellter kassierte, 35 Jahre später aber mindestens das Neunzigfache. Franz Müntefering zog es vor, so zu tun, als wisse er nicht, was er in den letzten Jahren selbst mit angerichtet hatte. Aber bitte – wenn es keine Unterschicht gab, dann gab es auch keine Oberschicht, und wenn es keine Oberschicht gab, dann gab es auch Franz Müntefering nicht, und dafür konnte man dankbar sein.

Auch Unionsfraktionschef Volker Kauder wollte das Wort »Unterschicht« vermeiden und stattdessen lieber von »Menschen mit Integrationsproblemen« sprechen – ein schöner Beleg für die intellektuelle Verelendung in den Führungsetagen. Da konnte man auch statt von »Politikern« von »Menschen mit eingeschränkten Wahrnehmungsfähigkeiten« sprechen. Geistig träge und emotional verkümmert, verklappten diese Leute mit ihrem abgelatschten Wachstumsvokabular den alten Sozialstaat, ohne auch nur die geringste Vorstellung davon zu haben, wie es denn wohl weitergehen sollte. Was also konnte helfen?

Hunde konnten. Nach Erkenntnissen eines Bonner Psychologen konnten Hunde der Unterschicht helfen. Das Leben mit Vierbeinern verringerte bei erwerbslosen Zweibeinern die psychosomatischen Risikofaktoren, die Tiere unterstützten die Betroffenen dabei, Tagesstrukturen und Sozialkontakte aufrechtzuerhalten. Bei Unterschichtlern ohne Hund beobachtete der Psychologe den Verlust von Ordnung und Zeichen äußerer Verwahrlosung. Es lag nahe, dass die – zumeist selbst arbeitslosen – Tiere Vorbildcharakter für Jobsucher haben könnten: Hunde waren reinlich, liefen lieber anstatt Bus zu fahren, sie hatten Interesse an Fortbildungskursen: Sie besuchten gerne den Hundeübungsplatz, und sie tranken keinen Alkohol. Vor allem aber hatten sie Freude am Gehorsam. Dadurch stärkten Hunde das Selbstbewusstsein von Unterschichtlern, und wenn die ihren Hund nach einem Arbeitsminister nannten, konnten sie endlich auch mal Befehle erteilen: Münte – sitz! Clement – sitz! Frau Schmidt – sitz! Frau von der Leyen – würden Sie bitte platzen!

Dann der Aufbruch: Bundeskanzler Schröder präsentierte seine Agenda 2010. Darin wurde die These vertreten, verkrustete Sozialstrukturen müssten aufgebrochen werden, um Wettbewerb und Wachstumskräfte zu stärken, um Innovationen zu fördern und zukünftige Generationen zu entlasten.

Das bedeutete: Wer den Sozialstaat erhalten wollte, musste ihn erdrosseln. Wer Arbeitsplätze schaffen wollte, musste die Entlassung der Beschäftigten erleichtern. Wer nicht durch Freudenschreie bewies, dass er gern für 3,50 Euro pro Stunde einen Schweinejob verrichtete, hatte nicht die richtige Einstellung zur Arbeit. Wer dagegen war, dass ein Sozialarbeiter prozentual mehr Steuern zahlte als ein Konzern, hatte kein Augenmaß. Und wer nicht bereit war, für einen

Arbeitsplatz jeden Konkurrenten und seine Nachbarn totzuschlagen, war nicht motiviert.

Da lag der Verdacht nahe: Diese sozialdemokratische Reformpolitik war nichts anderes als die Rache der 68er-Generation; die 68er rächten sich an der Arbeiterklasse, weil die sich damals geweigert hatte, die vor den Fabriktoren verteilten Flugblätter zu verstehen, und auch keinerlei Anstalten machte, die studierenden Genossen bei der Revolution zu unterstützen. Nun, nach dem erfolgreichen Marsch durch die Institutionen, konnten die 68er die Verarmung der Massen intensiv vorantreiben, um endlich revolutionäre Verhältnisse in Deutschland zu schaffen.

Besonders CSU-Generalsekretär Markus Söder, die Vogelscheuche unter den Generalsekretären, nahm diese erbitterten Feinde der Gesellschaft ins Visier. Die »Alt-68er« hätten Schuld am Zerfall von Werten und Leitbildern, sagte er.

Herr Söder, hören Sie mal her: Den 68ern, die grob gesagt den Jahrgängen von 1938 bis 1948 entstammen, blieb im Lauf der Zeit leider nichts anderes übrig, als allmählich alt zu werden. Und »Neu-68er« sind nirgends in Sicht.

Herr Söder wollte mit der »Alt-68er-Jammerei« nichts mehr zu tun haben und rief zu einer breiten Diskussion unter »jüngeren Leistungsträgern« auf, um verlorengegangenen Werten wie Leistungsbereitschaft, Pünktlichkeit, Disziplin, Patriotismus und einem religiös begründeten Weltbild zu neuer Blüte zu verhelfen. Er hielt also den hell brennenden Schweinemist, den er absonderte, für einen Wert. Aber die Gehirnsülze von Franz Josef Strauß selig wurde nicht appetitlicher, wenn Söder sie wiederkäute.

Bei der Vorbereitung der bedeutendsten aller bedeutenden Reden sprach der Bundeskanzler auch mit einem leibhaftigen, aber arbeitslosen Bauarbeiter. Der 55-Jährige sagte dem Kanzler, es sei große Scheiße, wenn er nach achtzehn Monaten das Arbeitslosengeld verlieren und ihn dann eine Arbeitslosenhilfe auf Sozialhilfeniveau erwarten würde; dann müsste er sein Erspartes für den Lebensunterhalt ausgeben, statt es weiter in die Ausbildung seiner Kinder zu investieren.

»Das kannst du doch nicht machen, Kollege«, sagte er zum Kanzler.

Und Kanzler Schröder antwortete: »Das ist notwendig, um vor dem Hintergrund einer veränderten Vermittlungssituation Arbeitsanreize zu geben.«

Da war der Mann vom Bau so perplex, dass er vergaß, der regierenden Lallbacke eine aufs Maul zu hauen.

Zusammengefasst besagten die Reformen des Jahres 2003 folgendes: Okay, der Pöbel kriegt ein bisschen Geld, aber ihr müsst es auch ausgeben, verdammt noch mal. Gib dir einen Ruck – geh auch mal wieder schlecht essen, damit das ewige Gejammer der Gastronomie endlich aufhört. Kauf dir mal wieder eine Jacke – auch, wenn du dann alle Knöpfe nachnähen musst. Hilf dem Mittelstand, vergib Aufträge – auch, wenn du dann einen ganzen Tag damit verplempern musst, um Reklamationen zu schreiben. Du musst keine Angst haben, gekündigt zu werden, es sei denn, du forderst Gehalt.

Wie die Agenda 2010 der SPD bekommen ist, konnte man an den folgenden Wahlergebnissen ablesen. Es stellte sich heraus: Diese Agenda war ein Subventionsprogramm für Unternehmen. Der Umfang betrug fünfzig Milliarden Euro in fünf Jahren. Das war der Betrag, den die öffentliche Hand für die Aufstockung von Niedriglöhnen ausgegeben hatte, weil die Menschen von ihrem Einkommen sonst nicht hätten leben können. Mit anderen Worten: Für fünfzig Milliarden Euro, die die Unternehmen an Löhnen gespart hatten, waren die Steuer- und Beitragszahler aufgekommen.

Dr. Peter Hartz, der der Regierungskommission, die einen effektiven Sozialabbau konzipieren sollte, seinen Namen gab, war Personalvorstand bei VW. Das Einkommen von Peter Hartz wurde auf jährlich anderthalb bis zwei Millionen Euro geschätzt. Dass Hartz IV Hartz IV hieß, war den mangelhaften Englischkenntnissen von Franz Müntefering zu verdanken – sonst hätte man Hartz IV den schönen Namen »Working-Class-People-Economy-Fitness-Program for All-Inclusive-Dreams« gegeben.

Hartz IV funktionierte folgendermaßen: Ein Museumswächter, der seinen Arbeitsplatz verloren hatte, bekam sein Hartz IV und konnte in Zukunft vom Arbeitsamt für einen Euro pro Stunde in seinen alten Job zurückvermittelt werden.

Es gab keine nennenswerten Proteste oder Demonstrationen gegen Hartz IV, geschweige denn einen Generalstreik. Wie schon oft in der Geschichte fiel die Bevölkerung sich selbst in den Rücken. Alle Umfragen belegten, dass die meisten Bürger mit den Sozialkürzungen einverstanden waren. Erwachsene Menschen glaubten, man könne einen Aufschwung von Wirtschaft und Arbeitsmarkt mit immer mehr Abstrichen am eigenen Einkommen herbeidulden. Es herrschte eine Art kollektiver Wahnsinn: Wenn wir uns nur genug einschränken, dann werden wir belohnt, und die Unternehmer werden viele neue Jobs schaffen. Und alle redeten davon, dass die Lohnnebenkosten für die Unternehmer zu hoch waren. Aber dass seit Jahren auf immer größere Zugeständnisse an die Wirtschaft immer höhere Arbeitslosenzahlen folgten, wurde ausgeblendet.

Die Betroffenen mussten einen Antrag ausfüllen. Das ging los mit ganz allgemeinen Fragen: Ob sich die »Leistungen für Mehrbedarfe« nur auf »erwerbsfähige Hilfsbedürftige« oder auch auf »die im Haushalt lebenden Eltern oder den im Haushalt lebenden Elternteil eines minderjährigen, unverheirateten erwerbsfähigen Kindes und den im Haushalt lebenden Partner dieses Elternteils« erstreckten. Dann musste man Auskunft geben, ob man selbst oder die mit im Haushalt lebenden Angehörigen Vermögen wie Bettwäsche und Zweitkugelschreiber hatten. Kostbare Gemälde, etwa die betenden Hände, das Häschen oder den röhrenden Hirsch mit dem Goldhelm, musste man nicht angeben. Und es wurde auch nicht gefragt, ob man eventuell zum Kreis der Steuerhinterzieher gehörte, die mehr als 400 Milliarden Euro am Fiskus vorbei in Luxemburger oder auf Zürcher Banken geparkt hatten. Solche Bagatellen interessierten die Behörden nicht.

Eher schon intime Dinge: Wie viele Socken haben Sie? Sie dürfen zwei Socken besitzen, die kürzer als drei Jahre in Gebrauch sind, und eine Socke, die älter als vier Jahre ist. Noch ältere Socken müssen Sie nicht angeben, bei Nachweis von Löchrigkeit dürfen Sie einen Dringlichkeitsantrag stellen und bekommen dann bei Vorlage eines ärztlichen Attests eine gebrauchte, aber gewaschene Socke zugeteilt. Dasselbe gilt für Schlüpfer. Eine Krawatte war erlaubt, aber nur, wenn man für den Winter keine Ohrenschützer und in der Heuschnupfenzeit keine Taschentücher hatte.

Natürlich mussten die Behörden mit einer großen Fülle fehlerhafter oder sogar in betrügerischer Absicht ausgefüllter Fragebögen fertig werden. Trotzdem erhielten die meisten Antragsteller einen sachlich richtigen Bescheid in verblüffender Liebenswürdigkeit. Das Sozialamt in Hamburg-Altona schrieb beispielsweise einer Bittstellerin:

»Sehr geehrte Frau ...
Um Ihren Antrag zu bearbeiten, teilen wir Ihnen Folgendes mit:
Ihnen würde zur Zeit aufstockende Sozialhilfe in Höhe von 28 Mark 80 zustehen. Sollten Sie diese in Anspruch nehmen, kann die Bekleidungspauschale erst nach einer Wartefrist von drei Monaten gezahlt werden. Sollten Sie aber auf ergänzende Sozialhilfe verzichten, kann die Bekleidungspauschale sofort gewährt werden.«

Die Alternative lautete also, entweder nackt oder hungrig. Na und? Jeder Mensch muss hin und wieder eine lebenswichtige Entscheidung treffen.

Und die Sozialabteilung des Ortsamtes Hamburg-Fuhlsbüttel schrieb einem Hilfesuchenden:

Sehr geehrter Herr ...
Gemäß § 2 Bundessozialhilfegesetz erhält keine Hilfe zum Lebensunterhalt, wer sich selber helfen kann.

Nach Aktenlage sind Sie aus der Wohnung Ihrer Mutter ausgezogen, weil es Meinungsverschiedenheiten zwischen Ihnen und Ihrer Mutter gegeben hat. Dieser Sachverhalt kann nach der gängigen Rechtsprechung nicht zu Lasten des Sozialhilfeträgers erfolgen.

Sie haben die Möglichkeit, sich dadurch selbst zu helfen, indem Sie wieder in den Haushalt Ihrer Mutter zurückkehren, weil dort Ihr sozialhilferechtlicher Bedarf gedeckt ist.

Mit freundlichen Grüßen ...

Im Rahmen der deutschen Sozialgesetzgebung wäre es sicher sinnvoll, die deutsche Mutter müsste ihre Leibesfrucht mit dem Erreichen des Verfallsdatums zurücknehmen.

Der Bundesminister für Arbeit und Soziales, Wolfgang Clement, einer der Architekten von Schröders Agenda 2010 und der Hartz-IV-Gesetze, der nichts vom Zusammenleben einer Gesellschaft begriffen und auch nie etwas Sinnvolles für die Allgemeinheit auf die Beine gestellt hatte, liebte nichts so sehr, wie laut über Faulenzer, Schmarotzer und Parasiten zu schwadronieren. Dabei übersah er, dass die meisten Parasiten in Deutschland Nadelstreifenanzüge trugen. Herr Clement konnte sich auch nicht an der Phantasie von Menschen erfreuen, die versuchten, möglichst entspannt über die Runden zu kommen – nein, der wohlhabende Herr Minister musste sie in einem schäbigen Report auf 33 Seiten diffamieren. Hartz-IV-Empfänger würden sich mit »beispielloser Dreistigkeit« Leistungen erschleichen, behauptete Herr Clement. Aber viele Menschen schmunzelten über die Dreistigkeiten, die Clement in seiner Broschüre schilderte.

Da war der pfiffige Mann aus Mannheim, der, um eine eheähnliche Gemeinschaft mit einer Hartz-IV-Empfängerin zu verschleiern, bei fast null Grad nackt auf den Balkon flüchtete, als die Kontrolleure vom Arbeitsamt klingelten. Nachdem sie ihn dort entdeckt hatten, sagte er: »Ich bin Frischluftfanatiker.«

Oder die ausgeschlafene Frau, die behauptete, ihr Lebensgefährte sei nur ein Mitbewohner, der auf einer Couch im Kinderzimmer schlafen würde. Bei einem Besuch der Arbeitsagentur stand der Mann aber mit entblößtem Oberkörper im Flur und hatte noch die Saugnäpfe eines Medizingerätes auf der Brust kleben. Der dazugehörende Apparat stand neben dem Ehebett.

Dann der clevere Libanese, der Hartz IV beantragte, obwohl er ein bei seinen Landsleuten bekannter Sänger war, der gegen Honorar ständig bei Festen und Hochzeiten auftrat, ein BMW-Cabriolet fuhr und sogar einen Manager hatte.

Und schließlich die angeblich alleinlebende Frau, deren Doppelbett auf beiden Seiten eine Schlafkuhle hatte. Ihre raffinierte Erklärung: »Das stammt von meiner Nachbarin, die war gestern zum Bibel-Lesen da.«

Also – auf die Dreistigkeit ein dreifaches Hipphipphurra, Hipphipphurra, Hipphipphurra.

Auf der anderen Seite stellte Bundestagspräsident Norbert Lammert die verschärften Auskunftspflichten für Abgeordnete über ihre Nebeneinkünfte energisch in Frage. Die neu gefassten Verhaltensrichtlinien seien »nicht mit der notwendigen Sorgfalt zu Ende diskutiert« worden, sagte er. Und neben dem berechtigten Anspruch der Öffentlichkeit auf Offenlegung von nebenberuflichen Aktivitäten gebe es auch für Parlamentarier »schützenswerte Grundrechte«.

Offenbar war dieser führende Volksvertreter der Meinung, Arbeitslosen und Hartz-IV-Empfängern seien unangemeldete Hausbesuche, Spitzeleien und peinlichste Selbstauskünfte zuzumuten, es sei aber unangemessen, stünde bei arrivierten Parteifunktionären plötzlich der Souverän vor der Tür und würde fragen, wer ihnen die Nebenverdienste finanzierte und ob sie auch wirklich den ganzen Tag zum Wohle des Volkes tätig wären, anderenfalls man selbstverständlich die Diäten kürzen müsste wegen mangelnder Leistungsbereitschaft.

Superminister Clement war jedenfalls hellauf begeistert von seinem Superfragebogen. Sogar an Leute, die nicht mehr richtig gucken konnten, hatte er gedacht: Nach dem Gesundheitsmodernisierungsgesetz durften Beihilfen für neue Brillen nur noch gezahlt werden, wenn die Bedürftigen unter achtzehn Jahre alt waren oder die Restsehkraft unter dreißig Prozent lag. Das hieß, ein halbblinder Sozialhilfeempfänger musste sich nicht um eine Arbeitsstelle bemühen, weil er mit seinen 31 Prozent Sehkraft sowieso weder Stellenanzeigen lesen noch Bewerbungen schreiben konnte. Er konnte demnach nicht eigene Bemühungen um einen Job nachweisen, um einen Anspruch auf das Arbeitslosengeld II anzumelden. Da hatte er dann die große Chance, sich für gemeinnützige Dienste verwenden zu lassen, als Hundekotbeseitiger zum Beispiel, denn das konnte er auch mit seiner Restsehkraft schaffen, am besten mit Hilfe eines weißen Stockes.

Nach Auskunft des Wirtschaftsministeriums stand fest: Ein Mensch, der täglich drei Stunden arbeiten konnte, galt als arbeitsfähig. Das hieß, Kranke konnten durchaus als Komparsen in Fernseh-Krankenhausserien arbeiten – sie mussten nur drei Stunden lang im Flur aufgebahrt rumliegen. Darüber hinaus gab es eine eindrucksvolle Serie von Vorschlägen zur kreativen Verwendung von Langzeitarbeitslosen: »Schneeschippen« empfahl Guido Westerwelle von der FDP, der vermutlich annahm, alle Menschen hätten, genau wie er, eine Heizdecke im Kopf, »in Altenheimen Bücher vorlesen« riet Hannelore Kraft von der SPD, Claudia Hämmerling von den Grünen forderte, Hartz-IV-Empfänger sollten »überprüfen, ob die Hundebesitzer die Haufen ihrer Tiere auflesen und entsorgen«. Nur überprüfen? Warum nicht gleich selbst wegräumen? Oder, besser noch, aufessen?

Es gab auch noch andere Einsatzmöglichkeiten, als Türstopper etwa oder als Fußabstreifer, als Wagenheber oder Maultaschenfalter. Halbtagstätigkeiten boten sich an – vormittags öffentliche Bedürfnisanstalten reinigen, nachmittags Pflegedienste im Kinderkrankenhaus, aber dazwischen nicht das Händewaschen vergessen! Westerwelle meinte, die 35-Stunden-Woche sei okay, aber nur für Halbtagsjobs. Wie? Wenn der Intelligenzquotient dieses Herrn noch weiter absinkt, muss man ihn mal umtopfen und kräftig gießen.

Der bayerische Minister Söder regte an, Hartz-IV-Empfängern den Urlaub zu verbieten. Dabei hatten Langzeitarbeitslose überhaupt keinen Rechtsanspruch auf Urlaub. Selbstverständlich wusste Lallbacke Söder das – aber Stimmung gegen die Schwachen in der Gesellschaft zu machen, war nun mal eins der wichtigsten Gebote christlicher Sozialpolitik.

Eine Variante wurde seltsamerweise nicht vorgeschlagen, was eine gewisse Phantasielosigkeit offenbarte: Man hätte die Arbeitslosen auch für den Antiterrorkampf vom Hindukusch über die Golanhöhen bis zum Okavango-Delta verpflichten können. Mit knapp fünf Millionen Antiterrorkämpfern hätte man den ganzen Nahen Osten säubern und auch im Iran Ordnung schaffen können. Man sprach ja nicht umsonst vom »Heer der Arbeitslosen«. Der Einsatz von Hartz-IV-Empfängern in Afghanistan hätte nicht nur eine finanzielle Entlastung für die extrem teuren Bundeswehr-Einsätze erbracht, sondern auch durch die zu erwartenden Verluste unter den Hartz-IV-Empfängern das Sozialschmarotzerproblem in der Heimat wenigstens teilweise bereinigt.

Matthias Platzeck, eine unermüdliche Landplage, hatte schon verdammt recht, als er ausrief: »Deutschland braucht wieder nach vorne gerichtete Zukunftsvisionen!« Das war richtig und wichtig, insbesondere für Ein-Euro-Jobber. Die pflegten ja mit Vorliebe nach rückwärts gerichtete Vergangenheitsvisionen.

Nach Platzecks Vorstellung ist die SPD eine Partei der Zupacker. Die Zupackerinnen vergisst er. Eine Partei der Zupacker und Zupackerinnen – das klingt sogar im Osten komisch.

Platzeck ist echt putzig, weil er seine Binsenweisheiten so ernsthaft vorträgt: »Eine Gesellschaft ohne Kinder ist eine Gesellschaft ohne Zukunft.«

Ja, wer hätte das gedacht?

Und noch einer von Platzecks unrasierten Kernsätzen: »Die Gewinner wären die Menschen in unserem Land.«

Na immerhin nicht die Insekten.

Platzeck bestimmte auch die Position der SPD: »Die Gesellschaft braucht eine bewegungsfreudige, aufgeklärte und weltoffene Politik der linken Mitte.«

Er besetzt die linke Mitte. Weil die beweglich ist, gibt es mehrere Mitten: außer der linken Mitte auch eine rechte Mitte und eine mittlere Mitte, vielleicht sogar eine Mitte des linken Flügels der rechten Mitte oder eine Mitte des rechten Flügels der linken Mitte. Und der Punkt in der Mitte der linken Mitte, der linke Mittelpunkt, das ist Platzeck. Er ist das Maß aller Dinge, Platzeck ist das Mittelmaß.

Auf Lallbacke Clement folgte Ulla Schmidt. Sie war Bundesministerin für Gesundheit und soziale Sicherung. Diese soziale Sicherung stellte sie vor große Probleme, aber tief eingegraben in das öffentliche Gedächtnis war die Neufassung des Paragraphen 119 Bundessozialhilfegesetz. Dahinter verbarg sich die denkwürdige Geschichte, wie es der Volksvertretung des deutschen Volkes – der *Bildzeitung* – und deren Instrument, der Sozialministerin Ulla Schmidt, in wenigen Wochen gelang, die Ausgaben für Sozialhilfe zu erhöhen. Auslöser war der Florida-Rolf.

Die *Bildzeitung* hatte herausgefunden, dass der gebräunte, 64 Jahre alte Herr Rolf J. Wohnsitz in der Collins Avenue in Miami Beach genommen hatte, genauer in einem Appartement nahe dem palmenumsäumten Strand, den er manchmal in karierten Bermudashorts betrat. Deshalb taufte ihn die *Bildzeitung* »Florida-Rolf«. Weil er nicht nur arbeitslos, sondern dauerhaft krank war, bezog er aus Deutschland Sozialhilfe. Daraus schloss die *Bildzeitung* »er lacht uns alle aus«, worauf sich der bedeutende Sozialpolitiker Hanswurst Westerwelle hochgradig über den »Schmarotzer« empörte und Ministerin Ulla Schmidt binnen weniger Wochen eine Vorlage präsentierte, wonach den 959 im Ausland lebenden deutschen Sozialhilfeempfängern das Geld nicht mehr ausnahmsweise wie bisher, sondern nur noch ganz ausnahmsweise ausgezahlt werden durfte.

Das hatte Folgen: Die Stütze richtete sich ja nach dem Lebensstandard der Länder, in denen die Bedürftigen lebten. Im Durchschnitt bezogen sie dort 200 Euro weniger als in Deutschland. Wen also das neue Recht zur Rückkehr zwang, der bekam nicht nur die Heimreise bezahlt, in der Regel bekam er auch wesentlich mehr Geld. Also, ein voller Erfolg für *Bild* und Ulla Schmidt. Es war schön, dass in so geldknappen Zeiten zumindest nicht an den Bedürftigen gespart wurde.

Damit wurden auch alle Unterstellungen, Deutschland sei verkrustet, zu echten Reformen nicht fähig und von den Parteien blockiert, hinweggefegt. Wenn sich im Kampf gegen das Verbrechen, als dessen brutalste Form der Gebrauch staatlich bewilligter Sozialhilfe außerhalb der deutschen Grenzen anzusehen war, die Regierung unter dem Druck von Boulevardschlagzeilen sogar eines so marginalen Problems annahm, musste den Menschen um die Zukunft ihres Landes nicht bange sein. Und Lallbacke Schmidt konnte man zur Verleihung der Arschkriechermedaille für populistisches Einschleimen und vorbildliche Unterwürfigkeit gegenüber den Massenmedien nur herzlichst gratulieren.

Und dann meldete sich wieder Dauerlallbacke Stoiber. Außer sich vor Empörung über den sogenannten Sozialhilfemissbrauch verlangte er, Sozialhilfebehörden sollten ungehinderten Einblick in die Konten der Klientel erhalten. Das war ein großartiger Vorschlag, und der Öffentlichkeit war sofort klar: Wenn Edmund Stoiber denjenigen erwischte, der den Finanzämtern seit Jahren solche Kontrollmöglichkeiten zur Bekämpfung milliardenschwerer Steuerhinterziehung verwehrt hatte: Den machte er fertig. Den hängte er auf. Oder erwürgte ihn. Und wenn er's selbst war.

Warum es nicht steil aufwärts ging in Deutschland, war klar: Es lag daran, dass die Marktwirtschaft immer noch zu sozial gehandhabt wurde und immer noch ein kleiner Teil des Grundrechts auf Asyl Gültigkeit hatte.

Das Verständnis mancher Menschen von sozialer Politik ließ sich in dem Satz zusammenfassen: »Wenn die Energiekosten so hoch sind wie die Mieten, werden die Menschen sich überlegen, ob sie mit einem dicken Pullover nicht auch bei fünfzehn Grad Zimmertemperatur vernünftig überleben können.« Das Pack sollte sich also gefälligst warm anziehen.

So äußerte sich Herr Thilo Sarrazin, früher Finanz-Senator in Berlin, dann im Vorstand der Bundesbank, anschließend Verfasser schlecht geschriebener Hetzschriften, ein Sozialdemokrat. Ebenso wirksam hätte Sarrazin vorschlagen können, Duftkerzen an das Prekariat zu verteilen, die den Duft von Erbrochenem verströmten und vierzehn Tage lang haltbar waren – so könnte man viele Mahlzeiten sparen.

Den Zuzug von Arabern und Türken wollte Sarrazin generell unterbinden, außer von Hochqualifizierten, und allen Einwanderern wollte er die Transferleistungen streichen. Er tönte: »Ich muss niemand anerkennen, der vom Staat lebt, diesen Staat ablehnt, für die Ausbildung seiner Kinder nicht vernünftig sorgt und ständig neue kleine Kopftuchmädchen produziert.«

Dass der Exsenator und ehemalige Bankenvorstand Sarrazin sein Einkommen auch aus den Steuerabgaben der türkischen und arabischen Untermenschen bezog, nahm er gern in Kauf. Denn er gehörte ja der Herrenrasse an: »Man muss davon ausgehen, dass menschliche Begabung zu einem Teil sozial bedingt ist, zu einem anderen Teil jedoch erblich«, sagte er, seinen eigenen Forschungsergebnissen folgend. Der Gensachverständige Sarrazin verabscheute nicht nur Araber und Türken, ihm waren alle sozial Benachteiligten, ihm war die »Unterschicht« zuwider. Gegen die verteidigte er die »Leistungsträger der Gesellschaft« – und das waren nicht Krankenpfleger, Kindergärtnerinnen und Feuerwehrleute, sondern Leute in sozial wertvollen Berufen, also Devisenhändler, Anlagenberater und Insolvenzverwalter. Und eben bis zum Kragen mit Profilierungssucht vollgeschissene Anzüge wie Lallbacke Sarrazin selbst einer war.

Auch *Bildzeitungs*-Kolumnist Franz Josef Wagner musste auf diesen völkischen Zug aufspringen: »Liebe Politiker, wir haben euch gewählt, damit ihr unsere Interessen vertretet. Ich meine deutsche Nationalinteressen. Darunter verstehe ich, dass deutsche Menschen in ihrem Land Arbeit haben. Ich hoffe, dass man es noch sagen darf, Herr Verfassungsschutz, ohne unter NPD-Verdacht zu geraten. In dem Mietshaus in Berlin, wo ich lebe, hat jeder dritte keine Arbeit. Der ständige Import von Billigarbeitern und der ständige Export von Arbeitsplätzen liegt nicht im Interesse meiner Mitbewohner. Deren

Chance ist der nächste Kiosk, wo sie sich die Birne zudröhnen, während Kanzler Schröder und Vizekanzler Fischer die Welt umarmen. Wir hören nur global, global. Wann endlich umarmt ihr wieder einen Deutschen? Die Umarmung eines Deutschen ist nicht rechtsradikal. Es ist das legitime Recht deutscher Interessen. PS: Mein bester Freund ist ein Türke.«

Aus dieser Kolumne spricht die pure Sehnsucht nach der faschistischen Volksgemeinschaft. Sehnsucht nach einem Führer, der uns alle integriert in die deutschnationale Arbeitsfront, wo das Fremde ausgesondert wird, für den Sieg im globalen Weltmarktkrieg. Und was den angeblich besten Freund betrifft: Franz Josef Wagner hat einen Freund? Das kann man sich gar nicht vorstellen. Aber jeder anständige Nazi hatte auch immer einen guten Juden zum Freund.

Zwischendurch meldeten sich dann auch mal die Grünen, die auf eine tolle Idee gekommen waren: Ein »Sofortprogramm zur Bekämpfung der Arbeitslosigkeit« – das lief irgendwie darauf hinaus, dass man Leuten Geld geben wollte, wenn sie arbeiteten. Sie nannten es Kombilohn.

Pofalla, bei dem Normalität als professionelle Fehlleistung zutage tritt, meinte, Kombilohn sei eine gute Idee, hier müsste halt der Staat den Unternehmen unter die Arme greifen, um Minderqualifizierte wettbewerbsfähig einstellen zu können. Der Staat sollte also einspringen, um Unternehmen zu subventionieren. Hanswurst Pofalla ging also davon aus, dass immer mehr Jobs entstanden, wenn sie nur billig genug waren. Niemand zweifelte daran: Lallbacke Pofalla ließ sich doppelt so oft die Haare schneiden, wenn der Friseur nur halb so viel kostete, und in einem Restaurant verputzte er doppelt so viel, weil zwei Kellner an seinen Tisch kamen.

So töricht war Franz Müntefering nicht. Er folgte Ulla Schmidt, nannte sich aber Bundesminister für Arbeit und Soziales. Das war sogleich spürbar. Niemand im ganzen Land dachte noch an die Dotcom-Blase und die jugendlichen Turbounternehmer der IT-Branche, die wenige Jahre zuvor mit ihrem Neuen Markt und mit sogenannter intelligenter Technologie Hunderte von Unternehmen von der kleinsten Softwareklitsche bis zu Mannesmann zerlegt hatten. Aber dann kam Franz Müntefering, der große Flachzangenmetaphoriker, und nahm Rache an der Jugend.

Weg mit dem Wohnkostenzuschuss, sagte er, im Kinderzimmer, in dem sie es fast ein Vierteljahrhundert ausgehalten haben, können sie ruhig noch ein Weilchen bleiben, das schweißt die Familie zusammen, das Leben bei Mami und Papi ist ziemlich billig, meinte er, da konnte man getrost die üppigen Hartz-IV-Zuwendungen für junge Nichtstuer kürzen, anpassen, optimieren, zum Beispiel 276 statt 345 Euro. Wenn Müntefering der Jugend schon keine Lehrstellen und Arbeitsplätze liefern konnte, wollte er ihr wenigstens Sanktionen anbieten, und irgendwie war es nur gerecht, dass neben der von Landwirtschaftsminister Seehofer wegen der Vogelgrippe verkündeten Stallpflicht für Geflügel auch wieder die Stallpflicht für Jugendliche eingeführt wurde.

Andererseits wusste jeder: Eine der größten Landplagen der Zeit waren die Rentner. Ihre einzige Funktion: Sie hielten nur durch ihre Existenz die große bürokratische Maschine des Rentenversicherungsunwesens am Laufen und sicherten dadurch viele Arbeitsplätze. Es war dem mentalen Höhenflug des damals erst 66-jährigen Franz Müntefering zu verdanken, dass die ganze Nation erst mit 67 in Rente gehen sollte. Das hieß, die Renten wurden gesenkt, denn wer 24 Monate später in Rente ging, bekam auch 24 Monate weniger Rente. Wenn man nun noch bedachte, dass achtzehn Minuten Mehrarbeit pro Tag von vielen für zumutbar gehalten wurden – das ergab in einem 45-jährigen Arbeitsleben weitere eindreiviertel Jahre Mehrarbeit. Man könnte also sagen, die Lebensarbeitszeit sollte auf 68 Jahre plus 9 Monate erhöht werden. Ohne Lohnausgleich. Und es sprach eigentlich nichts dagegen, das Rentenalter noch weiter anzuheben. Rente ab 75 – bei der ständig steigenden Lebenserwartung war auch das noch sozialverträglich. Die Alternative zur Erhöhung des Renteneintrittsalters wäre gewesen, das Begräbnisalter runterzusetzen.

Franz Müntefering erklärte auf Befragen: »Es wird ja niemand gezwungen, mit 67 in Rente zu gehen.« Auf fragende Blicke hin schob er nach: »Mein Vater musste mit 62 aufhören zu arbeiten. Der hat dann den Garten zwölf Mal umgegraben. Mein Vater wusste nicht, was er sonst machen sollte. Aber das hat dem Garten nicht gut getan.« Solche Jugenderlebnisse haben bekanntlich nachhaltige Wirkung. Wollte Müntefering deswegen möglichst lange im Amt bleiben? Das war auf jeden Fall gut für seinen Garten.

In der Rentendiskussion erhob auch der Präsident des Sozialverbandes VdK – Lallbacke Walter Hirrlinger – drohend seine Stimme: »Wer meint, Rentner zu Sparschweinen der Nation machen zu können, wird sich die Finger verbrennen.« Das klang überzeugend. Denn wer Rentner auf die hohe Kante legte, musste sich jeden Unsinn aus den Fingern saugen.

Aber der Einzige, der sich zum Thema Rente wirklich kompetent äußerte, war eben doch Franz Müntefering. Hölzerne Unbeholfenheit, gepaart mit charmanter Amokschwafelei, zeichnete ihn aus, wenn er die Bundespressekonferenz belehrte: »Deutschland muss sich neu aufstellen. Deutschland muss wissen, dass wir nicht automatisch an der richtigen Krümmung des Flusses liegen, sondern dass wir uns anstrengen müssen, um vorne zu bleiben.«

Ein Orakel. Lag Deutschland denn an der falschen Krümmung des Flusses? Wer hatte es da aufgestellt? Wo war denn die richtige Krümmung? Legte Deutschland sich dort automatisch nieder? Oder musste man Deutschland am Fluss entlang rauf und runter verschieben? Und wieso war man »vorne,« wenn der Fluss sich krümmte? Und warum musste man das alles wissen?

Gewiss, als Sauerländer hatte der Minister es schwer, sich in der Welt zurechtzufinden, aber musste er wirklich Reden unterhalb jeder Vorstellungsmöglichkeit halten? Münte, alte Lallbacke, halt doch einfach die Klappe, wenn du deine Denkpausen nicht plausibel verklausulieren kannst.

Aber »der Fluss« ließ Müntefering keine Ruhe: »Bis Ende des Jahres werden alle am Ufer des Flusses sein, der Erneuerung heißt.« Da konnte man wirklich gespannt sein – denn momentan befanden sich die meisten noch an der Quelle des Flusses, der Aufschwung hieß und bergauf zu den Gestaden des Löschteiches floss, der Rundumversorgung genannt wurde. Der Fluss, der Erneuerung hieß, war ein mickriges Bächlein, das versickerte irgendwo in der Wüste, die man Politgeblubber nannte.

Als trotz all der goldenen Worte die Umfrageergebnisse für die SPD saumäßig ausfielen, kam Lallbacke Müntefering tatsächlich auf den Gedanken: »Wir müssen die Ziele unserer Politik erkennbar machen.« Davon konnte man ihm aber auch nur dringend abraten.

Ausgerechnet Baden-Württembergs Ministerpräsident Günther Oettinger, intellektuell vermutlich eher einem Knöterich verwandt, eilte Franz Müntefering beim Thema Renten zu Hilfe. Auf dem CDU-Bezirksparteitag in Laupheim hielt Oettinger eine Rede, in der er den Standpunkt vertrat, dass ältere Arbeitnehmer auf Gehalt verzichten sollten, weil die Leistungsfähigkeit ab vierzig Jahren abnehme. Oettinger war da 52 Jahre alt. Mal angenommen, Herrn Oettingers These entsprach der Wahrheit: Dann ging seine Leistungsfähigkeit schon seit zwölf langen Jahren rapide den Bach runter. Das merkte man ihm auch an: Im Grunde genommen war er nur noch in der Lage, auf Bezirksparteitagen in Laupheim Reden zu halten.

Lallbacke Oettinger kam als Ministerpräsident mit allem Drum und Dran auf beinahe 18 000 Euro im Monat. Damit war er im Sinne seiner These heillos überbezahlt. Wie im übrigen auch Franz Müntefering, ganz zu schweigen vom Papst, der in seinem Alter leistungsunfähiger kaum noch werden konnte. Oettingers These zu Ende gedacht – da stellte sich die Frage, wofür ältere Arbeitnehmer überhaupt noch Geld bekommen sollten. Die Leistung war ja von einem gewissen Alter an als Leistung gar nicht mehr kenntlich. Dafür kein Geld zu bezahlen, das war nur gerecht und logisch.

Was das wiederum für Günther Oettinger selbst bedeutete, das musste man ihm bei Gelegenheit in aller Ruhe und mit viel Geduld erklären. Er selbst war ja vermutlich nicht mehr in der Lage, diese Überlegung selbständig zu Ende zu führen. Das Einzige, was Oettinger noch zu leisten in der Lage war: Gehaltsverzicht, Rücktritt, Altersheim und Warten auf die Rente. Da fehlte eigentlich nur noch, dass Franz Müntefering vorschlug, Oettinger und alle anderen Senioren auch möglichst rasch in die Haushalte ihrer Kinder zu integrieren.

Dann musste die SPD den Posten von Müntefering neu besetzen, denn Lallbacke Müntefering, der Zeit seines Lebens eine strikte Trennung von Amt und Gehirn befürwortete, nahm seinen Abschied. Seit 1789 hatte er ununterbrochen für die SPD im Parlament gesessen, er hatte aus dem Arbeiterturnverein SPD eine Regierungsbeteiligungs-GmbH & Co KG entwickelt. Müntefering trat aus zwei Gründen zurück: erstens, um noch ein paar Monate in den Genuss der verlängerten Zahlung von ALG 1 zu kommen, und zweitens, weil er befürchtete, es könne herauskommen, dass er schon seit Jahren Mitglied der CDU war.

Sein Nachfolger wurde Olaf Scholz. Der hatte schon als SPD-Generalsekretär Tausenden von Langzeitarbeitslosen Mut gemacht, indem er ihnen das Gefühl vermittelte: Wenn der es bis da oben hin schafft, dann schaffe ich es auch. Das war natürlich ein Irrtum, denn Generalsekretär Scholz war bildungsmäßig geradezu überqualifiziert. So antwortete er auf die Frage, ob er an Rücktritt gedacht habe: »Das ist eine autochthone Spekulation.« Hä?

»Autochthon« heißt laut Duden-Fremdwörterbuch eingeboren, am Fundort entstanden, Ureinwohner. Möglicherweise spekulierten die Ureinwohner der SPD, Altgriechisch zur Leitsprache ihrer Parteitage zu wählen.

Der Grund, warum Olaf Scholz zum Bundesminister für Arbeit und Soziales berufen wurde, war nicht seine Bildung, sondern die Erwartung, dass die Werktätigen dem Zauber seines Kopfschmuckes erliegen könnten. So eine Frisur wie bei Olaf Scholz hatte man in der deutschen Politik noch nie gesehen. Man konnte auch nicht sicher sein, ob es wirklich seine Haare waren, ob es sich um Algenbewuchs oder um den Inhalt eines Flusensiebs handelte. Vom Kopf von Olaf Scholz ging die Botschaft aus: Wir müssen alle Opfer bringen, und die SPD hat schon mal vorgelegt und als erstes das Grundrecht auf eine Frisur geopfert.

Olaf Scholz war einer der größten Revolutionäre des 21. Jahrhunderts: Er war Anführer und Chefideologe des Kampfes für eine gewaltige Umverteilung des Reichtums von oben nach unten. Er – und nur er allein – nannte das »Verteilungsgerechtigkeit«. Aber auch von »Teilhabegerechtigkeit« sprach er gelegentlich, obwohl man ihn wegen Misshandlung der deutschen Sprache eigentlich hätte ins Gefängnis stecken müssen. Aber dieses Wort, »Teilhabegerechtigkeit«, das hatte einen klassischen Sound, an dem man sofort den sozialdemokratischen Spitzenfunktionär erkannte wie ein Schwein am Grunzen.

Der Scholzomat, wie man ihn bewundernd nannte, erklärte auf die Frage nach Gehalt und Dauerhaftigkeit der rot-grünen Politik: »Ich will nicht die Theorie entwickeln, dass alles, was wir schon mal gesagt haben, gut zueinander passt.« Logisch. Lallbacke Scholz konnte ja wohl nur schlecht die Theorie entwickeln, dass nichts, was sie schon mal gesagt hatten, noch wesentlich besser nicht zueinander passte.

Olaf Scholz durfte alles sagen, was ihn weder in Widerspruch zu Schröder noch zu Müntefering brachte. Also nichts. Aber das machte er ganz ausgezeichnet. Wer allerdings den Herren Schröder, Scholz, Müntefering & Co mit Argumenten entgegentrat, galt als unmodern, ideologisch verbohrt, traditionalistisch, fundamentalistisch und war kein ernstzunehmender Gesprächspartner, sondern ein Gewerkschafter. Die Gewerkschaften galten als Reformbremse, weil sie versuchten, sich an das zu klammern, was sie in den letzten Jahrzehnten errungen und erkämpft hatten. Das machte man ja auch nicht. Dankenswerterweise stellten die Gewerkschaften wenigstens den Kapitalismus nicht zur Disposition oder sogar die Systemfrage.

Olaf Scholz war ein bedeutender Denker und engagierter Streiter für eine menschenwürdige Gestaltung der Zukunft. Sein eindringlichster und geradezu prophetischer Text, der der SPD das verdiente Denkmal setzte, stammte aus dem Jahre 1983. Veröffentlicht wurde dieser Text in der Zeitschrift *Sozialistische Politik und Wirtschaft*. Es war das Dokument einer luziden Selbsterkenntnis, und nach der Lektüre wurde einem klar, man durfte problemlos jeder Verbrecherbande angehört haben, wenn man nur hinterher der CDU beitrat:

»In keiner Phase der sozialdemokratischen Regierungsverantwortung (…) wurde von der SPD an der Entwicklung von Klassenbewusstsein gearbeitet. Vielmehr förderte die Mehrheitssozialdemokratie Illusionen in der Bevölkerung über Krisenbewältigung und Reformpolitik im Kapitalismus. Die Partei stellte den nackten Machterhalt über jede inhaltlich bestimmte Auseinandersetzung mit Kapitalinteressen und deren schärfste politische Verfechter CDU/CSU/FDP. Außerparlamentarische Mobilisierungsarbeit wurde zum Tabu für die ›staatstragende‹ SPD. Die Distanz zu Forderungen der Gewerkschaften vergrößerte sich zusehends, die Regierungspolitik (…) bot lediglich eine abgemilderte Variante der CDU-Konzepte. Sie zerstörte die Identität der SPD als Partei der Arbeitnehmer. (…) Der Verzicht auf jede Konfrontation mit dem Kapital hat sich für die SPD verheerend ausgewirkt. Er hat das Bewusstsein der sozialen Basis der Partei, der Lohnabhängigen, schwer deformiert, er hat die eigene Parteibasis kampfunfähig gemacht und entmutigt.«

Lallbacke Scholz ist der SPD immer treu geblieben, er hing an den alten Werten. Und durch diesen Scholz-Text wird die SPD in die Literatur eingehen. Das heißt, eingehen wird sie – ob aber in die Literatur, das muss man abwarten.

Von Ende Oktober bis Ende November 2009 bewältigte Franz Josef Jung als Nachfolger von Olaf Scholz das Amt des Bundesarbeitsministers. Das war bis dato die kürzeste Amtszeit eines Ministers in der Bundesrepublik Deutschland. Jung trat als Minister für Arbeit und Soziales zurück, weil er als Verteidigungsminister die Kunduz-Affäre verbockt hatte.

Liebe Leserin, lieber Leser, Sie haben an dieser Stelle eine Leerzeile Platz, um ihre persönlichen Erinnerungen an Lallbacke Jung einzutragen:

Frau von der Leyen, die nichts so sehr liebt, wie den Unterschied zwischen arm und bettelarm zu vergrößern, beerbte Franz Josef Jung als Ministerin für Arbeit und Soziales. Mit Ursula von der Leyen entdeckte die Union die Sozialpolitik wieder. Die fruchtbare Uschi verkörpert – wie früher Norbert Blüm im Kohl-Kabinett – das soziale Gewissen der Union. Besonders hoch entwickelt war das ja noch nie.

Ministerin von der Leyen, stets lächelnd, aber streng, ist zweifellos eine Frau, die barfuss Funken schlagen kann, und ihr Hosenanzug ist das Ausgeh-Outfit der christlichen Sozialgesetzgebung: Wo immer Frau von der Leyen eine Rede hält, ist Gefahr im Anzug. Sie hatte sich lange von dem Bildungschip in ihrem Kopf Gedanken machen lassen, und schließlich war sie darauf gekommen: Hartz IV war ein Erfolgsmodell, weil es bei Jobbörsen, Gerichten und in Anwaltskanzleien viele Arbeitsplätze sicherte. Denen, die Hartz IV ein wenig reformieren und den Betroffenen zusätzlich ein paar Cent zustecken wollten, entgegnete Frau von der Leyen: »Warum hier mehr Geld ausgeben ohne Not?« Hartz IV musste nach ihrer Meinung nicht aufgebessert, sondern nur umbenannt werden: »Es ist ein absolut wünschenswertes Ziel, dass auf Dauer das Wort Hartz IV verschwindet.

Der Begriff ist so negativ besetzt, dass er eine differenzierte gesellschaftliche Debatte über Langzeitarbeitslosigkeit behindert.«

Am liebsten wäre ihr wohl »Ursula-von-der-Leyen-Diät« gewesen, aber auch »Gerhard-Schröder-Stipendium« war annehmbar, wohingegen »Enthungerungsgeld« doch recht bürokratisch klang. Bislang wurde nichts dergleichen realisiert, und auch der Von-der-Leyen-Einfall, Hartz IV in »Basiskohle« umzutaufen, fand keine Gegenliebe. Wie man überhaupt feststellen muss: Wenn es um die konkrete gesetzliche Ausgestaltung des Schönredens ging, gelangen ihr die Bruchlandungen am besten.

Zur Bruchpilotin Uschi avancierte sie beim Gesetz über Internetsperren für pornographische Seiten: Von nun an nannte man sie allgemein »Zensursula«. Kritiker sahen in ihrem Zugangserschwerungsgesetz eine Maßnahme, die Tätern eher nützte als schadete, die aber gleichzeitig zu massiver Einschränkung der Grundrechte führen konnte. In der Auseinandersetzung eierte die Ministerin rum, man müsse »weiter Diskussionen führen, wie wir Meinungsfreiheit, Demokratie und Menschenwürde im Internet im richtigen Maß erhalten. Sonst droht das großartige Internet ein rechtsfreier Chaosraum zu werden, in dem man hemmungslos mobben, beleidigen und betrügen kann.«

Was »das richtige Maß« sein sollte, hätte die Ministerin gern selbst festgelegt – als ehemalige Berufstochter und Profigattin, die ohne familiäre Connections nirgends aufgefallen wäre, als mediengeile Provinzpolitikerin mit Powerfrau-Attitüde, die über eine große Portion Stammtischprosa, aber kaum Kompetenz verfügte, hielt sich Lallbacke von der Leyen für befähigt, als Gesinnungsgouvernante durchs Land zu tingeln. Sogar die Bundesregierung sah ein, dass Zensursulas Zugangserschwerungsgesetz allenfalls im Rahmen der Privatsphäre der Familie von der Leyen gelten durfte, und der Bundespräsident hatte sich ohnehin geweigert, den Schwachsinn zu unterzeichnen.

Equal Pay, gleicher Lohn bei gleicher Arbeit für Vollzeitleiharbeiter und Vollzeitstammkräfte, war ein weiteres Thema, das Frau von der Leyen dringend bewältigen wollte, aber auch das überforderte sie. Hinter ihrem Gesetz gegen den Missbrauch der Leiharbeit verbarg sich nur eine Luftnummer. Die Arbeitgeber stellten ihre Ministerin sofort wieder ins Glied: Zeitarbeit sei ein unverzichtbarer Bestandteil der Personalpolitik, und bei einem stabilen Aufschwung werde zeitversetzt auch die Zahl der Stammarbeitsplätze wieder wachsen. Die Forderung nach gleicher Bezahlung sei daher »undifferenziert.« Die Zeitarbeit habe vielen An- und Ungelernten einen Arbeitsplatz verschafft, die sonst kaum eine Chance auf dem Arbeitsmarkt gehabt hätten.

Wie vielen bitte genau? Und können diese so vom Glück begünstigten ehemaligen Ungelernten nun von ihrem Lohn leben? Keine Antwort. Vom Anwachsen der Stammarbeitsplätze hatte auch niemand etwas gehört. Der unvermeidbare Arbeitgeberpräsident Hundt prophezeite, die Unternehmen würden den Equal-Pay-Grundsatz unterlaufen und versuchen, »durch Auswechseln der Zeitarbeitnehmer mit dem Problem fertig zu werden«. Damit bestätigte Lallbacke Hundt die Befürchtungen, Unternehmen könnten Leiharbeitnehmer nur für die geplante Einarbeitszeit anheuern und sie austauschen, sobald für sie das Recht auf gleichen Lohn galt.

Bliebe noch anzumerken: Auch das viel bemühte Wort vom »Sprungbrett« erwies sich als Floskel. Denn gerade einmal sieben Prozent der ehemals Langzeitarbeitslosen, die als Leiharbeiter tätig wurden, schafften es, langfristig in eine feste Beschäftigung zu wechseln.

Aber es ist abzusehen, dass den Unternehmen ihre Habsucht und Einsparungshysterie schmerzhaft auf die Füße fallen wird: Großraumbüros und Poolbildung bei Redakteuren und Sekretärinnen zum Beispiel gab es schon mal in den 1970er Jahren. Der Erfolg war eine miese Qualität der Produkte und dadurch ein schlechterer Verkauf. Am Zeitschriftenmarkt ist es abzulesen, was es bewirkt, wenn man bewährte Mitarbeiter rauskantet und den Hinterbliebenen die Freude an der Arbeit versaut.

Ausgleichshalber wollte sich Frau von der Leyen wenigstens bei den Frauen einen schlanken Fuß machen und verlangte in barschem Ton von den Unternehmen, sie sollten gefälligst in ihren Führungsetagen eine Dreißig-Prozent-Frauenquote einführen. Als sich rumsprach, dass von ihren vier Staatssekretären und ihren zwei Bundesbeauftragten der Frauenanteil bei null lag, legte sie das Thema zügig beiseite.

Und schließlich war auch ihr Prestigeobjekt »Bildungspaket statt Erhöhung des Kinder-Regelsatzes« für bedürftige Kinder nicht gerade ein Riesenhit – es musste schon nach kurzer Zeit nachgebessert werden, da das bürokratische Monster alle Betroffenen überforderte.

Die knapp zwanzig Prozent der Hartz-IV-Eltern, die sich laut Umfrage für ihr Bildungspaket »nicht interessieren«, nannte die Ministerin einen »harten Kern,« als ginge es um eine Terroristenvereinigung. Dahinter verbirgt sich nichts anderes als der pauschale Missbrauchsvorwurf gegen Arbeitslose: Die kaufen sich vom Kindergeld doch sowieso nur einen Flachbildschirm. Auf dem Gebiet ist die Ministerin etwa genauso vorurteilsfrei wie die *Bildzeitung*. Indem das Ministerium so tat, als sei das Ausfüllen eines Antrags ein entscheidender Beleg für gesellschaftliches Engagement und müsse deshalb unbedingt beibehalten werden, wollte man davon ablenken, dass es vor allem darum ging, den Betroffenen keinesfalls Geld in die Hand zu drücken, die Kontrolle derer, die man sowieso schon im Computer hatte, zu perfektionieren, der Arbeitnehmerschaft mal wieder den drohend erhobenen Zeigefinger zu zeigen, und außerdem, dass man die Schuld, wenn das Bildungspäckchen nicht bei den Kindern ankam, den Eltern in die Schuhe schieben konnte.

Vielleicht hat die Lallbacke von der Leyen ja eines Tages mehr Glück, wenn sie im Rahmen einer Agenda 2020 Sozialhilfeempfänger ermuntert, Hotelketten zu gründen und bis zu 100 000 Euro pro Jahr an die FDP zu spenden, um eine noch effektivere Sozialgesetzgebung durchzusetzen.

»Ich fordere ein generelles Bettelverbot auf öffentlichen Plätzen (…) Die traditionelle Kultur des Bettelns in unserer abendländischen Gesellschaft hat in einem Sozialstaat keine Berechtigung mehr. Diese Bettelei ist Belästigung und Nötigung.« Ex cathedra der *Bildzeitung* beschlossen und verkündet von Peter Hahne, dem geistlichen Schmuckstück der Witwe Springer und des ZDF. Auf deren Tickets verkündete diese Edelausgabe eines pharisäerhaften Frömmlers seine tief besinnlichen, christlichen Erkenntnisse. Für Obdachlose, Herr Hahne, gibt es keinen Sozialstaat: Ohne Bleibe keine Sozialleistung – und umgekehrt: ohne Sozialleistung keine Bleibe. Der Obdachlose muss gezwungenermaßen unter der Brücke in einen Pappkarton kriechen oder in einen Schlafsack im Kaufhaus-eingang, wenn Mangel an Schlafplätzen oder mitfühlendem Personal in kirchlichen oder städtischen Einrichtungen herrscht. Und nur weil es organisiertes Betteln gibt, sollte allen das Betteln verboten werden, sollen auch die weggesperrt werden, die keinen Sozialstaat kennen, weil sie kein Dach über ihrem Kopf haben? Oder sollen sie, wie schon vor Jahren in Bayern praktiziert, von Polizisten im Winter zwanzig Kilometer vor der Stadt auf einsamen Feldwegen ausgesetzt werden, wo sie dann auf natürlichem Wege eingefroren werden?

Sehr viel nervender und eine unvergleichlich intensivere Belästigung als Bettler, auch wenn sie organisiert sein sollten, sind moralisierende Pfaffen und Halbpfaffen wie Hahne mitsamt ihrem Glockengeläut. Es wäre ein schöner Beitrag zum Frieden in der Gesellschaft, wenn die *Bildzeitung* das totale Verbot jedweder theologischen Betätigung in öffentlichen Räumen propagieren würde.

Zu berichten ist schließlich noch von einem arbeitslosen Mann aus Afghanistan. Dieser, von Beruf Gärtner, erfuhr auf dem Arbeitsamt: nix Arbeit für Gärtner aus Afghanistan in Hamburg in Winter. Traurig wanderte der Mann zurück in seine Unterkunft. Zwei Stunden später wird er von Mitbewohnern ans Telefon gerufen: »Ja, guten Tag, entschuldigen Sie bitte vielmals die Störung, hier ist das Arbeitsamt, aber wir hätten da möglicherweise was sehr Interessantes für Sie. Würde es Ihnen denn etwas ausmachen, morgen noch mal bei uns hereinzuschauen? Sie brauchen keine Nummer zu ziehen, kommen Sie gleich hoch ins Zimmer soundso, wir freuen uns.«

Und was macht er jetzt, der Gärtner aus Afghanistan?

Jetzt hört er beim Landesamt für Verfassungsschutz Telefongespräche ab.

Die Bundesregierung ist wirklich ein opulentes kaltes Buffet. Und Lallbacke von der Leyen ist darauf die Petersilie.

8 Verbraucherschutzministerium: Analogkäse erlaubt, Sterbehilfe verboten

»Biogemüse« oder »Bioobst« – was für eine Perversion!

Sinnvoll wäre es, alles, was nicht »bio« ist, zu kennzeichnen: Dieser Salat ist schadstoffbelastet und verursacht Durchfall. Diese Möhren enthalten Pestizide und können Krebs verursachen. Diese Äpfel sind gespritzt und gewachst und übelkeiterregend. Diese Trauben enthalten Nitrat und machen impotent.

Verbraucher sollten davon ausgehen können: Alle nicht abschreckend gekennzeichneten Lebensmittel müssen »bio« sein. Und solange das nicht der Fall ist, sollte auf allen Lebensmitteln wenigstens der Hinweis kleben: Das Bundesministerium für Ernährung, Landwirtschaft und Verbraucherschutz gefährdet Ihre Gesundheit.

Immerhin: Der Trend geht zu Biosupermärkten, und wenn die Entwicklung weiterhin so rasant vorankommt, ist alsbald mit dem Zusammenbruch des medizinisch-pharmazeutischen Marktes wegen der Gesundheitsexplosion zu rechnen.

Für die Endverbraucher ist es besonders wichtig, stets den deutschen Bauern im Blick zu behalten. Das Bauernvolk ist ein hartherziges Pack, das hatte die Geschichte bewiesen, und mehrere Bauern zusammen bilden eine Schweinebande. Jeder, der mal auf der Flucht war oder Heimatvertriebener und der einen Bauern um einen Bissen Brot gebeten hat, hat es nicht vergessen: Meide den deutschen Bauernhof. Es sei denn, du besitzt eine Schusswaffe oder ein bisschen Familienschmuck. Für deinen Ehering darfst du möglicherweise sogar den bäuerlichen Abort benutzen. Bringst du einen wertvollen Teppich oder einen Flügel mit, kannst du darauf hoffen, den Bauernhof mit drei Möhren oder zwei Eiern zu verlassen, ohne dass dich der Hofhund beißt. Niemand muss sich aufgerufen fühlen, Mitleid für die an Rinder-Schweine-Hühner-Sprossen-Krisen ach so unschuldigen Landwirtschaft zu empfinden: Bauern nahmen um ihrer Profite willen seit Jahrzehnten eine Gesundheitsgefährdung der Bevölkerung billigend in Kauf.

Auf Unkenntnis kann sich dabei kein Bauer herausreden – schließlich haben alle ihren Beruf gelernt, ein großer Teil hat sogar ein Diplom in der Tasche. Das sind nicht die lieben dummen Bauern, die von einer heimtückischen Industrie betrogen werden, während sie im Fernsehen nach einer opferbereiten Ehefrau suchen: Der Bauer ist nach dem Auto der größte Umweltverbrecher, darüber täuschen auch keine Traktorendemos hinweg. Im Gegenteil, man muss sich doch fragen: Wieso können Landwirte eigentlich nicht zu Fuß demonstrieren wie andere Leute auch? Bauern im Auto sollte man sofort kopfüber in ihre Milchkannen stecken.

Aber die Bauern sind nicht das Ende jeglicher Vernunft. Leider kann man auch konstatieren: Die dicksten Bauern haben die dümmsten Verbraucher.

Meist fiel es auf fruchtbaren Boden, wenn Politiker, Bauern und Fleischindustrielobbyisten, also Männer wie der Exlandwirtschaftsminister Karl-Heinz Funke, der das alles in Personalunion war, den Verbrauchern einredeten, es sei wichtig, dass die Verbraucher Vertrauen entwickelten. Das bedeutete, man musste unbedingt das Misstrauen von Essern und Trinkern zerstreuen. Wie machten die Herrschaften das?

Gesundheitsministerin Andrea Fischer, propere Verkörperung deutscher Hausmannskost, erklärte, sie wisse aus der »Praxis der Wurstherstellung«, dass deutsche Verwurster kein Risikomaterial in Darm und Dose ließen – auch wenn das vor dem BSE-Desaster 2001 gar nicht verboten war. Eine Ministerin, die so fest an das Gute in der Wurst glaubte, die füllte zu Hause wohl auch Bartstoppeln in den Pfefferstreuer.

Und Landwirtschaftsminister Karl-Heinz Funke arbeitete an der Vertrauensbildung, indem er in einer Sitzung der EU-Agrarminister in Brüssel, also während einer politischen Denkpause (so etwas kann ja unter Umständen ein Leben lang dauern), eine agrar-poetische Sternstunde zelebrierte. Er dichtete:

Es tagt der Rat zum Fleisch vom Rind,
zum Schutz von Mann und Frau und Kind.
Ohn' Etikett, das kann verdrießen,
darf ich das Fleisch nicht mehr genießen.
Hab ich mir Brust von Ochsen auserkoren,
muss ich wissen, wo mal das Kalb geboren.
Wo's von der Mutter wurd' gestillt,
und wo es auf der Weide hat gebrüllt.
Welcher Vater gab den Samen –
aufs Etikett auch seinen Namen.
Ist von edler Rasse auch die Mutter,
und vor allem: Woher kam ihr Futter?

Tja, Gedichte schreiben konnte er auch nicht, der Landwirtschaftsminister Funke. Das fiel aber nicht weiter unangenehm auf, denn von Beginn an wurde das deutsche Landwirtschaftsministerium mit Hinterwäldlern aus der Rustikalfolklore besetzt, in deren Köpfen wirklich alles zum Schlachthof wurde, und die beim Gang zum Rednerpult immer den Eindruck erweckten, sie hätten Gülle in den Gummistiefeln und Teile des selbst angelegten Misthaufens in den Hosentaschen.

Wenig später, im Rahmen der Abwicklung des Rinderwahnsinns BSE, wurden Lallbacke Andrea Fischer und Lallbacke Karl-Heinz Funke zur Notschlachtung freigegeben.

Aber das Vertrauen entwickelte sich auch ohne sie: Als die Menschen SARS bekamen, aßen sie auch wieder Rindfleisch. Seit dem GAU in Tschernobyl simulierte die deutsche Kundschaft immer mal kurzfristig eine Art Ernährungsbewusstsein, aber nach kurzer Zeit kamen dann doch wieder Wild und Pilze, ja sogar türkische Haselnüsse auf den Tisch. Selbstverständlich auch hormonbehandeltes Kalbfleisch, genmanipulierte Pflanzen und Früchte, ferner wahlweise Nikotin- oder Dioxinhühner, Nudeln mit Flüssigei, schwermetallverseuchte Fische und Matjes mit Nematoden. Grundsätzlich wurde in Deutschland alles gegessen, was vier Beine hatte – außer Tischen und Stühlen –, und alles, was fliegen konnte, außer Hubschraubern. Und dass man Rinder mit Hühnerkot fütterte und Schweinen Altöl in den Trog kippte, war die pure Fürsorglichkeit:

Die Tiere waren ganz wild drauf. Die mochten ja auch Tiermehl, und ins Tiermehl kamen alle toten Tiere, auch die plattgefahrenen, dann die beim Tierarzt Eingeschläferten und die der pharmazeutischen Forschung zum Opfer gefallenen Laborratten und Affen, also, Tiermehl war schon sehr nährstoffreich.

Menschen nutzbringend zu entsorgen hatte übrigens auch eine gewisse Tradition. So gab es Berichte, dass die Gebeine der Gefallenen von den Schlachtfeldern der napoleonischen Kriege nach England transportiert wurden. Dort habe man sie zusammen mit toten Pferden zu Puder zermahlen und als Mastfutter verkauft.

Es gehörte schon immer zu den landwirtschaftlichen Grundüberzeugungen: Abfälle zu verfüttern war gut fürs Konto, Abfälle zu entsorgen brachte an den Bettelstab. Letztlich landet alles auf den Tellern hungriger Menschen, und der Appetit kommt von ganz allein beim Essen. Zufrieden lässt sich der Schnitzelfresser mit minderwertigem Pressfleisch abfertigen, das nur durch eine industriegefertigte Panade zusammengehalten wird. Hauptsache, es hängt über den Tellerrand. Analogkäse? Na und? Auf Pizza gar nicht so schlecht. Ein tiefgefrorenes Hähnchen für 2,80 Euro ist für die Kinder gerade richtig. Überall ultrahocherhitzter, stabilisierter eingeschweißter Dreck: Plastikbrot und Plastikwurst, Plastikjoghurt mit schlaffen Obstresten, Zucker und Aroma, Kartoffelbrei ohne eine einzige Kartoffel und als Vorspeise Tütensuppe. Und dann dieser wundervolle Thunfisch aus Japan: Wenn man ein Thunfischsteak ans Ohr hält, kann man Radio Tokio hören. Aber aktive Sterbehilfe ist nach wie vor verboten.

Mittlerweile war jeder Deutsche sein eigenes Abfallentsorgungssystem, in das man alles – ohne Mülltrennung – reinstopfen konnte, und ganze Familien waren so giftig, dass kein Amtstierarzt erlaubt hätte, sie an ihre Haustiere zu verfüttern. Kein Wunder, dass man überall feixende Moslems sehen konnte – deren Prophet hatte schon vor 1 500 Jahren auf die unreine Natur des Borstenviehs hingewiesen. Und die Hindus grinsten auch: Die wussten schon immer, warum Kühe ungenießbar waren. Durchaus möglich, dass sogar im Tofu Tiermehlbeimengungen enthalten waren. So erfüllte sich das Wort des Lukull: Wer Ohren hat zu sehen, der wird schmecken, was er riecht …

Es war der helle Wahnsinn: Milliarden über Milliarden Euro pumpte Europa jährlich in den Agrarsektor – in ein System, das der Welt regelmäßig Gift und Gammel auftischte. Selbst die Milchwirtschaft hatten die Agrarminister nicht im Griff: Milchbauern wurden wegen der Milchquote mit Steuergeldern subventioniert. Das Prinzip von Angebot und Nachfrage, reguliert durch den Konsumenten, galt nicht. Der Bauer bekam sein Geld nicht gemessen daran, ob seine Kundschaft viel oder wenig trank, sondern daran, wie groß die Wiesen vor seiner Tür waren. Das war, als würde man Kindergeld für die Anzahl der Kinderzimmer bekommen und nicht der Kinder.

Eines Tages dann rief die rot-grüne Regierung die Agrarwende aus, eine Abkehr von der Massentierhaltung. Geschehen ist nichts, wie später der Dioxinskandal zeigte. Deutschland entwickelte sich weiter zu einem Zentrum der Massentierhaltung, die Industrialisierung des Fleisches ging weiter, Überdüngung war de facto weiterhin legal, das freiwillige Kontrollsystem hatte ganz schlecht gegriffen.

Jede Gesellschaft basiert auf ihren Nahrungsmitteln. Eine Gesellschaft ist auch immer eine Speisegesellschaft. Und da gilt die Erkenntnis: Kriegt eine Kuh nur Hühnerfutter, schenkt sie uns Eier statt der Butter.

Es war also nur natürlich, das Landwirtschaftsministerium in naturverbundene Hände zu geben. Der politische Arm der deutschen Kartoffel und anderer Gaben der Natur war die Partei der Grünen, deren führende Köpfe auch gern dem blühenden Unsinn Artenschutz gewährten. Renate Künast hieß die Ministerin. Die konnte mit Mühe ein Ammerländer Sattelschwein von einem Galloway-Rind unterscheiden. Aber sich mit Landwirtschaft nicht auszukennen musste kein Nachteil sein: Die meisten Landwirte kannten sich ja selbst nicht aus, sonst würden sie eine andere Wirtschaftsweise praktizieren. Renate Künast hatte sich ganz fest vorgenommen, nichts zu sagen, was man nicht hinterher richtigstellen konnte. Befragt, wie sie sich die Altersversorgung der Bevölkerung vorstellte, sagte sie, sie hoffe, den Menschen die Rente in Form von Frikadellen, grober Leberwurst und Gulasch auszahlen zu können.

Gen ist geil! So lautete der Kampfruf der Lebensmittelindustrie, und der Verbraucher wurde zum Detektiv: Auf welchen Tüten, Kartons, Flaschen, Dosen und Bechern pappte der Hinweis auf gentechnisch veränderte Inhaltsstoffe? Landwirtschaftsministerin Künast erklärte: »Es ist nicht hinnehmbar, wenn Hersteller Lebens- und Futtermittel als genetisch verändert deklarieren, obgleich sie nicht gentechnisch verändert sind.« Also – nur wo Gentechnik draufstand, durfte auch Gentechnik drin sein. Und auf dem Kraftfuttersack für Rind, Schwein, Huhn und Pute stand tatsächlich »gentechnisch verändert«, wenn entsprechendes Soja enthalten war, doch die daraus entstehenden Steaks, Schnitzel, Milch oder Eier, die waren deklarierungsfrei. Da konnte man lange suchen.

Lallbacke Künast stellte auch fest, mit den viel zu niedrigen Preisen könne das so nicht weitergehen. Die Ministerin bereicherte die deutsche Sprache um den Begriff des »gefühlten Schnäppchens«. Ein Bundesschnäppchenamt, das offiziell sämtliche Preise fühlte, wurde allerdings nicht gegründet.

In die Fußstapfen von Lallbacke Künast trat Herr Seehofer, ein Kampfgockel aus Ingolstadt. Auf seinen Wunsch hieß das Bundesministerium für Verbraucherschutz, Ernährung und Landwirtschaft nun Bundesministerium für Ernährung, Landwirtschaft und Verbraucherschutz. Damit rückte der Verbraucherschutz an den Platz, der ihm gebührte: ans Ende. Dass die Namensänderung des Ministeriums auf Briefbögen, Umschlägen, Stempeln, Schildern, Visitenkarten ein bisschen was gekostet hatte, musste man dem Seehofer schon zugestehen – so viele Innovationsmöglichkeiten hatte er ja nicht.

In die Amtszeit des Landwirtschaftsministers Seehofer fiel der sogenannte Gammelfleischskandal. Durch das Auftischen von Gammelfleisch bekam das Wort Fleischeslust einen völlig neuen Sinn, und Ekel wurde zum einzig vertrauenswürdigen Maßstab. Das war das unwiderrufliche Ende des deutschen Fleischsalats. Der unvergleichliche Schmierkram aus Mayonnaise, Fett- und Bindegewebe, Zwischenzehenhaut und Schwarte, in dem sich gelegentlich auch ein kleines Heftpflaster von der Fleischerin fleißiger Hand befand, dieser stete Quell von Sodbrennen und saurem Aufstoßen, der deutsche Feinkostklassiker, der immer so aussah, als hätte ihn der Präsident des Bauernverbandes schon mal auf sein Lätzchen gespuckt, war nicht mehr im Angebot.

Ein Durchschnittsdeutscher verzehrt in seinem statistischen Leben 22 Schweine – und kommt bei kostenbewusstem Einkauf immer billiger weg: Schweinefleisch »wie gewachsen« und »meisterlich zu-geschnitten« ist oft billiger als Katzenfutter. Aber nicht nur Schwei-neschnitzel, Gehacktes, Eisbein oder Wurst lassen sich aus dem ge-meinen Hausschwein rausholen, sondern auch Knöpfe, Messergriffe und Häkelnadeln. Das Fett wird für Seifen, Desinfektionsmittel und Arzneien verwendet. Das Schwein steckt sogar in Lastwagenreifen. Seine Haare werden in Teppiche, Handschuhe und Stuhlpolster ein-gearbeitet, und aus den Schulter- und Rückenborsten werden Pinsel. Das deutsche Schwein wird ausgebeutet, dass die Schwarte kracht. Unverkäufliche Reste, irgendwo gelagert und erst mal vergessen, er-geben dann das sogenannte Gammelfleisch, das man vorzüglich schreddern, in Fleisch- und Gelbwürste füllen oder als Burgerroh-masse an Fast-Food-Ketten verkaufen kann.

Aufgedeckt hatte den Skandal ein Kühlwagenfahrer: Der brachte eine Ladung Fleisch, deutlich gekennzeichnet als minderwertig, zu einer Fleisch- und Wurstfabrik in Bayern. Als der Empfänger der Lie-ferung den Kühlwagenfahrer aufforderte, das Fahrzeug so zu par-ken, dass niemand sehen konnte, was da ausgeladen wurde, und außerdem die Aufschriften mit der Kennzeichung »nicht für den Verzehr geeignet« von den Paketen riss und in die Hosentaschen steckte, schöpfte der Fahrer Verdacht und informierte die Polizei. Die fand dann Gammelfleisch in rauhen Mengen, bestimmt vor al-lem für Berliner Dönerläden. Der Kraftfahrer wurde von Landwirt-schaftsminister Seehofer geehrt. Danach wurde er arbeitslos.

Lallbacke Horst Seehofer forderte engagiert eine bessere Überwa-chung des Fleischhandels – notwendig seien mobile Einsatzkräfte, die unangemeldet in die Betriebe gingen und das Fleisch unter die Lupe nähmen, sagte er, und um Routine und Korruption vorzubeu-gen, müssten die Kontrolleure dem Rotationsprinzip unterworfen werden. Dabei sei die Dezentralität der Kontrolle richtig, und die müsse nach bundeseinheitlichen Standards erfolgen. Verbraucher-schutzorganisationen äußerten erhebliche Zweifel an der Wirksam-keit solcher Kontrollen, denn es handele sich keineswegs um Einzel-fälle, »sondern um einen Teil des Systems«. Man habe es mit einem »flächendeckenden Missbrauch« zu tun: »Das System lädt zum Be-trügen ein, es ist relativ leicht, nicht erwischt zu werden, und die Gewinnspannen sind hoch. Das heißt, es wird massenhaft betrogen.« Alles in allem war Lallbacke Seehofers Politik attraktiv wie ein eingelegter Schweinefötus.

Futtermittelskandale sorgten in der Folgezeit nur noch für mäßige Erschütterung. Dass Hühner dioxinverseuchtes Futter fraßen, hatte man immer geahnt. Na und? Da hatte halt irgendein Futtermittelhersteller dem Rapsöl dioxinhaltige Altlasten untergemixt, um die teure Entsorgung zu sparen. War doch verständlich. Die kontaminierten Produkte, Schenkel, Brüste, Flügel, konnte man doch in osteuropäische oder afrikanische Länder ausführen, in denen Dioxin zu den Nationalgerichten zählt, und die Eier konnte man in Gorleben zwischenlagern.

Der niedersächsische Ministerpräsident David McAllister regte eine Reihe von bemerkenswerten Maßnahmen zur Bekämpfung von Dioxinkriminalität an. Er forderte, die schwarzen Schafe müssten aus dem Verkehr gezogen werden. Anscheinend waren schwarze Schafe die Lieferanten der gefährlichen Dioxininfektion, da mussten wirklich mal einige Schafsköpfe rollen. Lallbacke McAllister sprach sich außerdem für »Kontrollen vom Stall bis zum Teller« aus. Gute Idee – auf den Tellern der Bürgerinnen und Bürger fanden bislang wirklich zu wenige Kontrollen statt.

Dann griffen die Vereinten Nationen ein. Die UN stellten fest: »Der Planet ist nur zu retten, wenn wir weniger Fleisch essen.« Da bezog die mittlerweile zuständige Ministerin Ilse Aigner aber bayerisch Stellung: »In katholischen Gegenden wie Oberbayern, wo ich herkomme, gibt es seit eh und je den fleischlosen Freitag. Ich esse viel Obst und Gemüse, dazu Fisch, Geflügel und gerne auch Fleisch.« Erfahrungsgemäß hieß das: Am Freitag gibt's mittags Fisch, sonst jeden Tag Fleisch, und so prachtvoll sah die Ministerin auch aus. Und dann fügte sie noch an: »Aber ich will den Menschen keine Vorschriften machen.«

Diese nette Frau, gefangen zwischen Marktradikalen und industrieller Agrarlobby, konnte einen mit ihrer bescheidenen dörflichen Herkunft schon rühren. Nur ihre Beteuerungen, für alle am Markt Beteiligten gelte Qualität als höchstes Ziel, war ein wenig hausbacken naiv. Alle, die sich in irgendeiner Form mit Ernährung befassen, wissen: Oberstes Ziel der Marktteilnehmer ist die Gewinnmaximierung und sonst gar nichts. Hinter all den Skandalen steht immer die Maxime, aus Dreck Lebensmittel und aus Lebensmitteln Geld zu machen. Der Verkauf von Abfall und verwesenden Altlasten entspricht der kapitalistischen Geschäftsordnung. Das gilt für den Fleischmarkt ebenso wie für das Fernsehen, wo man den Zuschauern auch gern ranzige Produkte mit überschrittenem Verfalldatum andreht.

Also – wenn ein Rind, das auf gerodeter Regenwaldfläche gemästet wird, billiger ist als die Kuh von nebenan, wenn nur das im Massenstall gezüchtete Turboschwein noch einträglich abzusetzen ist, wenn klamme Kommunen Kontrolleure wegsparen und am Wohl des Fleischhändlers vor Ort mehr interessiert sind als an den Kontrollen, wenn nicht mehr herauszuschmecken ist, ob das Fleisch vergammelt ist, weil sein Geschmack durch Gewürze zugedeckt ist, und wenn Fleischkonsum und Köpergewicht steigen, während die Preise fallen: Dann hilft nur noch Sauce. Viel Sauce mit viel Sahne.

Natürlich gibt es immer auch Menschen, die denken: Wir dürfen in Genossin Rindvieh oder Kamerad Schwein nicht nur die Mahlzeit, wir müssen in ihnen auch den Mitmenschen sehen. Diese Menschen essen vor allem Grünzeug, gelegentlich auch mit Sprossen. Dagegen ist nichts einzuwenden, solange sie sich vor den darauf lauernden Ehec-Erregern schützen, also nur Lebensmittel essen, die man gut erhitzen kann, Dosenravioli beispielsweise, und beim Gemüse darauf achten, dass es nicht vegetarisch ist. Das Wissenschaftsmagazin *Apotheken Umschau* berichtete, Kinder, die einen höheren Intelligenzquotienten haben, würden später öfter Vegetarier als Kinder, die so blöde sind, dass sie bei Milchschnitte die Verpackung mitessen. Das hieß: Vegetarier sind eindeutig klüger! Deshalb war ja auch Adolf Hitler bis ins hohe Lebensalter einer der klügsten Köpfe seiner Zeit.

Irgendeine Art von Verbraucherschutz, nicht nur vor der Lebensmittelindustrie, sondern auch vor der Energieindustrie, der Pharmaindustrie und vor allem der Finanzindustrie, also vor all diesen Einrichtungen, die rund um die Uhr Beweise dafür liefern, dass sie schon lange völlig durchgeknallt sind, konnte das Ministerium noch nie bewirken. Am Schutz der Verbraucher ist das zuständige Ministerium nicht interessiert. Das könnte ja die Interessen der Banken und des Finanzministeriums beschädigen.

Außerdem: Bundeslandwirtschaftsministerin Aigner war für die Kontrolle der Lebensmittel und des Futters gar nicht zuständig: Die war Sache der Länder. Frau Aigner konnte in ihrer Amtszeit also gar nicht viel machen gegen die organisierte Verantwortungslosigkeit. Sie tat nur so, als ob sie das könnte – genauso wie alle ihre Vorgängerinnen und Vorgänger. Es wäre zweifellos das Beste, die Politik würde ihre Machtlosigkeit eingestehen, das Ministerium würde aufgelöst und Lallbacke Aigner würde sich vom Acker machen.

Im übrigen kümmern sich achtzig Regierungschefs, 250 Minister und Vertreter von 650 Nichtregierungsorganisationen oft mehrere Tage hintereinander um all diese Probleme – sie treffen sich beispielsweise in Rom zu einem Welthunger- oder auch Ernährungsgipfel. Die Gipfel werden eröffnet mit einem opulenten Festessen, und das Catering an den Folgetagen ist auch nicht schlecht. Am Schluss verabschieden alle zusammen eine Abschlusserklärung, in der sie ihr Bedauern darüber äußern, dass sie seit ihrer letzten Zusammenkunft vor fünfeinhalb Jahren nichts geleistet haben und dass sie beim Kampf gegen den Welthunger positiv in die Zukunft sehen. Dann tagen sie noch ein bisschen weiter, damit sich alle Teilnehmer noch einen Nachschlag vom Nachtisch holen können, und zum Schluss verabreden sie, in der nächsten Hauptstadt gemeinsam mal wieder richtig schön essen zu gehen.

Schlusssatz von Ludwig Börne: »Auf jeder Tafel findet der Mensch alles, was er braucht, um einst von den Würmern schmackhaft gefunden zu werden.«

9 Verteidigungsministerium: Gewalt darf niemals ein Mittel der Politik des Gegners sein

Im Jahre 2008 machte das Bundesverfassungsgericht klar, dass die deutsche Bundeswehr ein »Parlamentsheer« sei. Bei künftigen Einsätzen war es also geboten, dass der komplette Bundestag mitflog, um vor Ort über eine erfolgversprechende Strategie abzustimmen und gegebenenfalls sofort persönlich die Schlacht zu gewinnen. Zahlreiche Abgeordnete erfuhren erst bei dieser Gelegenheit, dass sie in Afghanistan schießen ließen und dass deutsche Soldaten sogar gezwungen waren, hin und wieder auch Frauen und Kinder umzubringen, weil, wie es Exverteidigungsminister Peter Struck ganz klar formulierte, am Hindukusch deutsche Interessen verteidigt wurden. Welche das waren, hat er nicht gesagt. Aber es hätte nicht viel gefehlt, und Struck hätte alles ausgeplaudert und eindringlich auf die gemeinsame deutsch-pakistanische Grenze hingewiesen.

Im Verlauf der vergangenen Jahre waren die Ansprüche an Feldherren und ihre Kriege immer tiefer gesunken: Beweise brauchte man nicht, um einen Krieg anzufangen, Hinweise genügten vollkommen, und dann bombardierte man ein Volk, dem man nie den Krieg erklärt hatte, beschoss ein Land, das nach bisherigen Kenntnissen keinen einzigen Bürger hervorgebracht hatte, der an dem Attentat vom 11. September 2001 in New York beteiligt war, folterte und tötete jene, die angeblich »den internationalen Terrorismus beherbergt haben«, aber vermutlich kaum mehr zu ihm beitrugen als Hamburg-Harburg oder Bochum. Das, was in Afghanistan geschah, war auf keinen Fall ein Krieg, schon gar kein Völkermord, allenfalls eine Verbrecherjagd mit Streubomben, denn in einem unzivilisierten Land wie Afghanistan gab es ja gar keine richtige Zivilbevölkerung.

Verteidigungsminister Rudolf Scharping sah das schon sehr früh genauso. Er dozierte mit dem Temperament einer Wanderdüne: »In der Region, von der wir im Zusammenhang mit dem Terror reden, rund um das kaspische Meer und den Golf, befinden sich siebzig Prozent der Erdöl- und vierzig Prozent der Erdgasvorkommen der Erde. Weltweite Stabilität hat auch mit Weltwirtschaft und ihren Bedingungen zu tun.«

Und die *Frankfurter Rundschau* kommentierte das so: »Der Moment geopolitischer Dynamik ist eine großartige Chance – sie zu gestalten sollte nicht allein den USA überlassen bleiben. Schröder geht es um das existenzielle nationale Interesse.«

Aha – Kanzler Schröder wollte, dass die Deutschen in diesen wirtschaftlich wichtigen Gebieten präsent waren. Und das waren sie: Sie haben als erstes Wolldecken geschickt. Im Bundestag wurde über schweres Gerät und Bodentruppen abgestimmt. Der normale Bürger wusste ja nicht, dass so was mittlerweile Wolldecken hieß.

Nach etwa zehn Jahren Krieg haben dann sogar einige Militärs begriffen: Mit einer Kettensäge ließ sich keine Augenoperation durchführen, und der Einsatz von Raketen, Streubomben und Drohnen war zur Bekämpfung des internationalen Terrorismus so gut geeignet wie der Einsatz von U-Booten gegen Kinderschänder. Die Frage: »Wie ist eigentlich das Zahlenverhältnis von gefassten oder getöteten Terroristen zu ermordeten Zivilisten?«, blieb unbeantwortet. Demokratische Politiker, deren Gehirne sich immer mehr dem Durchmesser von 9-Millimeter-Geschossen anglichen, hörten bei der Frage einfach weg.

Der 18. Juli 2002 war ein Tag voller Wehmut. Da ist Rudolf Scharping – Protagonist der Spaßgesellschaft, ein Kamikazekomiker sondergleichen, der so oft den Eindruck erweckte, er sei zu doof für Aus'm-Bus-Gucken, ein skurriles subversives Element, ein Undercover-Anarchist, stets bemüht, die öffentliche Moral und die Wehrbereitschaft zu unterminieren, ein verkrampfter Pfauenrüde, der durch die Gegend stolzierte und dafür Mäntel brauchte, die 3 700 D-Mark das Stück kosteten, vergleichbar nur einer Dobermanntunte nach dem ersten Schlaganfall, wenn er mit irrlichternden Froschaugen und fast versagender Stimme einen selbst erfundenen Hufeisenplan als Beweis für die Völkermordabsichten der Serben präsentierte, wie man das so machte als Prototyp des perfekten Berufspolitikers, dessen politische Identität so hohl war wie seine persönliche, als einer, der zum Scheitern geboren war, sowohl als Kanzlerkandidat wie auch als Parteichef, als Fraktionschef und als Verteidigungsminister ein Vakuum, das immer nur sich selbst verteidigte, was auch gut war, denn man wusste zwar, dass sich bei ihm IQ und Schuhgröße die Waage hielten, aber niemand konnte sagen, was schlimmer war: von den Taliban angegriffen oder von Rudi verteidigt zu werden, diesem adlige Fräuleins erotisierenden Planschkobold, der wie keiner die Emanzipation des Redens vom Denken betrieb – am 18. Juli 2002 ist Rudolf Scharping zurück ins private Glied getreten.

Lallbacke Scharping erfand das Unwort von der »humanitären Katastrophe«, er predigte mit Nato-Tremolo in der Stimme sogenannte friedenschaffende Maßnahmen. Bombenwerfen war für ihn kein Krieg, denn er hatte vom amerikanischen Präsidenten gelernt: Schwanzlutschen war ja auch kein Sex. Scharping war ein traditionell geprägter Kriegsminister: hart und unerbittlich. Ein ganzer Mann, der einen homosexuellen Ausbilder bei der Luftwaffe in die Schreibstube zwangsversetzte, weil »offene Homosexualität eines Vorgesetzten dessen Autorität erschüttern kann«. Durch die Intrigen des *Stern*, der eine Sockenrechnung des Verteidigungsministers publizierte, war Rudolf Scharping aus dem Amt geekelt worden: Er hatte sich von einem Freund mit schicken Socken ausstaffieren lassen. Wegen seines ausgeprägten Schönheitssinnes also wurde der Mann in die Arbeitslosigkeit gestürzt, dabei war das Volk froh, wenn er sich friedlich bei einem Herrenausstatter aufhielt und nicht mit großem Feldgeschrei durch die Weltgeschichte tobte.

Rudolf Scharping wird der Nation in Erinnerung bleiben als der Mann, der zahlreiche Feldzüge gegen sich selbst führte, sei es, dass er vom Fahrrad fiel, sei es, dass er sich von einer Schranke im Pentagon auf die Glocke hauen ließ, sei es, dass er im Schwimmbad um seine Würde und gegen seine rutschende Badehose kämpfte. Mach's gut, Rudi, du hast alles versucht, um als lächerliche Figur in die Geschichte einzugehen, und du hast es geschafft.

Nachfolger von Lallbacke Scharping zu sein, das war nicht leicht, doch Peter Struck schaffte das. Der hatte schon als SPD-Fraktionsvorsitzender seine Genossinnen und Genossen aufgefordert, energisch gegen die Genossinnen und Genossen der Linksfraktion vorzugehen: »Setzt euch vor Ort mit diesen Rattenfängern auseinander«, sagte er. Dass er die Linken, darunter zahlreiche Ex-SPDler, Ratten nannte, das war Strucks Art von Volkstümlichkeit. Leider fand sich niemand bereit, ihm die Geschichte noch mal genau vorzulesen, es widerstrebte ihm wohl auch, sich die historischen Ereignisse in Hameln von einem Fachmann genau erklären zu lassen, So weiß Lallbacke Struck also bis heute nicht: Es war der Rattenfänger, der die Plage beendete. Aber immerhin beeindruckte dieser Verteidigungsminister das Volk durch die Art, wie er seine Pfeife hielt, wenn er rauchte: lässig und ganz ohne fremde Hilfe. Und so saß er auch, wenn er nicht gerade ministerte, auf seinem Motorrad.

In der Ära Struck waren die Aufgaben der deutschen Bundeswehr klar umrissen: Zuerst lernte der Rekrut zu schießen, zu trinken, Sitze in der Eisenbahn aufzuschlitzen und dann bei Überschwemmungen Sandsäcke aufzustapeln. Danach ging es zum Friedensichern nach Zentralasien. Zwar gab es Bestrebungen, das Militär zu zivilisieren – etwa Panzer mit Kindersitzen und Gäste-WC auszurüsten, ferner alte Kommissköppe zu teamorientierten, kostenbewussten Eventmanagern umzuschulen und »Stillgestanden!« durch »entschuldigen Sie bitte, darf ich mal kurz um Ihre Aufmerksamkeit bitten« zu ersetzen. Aber das funktionierte nur in der Theorie. Auch die Forderung, der Soldat möge doch bitte eine Eigenbeteiligung an seiner Munition bezahlen, fand keine Mehrheit.

Von Minister Struck wird außer seiner legendären Hindukusch-Äußerung nur wenig im verteidigungspolitischen Gedächtnis haften bleiben. Das aber sollte man rühmend erwähnen: Als der hessische Bembelfaschist Martin Hohmann die Juden als »Tätervolk« bezeichnete – das hieß, er hatte Opfer und Täter, Ursache und Wirkung, so lange miteinander vertauscht, bis das Kreuz Haken hatte –, brachte von allen deutschen Würdenträgern nur der General Günzel genügend persönliche Tapferkeit auf, den Äußerungen Hohmanns in aller Öffentlichkeit zu applaudieren. Klar, Herr Günzel war Chef einer Eliteeinheit, die darauf spezialisiert war, gefährliche Aufträge auszuführen. Aber dass der glatzköpfige Zivilist Peter Struck den Elitegeneral Günzel von der härtesten Kampftruppe der Bundeswehr einfach so herumkommandierte und dann auch noch rauswarf: Chapeau!

Und anrührend war Lallbacke Strucks Deutung der jüngsten deutschen Geschichte, sein Nachruf auf die DDR: »Mit Kerzen wurde ein kommunistisches Regime hinweggefegt, ohne dass ein Schuss fiel.« Erstaunlich. Wurde denn in der DDR mit Kerzen gefegt? Hatten die keine Besen? Und wenn die Brüder und Schwestern mit Kerzen fegten, fielen da denn normalerweise Schüsse? Warum? Weil die Kerzen brannten? Ja, hätten sie denn lieber die Besen anstecken sollen? Also, wenn die Besen gebrannt hätten, wäre bestimmt geschossen worden. Aber vermutlich nur auf die Kerzen.

Unter Lallbacke Strucks Nachfolger Franz Josef Jung wurden deutsche Soldaten ein echter Exportschlager: In Kabul nahmen sie Volkstanzkurse bei den Eingeborenen, erklärten denen auch den Sinn von Feinstaubplaketten und die Notwendigkeit, an jeder Straßenecke Tüten für Hundekot aufzuhängen, kontrollierten den schwarzen Afghanen und spielten mit gefundenen Knochen Völkerball, im Kosovo setzten sie die deutsche Straßenverkehrsordnung durch, dann hielten sie Wacht am Horn von Afrika und passten auf, dass ihnen Piraten ihre schönen Fregatten nicht unterm Arsch wegkaperten, deutsche Soldaten betrieben die Aktion Sorgenkind auf dem Balkan, das Müttergenesungswerk in Somalia, Essen auf Rädern in Kambodscha. Sie standen bereit, in Tschetschenien SOS-Kinderdörfer durchzusetzen, in Malaysia mit Landminen den Bauern die Äcker umzupflügen, auf Sri Lanka mit ihren Sturmgewehren bei der Kokosnussernte zu helfen, beim nächsten Hochwasser in Bangladesh als Froschmänner die heiligen Affen zu retten. Sie wären auch bereit gewesen, mitten auf dem Marktplatz von Bagdad in ihren U-Booten aufzutauchen, und acht Schiffe der deutschen Marine, tausend Mann Besatzung oder mehr, reisten tatsächlich zur Küste des Libanon. Ihr oberster Chef, Verteidigungsminister Franz Josef Jung, betonte, dies sei ein Einsatz von historischer Dimension, durch welchen die Position Deutschlands und die globale Friedensdingsbumswasauchimmer – kurz: Es ging darum, Frieden zu schaffen mit Waffen, und zwar in Nahost, zwischen Israelis und Hisbollah, und diese Aktion war eben laut Jung geprägt von historisch begründeter Verantwortung. Also Nebbich. Oder Tinnef.

Die deutschen Soldaten sollten von ihren Schiffen aus verhindern, dass die Hisbollah per Seefracht neue Waffen erhielt, mit denen sie Israel beschießen konnte. Welchen Stellenwert der Seeweg beim Nachschub für die Hisbollah hatte, war und blieb im dunkeln. Jeder

Geheimdienst-Azubi wusste: Der Nachschub an Raketen, vornehmlich iranischer Herkunft, kam auf dem Landweg. Sollte die deutsche Marine auf den Trampelfaden in den Bergen Syriens patrouillieren? Warum nicht? Deutschland konnte es sich leisten, Steuern in Form von Kriegsschiffen kreuzen zu lassen, wo immer es wollte.

Selbstverständlich wurde dieser, wie jeder andere Einsatz auch, von einem überzeugenden politischen Konzept begleitet. Bei den meisten internationalen Militäreinsätzen der letzten Jahre lautete das Konzept, es werde sich schon alles finden, wenn die Bundeswehr erst einmal vor Ort sei. Und das Wichtigste war ohnehin, dass stets der Kampf für das Gute die Soldaten antrieb. Bedenken musste man aber auch: Soldaten verursachten hohe Kosten, die sich vor den Steuerzahlern nur rechtfertigen ließen, wenn der Bevölkerung plausibel gemacht werden konnte, dass sie tatsächlich gebraucht wurden. Dafür musste man Krisenherde schaffen. Man musste Waffen liefern und damit Bürgerkriege initiieren oder weiter anheizen. Man musste ganze Länder teilen, ethnische und religiöse Gruppen gegeneinander hetzen und alle bewaffnen, denn nichts war lukrativer als Rüstung und Krieg. Mit anderen Worten: Man musste den guten alten Imperialismus unter Dampf setzen und auf Schwung bringen. Erdbeben und Überschwemmungen waren weder so effektiv noch billiger.

Zwecks seelischer Aufrüstung lud Joachim Kardinal Meisner regelmäßig Anfang des Jahres Soldaten zu einem Soldatengottesdienst in den Kölner Dom. Mit der ganzen Wucht seines klerikalen Aggressionspotentials bestärkte der Kardinal die Soldaten, das zu tun, wofür sie ausgebildet wurden. Er predigte ihnen, es sei legitim, dass »ungerechte Gewalt durch Gegengewalt eingedämmt wird«, und es sei legitim, neu aufflammende Gewalt »im Keim zu ersticken«. Die Soldaten zu Füßen der bigotten Lallbacke verstanden: Sie waren die legitime Gewalt, die die ungerechte Gewalt des Taliban am Hindukusch nicht nur im Keim ersticken musste, sondern auch durfte.

Als der Truppe zwei Tanklastwagen mit Benzin geklaut wurden, die dann aber im Gelände steckenblieben, und sich zahlreiche Afghanen an den Wagen zu schaffen machten, entschied der deutsche Oberst Klein: Da waltet die ungerechte Gewalt des Taliban, also

Bomben drauf. 142 Männer, Frauen und Kinder wurden so im Keim erstickt. Nach dieser Keimerstickung war, wie es im Militärjargon heißt, kaum noch Humanmaterial aufzufinden. 142 Tote. Es wurde spekuliert, welche juristischen Folgen das Massaker wohl haben würde. Der Exgeneralinspekteur Harald Kujat warnte: »Jeder wird sich überlegen, ob er unter diesen Bedingungen noch Führungsverantwortung übernimmt.«

Das hieß: Man sollte Bundeswehroffiziere auch bei Massentötungen von der Strafverfolgung ausnehmen. Offenbar war man in diesen Kreisen immer noch der Meinung, das Militär stünde über nationalem und internationalem Recht. Die deutschen Soldaten am Hindukusch standen jedenfalls – so berichtete der *Spiegel* unwidersprochen – wie ein Mann hinter ihrem Oberst. Der Sprecher des Bundeswehrverbands, Lallbacke Wilfried Stolze, erklärte: »Wir sagen, dass der Skandal nicht darin liegt, was in Kundus am 4. September passiert ist. Dort haben Soldaten ihre Pflicht getan. Und zu diesen Soldaten stehen wir.«

Ihre Pflicht? Es war lächerlich, wie sich der uniformierte Macho aufplusterte und seine großdeutsche Wehrmachtsattitüde auf den Markt trug. »Ich habe nur meine Pflicht getan!« ist der verlogenste Satz der gesamten Kriegsgeschichte der Menschheit: Pflicht eines Mannes ist es, Herr Offizier, den Vorgarten umzugraben, gute Nachbarschaft zu pflegen und liebevoll für Frau und Kinder zu sorgen – das ist seine Pflicht.

Im Kanzleramt war man total überrascht: Deutschland führte einen Krieg? In Afghanistan? Wo war das denn? Wenn das Frau Merkel wüsste! Was wusste sie überhaupt? Die Bundeskanzlerin thronte völlig ahnungslos über allem. Trotzdem hat sie für die Opfer des Massakers von Kundus im Namen Deutschlands die Verantwortung übernommen. Bestraft wurde sie nicht. 142 Ermordete, und niemand wurde bislang bestraft, niemand musste büßen.

Als im Mai 2011 rund 2000 aufgebrachte Demonstranten vor einem Bundeswehrlager in Taloqan gegen die Besatzer demonstrierten, wobei auch Steine flogen, konnte sich die Bundeswehr so was natürlich nicht fallen lassen. Sie holte sich die einheimische Polizei zu Hilfe und hat sich nach Kräften gewehrt. Am Ende hieß es, die Bundeswehr müsse prüfen, ob sie geschossen habe. Das dauerte natürlich. Dann wurde verlautbart, man habe lediglich »Warnschüsse« abgegeben. In einer weiteren Meldung wurde dann zugegeben, man habe den Demonstranten »gezielt in die Beine« geschossen. Dann kam die Bestätigung, es habe auch Schüsse »in den Rumpfbereich« gegeben, und schließlich wollte man »nicht mehr ausschließen«, dass es auch »Treffer im Kopf- und Halsbereich« gegeben habe. Woher die zwölf toten Demonstranten und über achtzig Verletzten kamen, war ein Rätsel.

Sollten Afghanen eines Tages auf die Idee kommen, sich in München, Hamburg, Berlin oder sonst wo im Ursprungsland ihrer Trauer und ihrer Wut zu rächen, wird man sie nur sehr höflich bitten können: Verehrte Taliban, wenn Sie unbedingt Autobomben oder Selbstmörder in Deutschland zur Explosion bringen wollen, machen Sie das bitte nicht in unserer Fußgängerzone. Bemühen Sie sich doch bitte auf den nächsten deutschen Kasernenhof.

Innenminister Thomas de Maizière, die Schlaftablette der Bundesrepublik Deutschland, erklärte auf einer Pressekonferenz mit grabsteinähnlicher Mine: »Es gibt Grund zur Sorge, aber keinen Grund zur Hysterie.« Dieser Satz sorgte für Furcht und hysterischen Schrecken in den Medien – ganz, wie George Orwell es einst prophezeite und wie jeder Terrorist es sich wünschte: Der *Spiegel* sagte prompt den Sturmangriff eines Islamistentrupps auf den Reichstag inklusive Geiselnahme und finalem Blutbad voraus. Daraus konnte man schließen: Wenn die deutschen Soldaten am Hindukusch blieben und nicht endlich den Befehl zu kämpfen und zu töten verweigerten, waren sie eine Gefahr für Deutschland, denn sie lockten, wie der Innenminister richtig erkannt hatte, aber so nicht auszusprechen wagte, den Terror in ihre Heimat. Diese Soldaten waren demnach Feinde ihres eigenen Landes.

Nur Lallbacke Jung wiegelte bis zum Schluss ab: »Das ist kein Krieg, das ist eine asymmetrische Bedrohungslage. Deshalb sollten wir eine solche Wortwahl auch nicht gebrauchen.« Asymmetrische Bedrohungslage? Das war wahrscheinlich eine Anspielung auf seine Ehe.

Zu allem Überfluss hat dieser Minister mit der asymmetrischen Bedrohungslage im Hirn in Berlin auch noch den Grundstein für ein Ehrenmal gelegt, vermutlich in der Annahme, dass ein Soldat sich viel lieber eine Kugel verpassen ließ, wenn er sicher sein konnte, dass sein Name, vielleicht sogar vergoldet, nach seinem Heldentod auf einer Gedenktafel eingraviert war, und darüber stand: Gefallen im Auftrag der UNO bei einer asymmetrischen Bedrohungslage. Anregungen, als Präventivmaßnahme Kopien des Ehrenmals vor alle Kreiswehrersatzämter zu postieren und daneben ein Mahnmal für die von der Bundeswehr Getöteten mit genügend Platz für die Namen der noch zu erwartenden Opfer, lehnte der Minister ab.

Lallbacke Jung, der peinlichste und stümperhafteste Provinzpolitiker aller Zeiten, wurde zurückgetreten – aber nicht, weil er das Massaker von Kundus völlig in Ordnung fand, sondern weil er das wenige, was er wusste, nicht ordnungsgemäß weitererzählt hatte.

Seltsamerweise waren die Toten von Kundus kein Grund für die deutsche Bevölkerung, sich übermäßig aufzuregen. Die Bombardierung war kein Skandal in der Öffentlichkeit. Man diskutierte lieber darüber, wer wen falsch oder gar nicht informiert hatte. Guttenberg, rasch vom Wirtschafts- zum Verteidigungsminister umgeschult und damit hauptberuflich Beauftragter für kriegsähnliche Zustände, wie es im öffentlichen Sprachgebrauch hieß, äußerte subjektiv volles Verständnis für Oberst Klein, der objektiv unangemessen gehandelt habe, aber subjektiv von der objektiven Richtigkeit seines subjektiv richtigen Handelns überzeugt gewesen sei.

Guttenberg, der meist überschätzte Adelige seit Kaiser Wilhelm II. und der überflüssigste noch dazu, hatte zunächst nur ein Bestreben: sich unbeschädigt im Nebel der allgemeinen Informationsdefizite zu verkrümeln. Aber er leistete ein enormes Pensum. Er feuerte Generäle und Staatssekretäre, musterte Segelschiffkapitäne ab, öffnete Feldpostbriefe, inspizierte Generalinspekteure und machte sich an die Abschaffung der Wehrpflicht. Er hetzte hin und her zwischen Ahnungslosigkeit und Fehlinformation, zwischen Vertuschung und Aufklärung, zwischen *Bildzeitung* und Parlament, bis niemand mehr Auftuschung und Verklärung unterscheiden konnte.

Dennoch fand Guttenberg Zeit, mit Gattin Stephanie, dem GALA-Klischee der Bundesrepublik Deutschland, und dem Fernsehmoderator Johannes B. Kerner einen Ausflug nach Afghanistan zu machen. Die Taliban zeigten sich von dem Besuch der Ministergattin schwer begeistert. Für die Gotteskrieger war Stephanies Kinder-Porno-Sendung »Tatort Internet« auf RTL 2 das beliebteste Fernsehprogramm. Johannes B. Kerner fanden sie nicht so toll. Ein Taliban-Obermufti meinte, wenn die Guttenbergs das nächste Mal wiederkämen, sollten sie Florian Silbereisen mitbringen, dann gäb's einen zünftigen Beschneidungsstadl. Das hat die Stephanie zugesagt, und Guttenberg zog das Fazit, der Besuch solle zeigen, »dass der Einsatz der Soldaten nicht nur politisch getragen wird, sondern darüber hinaus«. Niemand konnte sich erklären, was er damit wohl gemeint hatte: Er trug die politische Verantwortung, und seine Frau schleppte den Rest? Weil es ihr an politischem Verstand mangelte? Wenn das ein Grund dafür wäre, jemanden nach Afghanistan mitzunehmen, dann müssten aber viele Soldaten ihre Ehefrauen mitnehmen.

Als ministerähnlicher Besucher mit der Zuständigkeit für kriegsähnliche Zustände durfte Guttenberg selbstverständlich kompetenzähnliche Formulierungen benutzen, ohne entlassungsähnliche Konsequenzen befürchten zu müssen. Immerhin gab er zu, umgangssprachlich könne man das, was in Afghanistan geschah, auch mal Krieg nennen.

Guttenberg war ein Politiker, bei dem alles, was er sagte, folgenlos gestrichen werden konnte.

Eine seiner beiden kleinen Töchter, so erzählte Guttenberg bei der Trauerfeier für drei getötete Bundeswehrsoldaten, habe ihn gefragt, »ob die drei jungen Männer tapfere Helden unseres Landes gewesen seien und ob sie stolz auf sie sein dürfte«. Diese Frage habe er »nicht politisch, sondern einfach mit ja beantwortet«. Unbeantwortet, weil nicht gestellt, blieb die Frage: Waren die sechs afghanischen Soldaten, die am selben Tag von Bundeswehrsoldaten versehentlich erschossen wurden, auch tapfere Helden? Und die deutschen Schützen – waren sie Helden, oder wurden sie erst dadurch zu Helden, dass sie eines Tages auch totgeschossen werden?

Drei dänische und zwei deutsche Soldaten starben in Afghanistan, als sie versuchten, eine Rakete zu entschärfen. Für die toten Dänen hat sich die deutsche Presse nicht interessiert, aber die toten Deutschen wurden zu Helden befördert. »Unsere Helden! Heimkehr in Särgen« titelte die *B.Z.*

Der Kommandeur der toten Helden sagte bei der Trauerfeier: »Sie sind hier gewesen, um dem Frieden zu dienen und das Zusammenleben der Völker zu fördern. Dafür haben sie das Wertvollste gegeben, was sie besitzen – ihr Leben.«

»Sie sind hier gewesen« – das war korrekt. Ansonsten – stupides Gelaber: Die Soldaten hatten ihr Leben nicht gegeben, sie hatten es verkauft, und es wurde ihnen durch einen Arbeitsunfall genommen. Heldentum war nicht dabei. Im Fernsehen konnte man die Aufbahrung der toten deutschen Soldaten auf dem Kölner Flughafen sehen. Dazu erklang »Ich hatt' einen Kameraden«, und per Laufschrift wurden am unteren Bildrand die aktuellen Aktienkurse eingeblendet. Das kam dann einer wahrheitsgemäßen Berichterstattung schon ziemlich nahe.

»Ruhe in Frieden, Soldat, und sei in Gottes Segen geborgen«, hat Lallbacke Guttenberg in der St. Lamberti-Kirche von Selsingen gesagt, als man einen Oberfeldwebel zu Grabe trug, und Guttenberg sagte das mit einem Betroffenheitstremolo in der Stimme, als sei er überrascht zu erfahren, dass Krieg gefährlich war und auch zum Tod von Soldaten führen konnte.

»Ruhe in Frieden, Soldat!« Sterben müssen, um Frieden zu finden – erstaunlich, wie diese Militärpersonen immer wieder ihre Absurdität vorführen dürfen.

Kanzlerin Merkel nahm die Nachrichten vom Tod deutscher Soldaten regelmäßig »schockiert und traurig« entgegen. »Dieser terroristische Anschlag zeigt eine mörderische Menschenverachtung.« Eine Überlegung, wie mörderisch oder menschenverachtend wohl die von Militärs im Auftrag von christlich-demokratischen Staaten durchgeführten Befriedungsaktionen waren, quälte die Bundeskanzlerin nicht. Ihr fiel auch nicht auf, was für eine Sprache von ihr selbst und von allen Lallbacken in Politik und Medien benutzt wurde.

Als »feige« und »hinterhältig« bezeichnete die Naziwehrmacht einst alles, was die Partisanen in der Sowjetunion, in Jugoslawien oder Griechenland unternahmen, um die Aggressoren aus dem Land zu vertreiben. Und selbstverständlich waren das in der Sprache der Nazis nicht Freiheitskämpfer, sondern Terroristen – wie heute alle, die der Nato Widerstand leisteten. In deutschen Politikerreden und in den Medienberichten war ein Anschlag der Taliban grundsätzlich ein »feiger Anschlag« von Aufständischen oder ein »hinterhältiger Anschlag« oder ein »hinterhältiger und feiger Anschlag«. Wenn ein

Selbstmordattentäter sich selbst in die Luft sprengte, machte er das gewiss nicht aus Feigheit. Und niemals würde ein Nato-Offizier von einem feigen und hinterhältigen Anschlag sprechen, wenn ein Drohnenangriff eine gerade den Geburtstagskaffee trinkende Familie auslöschte, eine Hochzeitsgesellschaft mit Raketen beschossen, wenn Bomben auf ein Krankenhaus oder einen Kindergarten geworfen wurden oder Uranmunition Gärten und Äcker verseuchte.

Immerhin bescheinigte die UNO der Nato, Bundeskanzlerin Merkel, Friedensnobelpreisträger Barack Obama und den anderen Repräsentanten der westlichen Wertegemeinschaft, ihre Landesverteidigung habe in Afghanistan eine beachtliche Steigerungsrate der zivilen Opfer aufzuweisen, und auch in Libyen sei zum Schutz der Zivilbevölkerung eine beachtliche Zahl von Zivilisten, auch viele Frauen und Kinder, erfolgreich bombardiert worden.

Lallbacke Westerwelle meinte bei einem Truppenbesuch: »Hier halten Männer und Frauen ihren Kopf hin, das wird in Deutschland zu oft vergessen.« Kann schon sein. Aber Leute, die das vergessen, die wissen auch nicht, dass der Kopf nicht zum Hinhalten da ist, sondern vor allem zum Denken. Und Lallbacke Frank-Walter Steinmeier betonte: »Die Bundeswehr wird nicht kopflos aus Afghanistan rausgehen.« Also, Humor hat er ja ...

Als dann herauskam, dass Lallbacke Guttenberg seinen Doktortitel zu Unrecht führte, weil er seine Dissertation allzu sorglos aus anderer Leute Schriften abgeschrieben hatte oder abschreiben ließ, bekam er seinen Zapfenstreich. Einmal mehr wurde bestätigt: Normale Wählerinnen und Wähler konnten die Kompetenz eines Politikers gar nicht beurteilen. Sie hatten nur ihre ästhetischen Kriterien zur Verfügung, und die brauchten sie, um vom Äußeren eines Politikers auf seinen Charakter zu schließen, denn dessen Aussagen ließen ja keine tieferen Schlüsse zu. So eine adlige Knalltüte wie Guttenberg, deren moralisches Bewusstsein nur knapp das Niveau eines Bauernfrühstücks erreichte, konnte reden oder schreiben, was er wollte, Hauptsache Maßanzug und gegelte Frisur, Outfit und Design genügten Promi-Ansprüchen. Ob Guttenberg faul oder einfach nur geistig limitiert war? Nun, das schloss sich ja nicht aus. Allerdings: Ein Konservativer ohne Ehre und Anstand – das war noch deprimierender als ein Linker ohne Betroffenheit.

»Gottes Segen für die Bundeswehr« lautete Guttenbergs Abschiedssatz im Verteidigungsministerium. Solange Lallbacke Guttenberg pausierte, sollte ihn also der Allmächtige vertreten.

Die Reform der Bundeswehr und das Ende der Wehrpflicht hinterließ Guttenberg in der Schreibtischschublade. Thomas de Maizière kam vom Innenministerium rüber und regelte fortan die Verteidigung, kein Problem, war ja fast dasselbe. Jahrzehntelang hatten die Parteien die Wehrpflicht als Stützpfeiler der Demokratie angepriesen. Sie gehörte zur Republik wie die D-Mark. Jetzt wurde sie also abgeschafft – und niemand störte es. Die Abschaffung der Wehrpflicht zeigte, wie die Konsensdemokratie funktionierte: den Sozialstaat abbauen, das schaffte nur die SPD. Die Wehrpflicht abschaffen, das mussten schneidige Konservative erledigen.

Eigentlich wusste jeder, dass die Wehrpflicht nur noch Fassade war. In der Ära der Hightechwaffen war eine Armee aus Wehrpflichtigen nur bedingt einsatztauglich. Eine Berufsarmee hingegen bestand ausschließlich aus Soldaten, die freiwillig zum Militär gingen, Lallbacken wie der Rekrut Marcel beispielsweise, der im *Berliner Tagesspiegel* bekannte: »Ich verlängere freiwillig. Mein Traumberuf ist Scharfschütze.« Klar, da blieben demokratische Strukturen, das Prinzip der Inneren Führung und das Leitbild vom Bürger in Uniform schnell auf der Strecke. Da entstand dann auch schnell ein Korpsgeist, in dessen Namen Skandale vertuscht und Informanten als Verräter gebrandmarkt wurden, da hatte man, zack, zack, auch ganz schnell die Wiking-Jugend unter Waffen an der Hacke. Unter diesem Aspekt betrachtet wäre Krieg eine gute Gabe Gottes, brächte er nur die Berufssoldaten um.

Übellaunige Wehrpflichtige, die überall lieber wären als in der Kaserne, waren immer hervorragend geeignet, die Streitkräfte zu kontrollieren und Missstände aufzudecken. Und dann stand auch noch die Frage im Raum: Wer sollte denn, wenn die Wehrpflicht wegfiel, die Arbeit verrichten, die in den letzten Jahren zwangsverpflichtete Zivis erledigt hatten? Welche Anreize konnte und musste ein solcher Dienst haben, damit Jugendliche ihn freiwillig machten? Familienministerin Kristina Schröder forderte einen Zivildienst für Rentner.

Sie hatte, Kompliment, das Problem erkannt, das sie lösen sollte. Künftig sollte also der Opa den Uropa wecken, waschen, windeln, füttern und ins Bett bringen.

Thomas de Maizière, Chef der Obersten Heeresleitung, formulierte bei der Vorstellung der Reformpläne für die Bundeswehr einen interessanten Gedanken: Die Soldaten könnten ihre Aufgaben nur dann gut erfüllen, wenn Staatsführung und Volkskörper ihren Dienst als gesellschaftlich notwendig, als ehrenhaft und als sittlich legitimiert anerkannten: »Zu dieser Anerkennung gehört es zu akzeptieren, dass mit dem Einsatz Tod, Verwundung und psychische Verletzung einhergehen könnten«, und das auch in einem fremden Land, denn »wegen der Rolle Deutschlands in der Welt kann es auch zu Einsätzen kommen, wo wir kein unmittelbares Interesse haben«.

Von Töten und Sterben war in den diversen Werbeaktionen, mit denen jungen Leuten eingeredet werden sollte, die Bundeswehr sei eine für Freiwillige attraktive Möglichkeit, beruflich voranzukommen, nicht die Rede. Wie man das Erschossenwerden attraktiv gestalten und als zukunftsträchtige Chance präsentieren konnte, war wohl der im soldatischen Bewusstsein grassierenden Geisteskrankheit geschuldet.

Die Auslandseinsätze der neuen Wehrmacht begründete Lallbacke de Maizière mit Deutschlands Verantwortung in Nato, EU und UNO sowie mit Deutschlands »Ressourcenabhängigkeit als Hochtechnologiestandort und rohstoffarme Industrienation«. Deswegen sei der Einsatz von Streitkräften im Ausland immer auch ein Instrument der Außenpolitik. Damit gestand der Minister ein, dass er bereit war, Soldaten zu wirtschaftlichen Zwecken in Lebensgefahr zu bringen. Seine salbungsvollen Appelle an »Ehre« und »Verantwortung« erschienen dadurch in ziemlich schrägem Licht.

Der Bayerische Rundfunk berichtete über eine Unterrichtsstunde in einem bayerischen Gymnasium: Viele Schüler fragten, was deutsche Soldaten denn im Ausland zu suchen hätten, aber am Ende seines Besuchs, sagte der Offizier, hätten die meisten Schüler kapiert: Was die Bundeswehr im Ausland tut, ist richtig und wichtig, denn: »Neunzig Prozent eines Edelmetalls, nämlich Coltan, wird zur Zeit im Kongo gefördert, und unsere Chip-, Computer- und die ganze Siliziumindustrie ist wesentlich abhängig von diesem Material. Wenn ich dann frage, wer von euch hat ein Handy, melden sich alle und heben den Arm. Und dann verstehen sie auch, wie hier Sicherheitspolitik mit Wirtschaft zusammenhängen kann.«

Früher hieß es: Gefallen für Kaiser und Vaterland. Aber »für Handy und Dax« ist auch okay.

Über die Intelligenz von Soldaten konnte man immer schon nur spekulieren. Aber es lohnte nicht – sie war von Fall zu Fall relativ relativ. Die Zeitung *El País* in Madrid berichtete, in Spanien habe man die Anforderungen an die Intelligenz von Rekruten drastisch gesenkt. Jetzt reicht ein IQ von siebzig, bisher musste ein Rekrut wie Marcel wenigstens einen von neunzig beibringen. Der Durchschnittswert des IQ bei jungen Menschen beträgt hundert. Ein IQ von siebzig ist das absolute Minimum – wer weniger aufbringt, läuft Gefahr, weggesperrt zu werden.

Welcher Wert genügte, um in Deutschland Verteidigungsminister werden zu können, wurde nicht mitgeteilt.

10 Familienministerium: Eine wirklich gute Mutter hat doch keine Kinder

Sieben Frauen saßen im zweiten Kabinett von Gerhard Schröder – die Bundesregierung war also feminin wie nie, aber nicht feministisch. Man hatte nicht vergessen – der Feminismus hatte viel Unheil angerichtet im Land: Weil Frauen glaubten, sich unbedingt selbst verwirklichen zu müssen, und sogar Abtreibungen in ihre Lebensplanung einbezogen, war ein Loch im Rententopf entstanden, hatten sich die hohe Frauenarbeitslosigkeit, die Verblödung der Schulkinder, die wachsende Gewalt unter Jugendlichen und der seelisch und körperlich deformierte Mann entwickelt. Dieser Feminismus der siebziger Jahre des vergangenen Jahrhunderts war zu Anfang des neuen Jahrtausends ästhetisch und weltanschaulich bei den Girlies, den Mädchen in der Verkleinerungsform, gestrandet, es gab ein Rollback zum Schmollmund und eine Renaissance der Stehpisser.

Das deutsche Volk besann sich also wieder auf seine Traditionen: Deutsche Frauen sollten deutsche Kinder bekommen und mit ihnen nach dem Mittagessen Schularbeiten machen, sie sollten ihre alten Schwiegereltern füttern und säubern, sie sollten im Beruf flexibel bleiben, quengelnde Kinder ruhigstellen, pünktlich das Abendbrot auf den Tisch bringen und gefälligst so aussehen, dass man am Strand der Dominikanischen Republik nicht unangenehm auffiel. Und bescheiden sollten sie auch sein. Befürchtungen, die sozialdemokratisch-grüne Regierung werde die Gesellschaft reformieren, Freiheit und Gleichheit zwischen den Geschlechtern und Chancengleichheit im Arbeitsmarkt durchsetzen und der Wirtschaft Vorschriften machen, weil man sich nicht auf ihre Freiwilligkeit und ihren guten Willen verlassen konnte, mussten von der Regierung entschlossen ausgekontert werden.

Dafür traten sieben Frauen an: Edelgard Bulmahn suchte Universitäten heim, Renate Künast züchtete Bauern, Heidemarie Wieczorek-Zeul nahm afrikanische Babys auf den Arm, auch wenn die dagegen protestierten, Brigitte Zypries vertrat Herta Däubler-Gmelin, Christina Weiss eröffnete Ausstellungen, Ulla Schmidt kämpfte für die Anerkennung der Artikulationsschwierigkeiten im Raum Aachen als eigenständige Sprache, und Renate Schmidt war die andere Frau Schmidt, die aus Bayern. Die leitete das Ministerium für Gedöns, wie ihr Chef das einige Jahre zuvor genannt hatte, das Ministerium für Familie, Senioren, Frauen und Jugend. Die Männer und die Kinder wurden im Bereich Familie miterledigt. Im Namen des Ministeriums fehlte zudem ein »gegen Singles«.

Singles und Kinderlose waren der fränkischen Sozialdemokratin Schmidt zuwider. Kinderlose Singles waren das Allerschlimmste und höchstens Menschen zweiter Klasse. Gegen die bretterte sie los mit tönender Regierungsrhetorik: »Familien sind die soziale Mitte unserer Gesellschaft. Stärken wir sie, können wir die gesellschaftlichen Veränderungen besser bewältigen.«

»Der Zusammenhalt von Familien ist haushaltsübergreifend: zwischen Geschwistern, zwischen Enkeln und Großeltern, vor allem aber zwischen den erwachsenen Kindern und ihren Eltern. Die unterschiedlichen Generationen wohnen heute getrennt, aber nicht voneinander isoliert.«

Aber von Singles und Kinderlosen gewählt werden wollte sie schon: »Kinderhabende und Kinderlose dürfen nicht gegeneinander ausgespielt werden. Das findet leider bereits in einem Ausmaße statt, wie ich es nicht für möglich gehalten hätte.«

Aber bei den Steuern war dann wieder Schluss mit lustig: »Nach meiner Auffassung sollte man die Steuervergünstigungen jenen Ehepaaren lassen, die Kinder oder Pflegebedürftige versorgen. Außerdem jenen, deren Kinder schon groß sind, bei denen aber die Ehefrau und Mutter partout keine Chance mehr auf dem Arbeitsmarkt hat.«

Es erschien der Ministerin also sinnvoll, ältere Ehepaare weiter zu fördern, aber nicht die Alleinerziehenden oder Unverheirateten, die aktuell Kinder zu versorgen hatten. Das erhöhte nicht gerade das Bedürfnis nach einem zweiten oder dritten Kind, vor allem nicht vor dem Hintergrund der Bedrohung, möglicherweise von der Arbeitslosen- in die Sozialhilfe abzurutschen.

Zum Adoptionsrecht für Lesben und Schwule sagte Frau Schmidt: »Davon halte ich überhaupt nichts.« Aber eines ihrer Bücher hatte den Titel: »Neue Väter braucht das Land«.

Dieses Thema verlockte auch Thomas Goppel, Mitglied der bayerischen Staatsregierung und Cousin des Bischofs von Augsburg, Sachkenntnis vorzutäuschen. Zwar wusste man nichts über Goppels sexuelle Orientierung, vermutlich war er monosexuell und ein Anhänger der Selbstbestäubung im Herrgottswinkel, aber diese Lallbacke mit dem gesunden Volksempfinden im Herzen sagte über den Berliner Regierenden Bürgermeister, Wowereit und Partner, die allabendlich versuchten, der Biologie ein Schnippchen zu schlagen, würden von der Regierung mit Vater und Mutter auf eine Stufe gestellt. Mit so viel Magerquark im Kopf musste Frau Schmidt bei CSU-Politikern rechnen.

In dieser Zeit, da der Staat die Eigenheimzulage stutzte, als wäre das Eigenheim nicht die Basis der Familie, hat Ministerin Renate Schmidt der großen deutschen Familienillustrierten *Bunte* die ganze Vielfalt sozialdemokratischer Gestaltungskraft demonstriert. Gut gemeint, naiv, ein bisschen durchtrieben und wahrscheinlich völlig besoffen stellte die patente Renate der *Bunte*-Leserschaft nur allzu berechtigte Fragen: »Warum klären wir unsere Kinder in der Schule nur sexuell auf? Und nicht darüber, was Liebe ist, was Partnerschaft bedeutet, welche Anforderungen eine Familie an Mütter und Väter stellt, wie man Hausarbeit teilt und was Kinder brauchen? Wir müssen lernen, was Liebe ist. Da kann der Staat helfen.«

Lallbacke Schmidt hatte den Wunsch, Schule solle künftig »Familienkunde« lehren.

Das Thema beschäftigte auch die geistlichste Lallbacke des Landes, Joachim Kardinal Meisner. Der Enthaltsamkeitsspezialist, für den direkt hinter seinem Bettvorleger die Hölle beginnt und der die Welt seit Jahren mit der Bewältigung seiner Triebabfuhr belästigte, wählte sich die *Bildzeitung*, um seine Schäfchen über die sündige Homo-Ehe aufzuklären: »Ich habe immer erklärt, dass homosexuellen Menschen mit Respekt und Achtung zu begegnen ist. Der vorliegende Gesetzentwurf betreibt aber die Privilegierung homosexueller Beziehungen und damit die staatliche aktive Förderung von aus christlicher Sicht unsittlichen Verhaltensweisen.«

Achtung und Respekt vor homosexuellen Menschen zu empfinden und deren Beziehungen zueinander gleichzeitig als unsittlich zu denunzieren – wie Sie das auf die Reihe kriegen, Herr Kardinal: bewundernswert! Sie sind genau das, wofür ich Sie schon immer gehalten habe: total gaga! Die Homo-Ehe kam dann auch nur mit Einschränkungen zustande. Aber das sogenannte Lebenspartnerschaftsgesetz war Pein genug für Herrn Meisner.

Trotz der homoerotischen Verpartnerung galt auch weiterhin die Regel, dass die Brauteltern die Hochzeit auszurichten haben, egal welchen Geschlechts die Braut ist. Das Wichtigste war sowieso, wie schon immer, ob man eine gute Partie gemacht hatte. Alle waren zufrieden, nur Bundespräsident Johannes Rau maulte ein wenig und zierte sich, das Gesetz zu unterschreiben. Vermutlich war er sauer – er musste seinerzeit ja noch eine Frau heiraten.

Unionspolitiker gingen das Thema Sex locker und lustvoll an. Via *Bildzeitung* forderten sie mehr Sex für die Rente. CSU-Familienexperte Johannes Singhammer, Vater von sechs Kindern, hatte klar erkannt: »Kinder sind unsere Zukunft. Die Deutschen müssen wieder mehr im Bett daran arbeiten. Es darf nicht so weit kommen, dass deutsche Männer im Ausland als Schlappschwänze verspottet werden.« Auch der hessische CDU-Abgeordnete Hugo Klein, zwei Kinder, verlangt: »Mehr Mut zum Sex mit Folgen! Die Selbstverwirklichung, die bei vielen zum Leben ohne Kinder geführt hat, ist in die Hose gegangen.«

Wenn man sich diese Volksvertreter aus der Nähe besah, konnte man den Gedanken nicht vermeiden, es wäre ein Segen für die Menschheit gewesen, wäre die Selbstverwirklichung ihrer Väter ebenfalls in die Hose gegangen.

Für die Senioren musste Seniorenministerin Renate Schmidt nicht viel tun. Die waren versorgt und stellten keine großen Anforderungen. Eine Umfrage hatte ergeben, dass nur fünf Prozent der Deutschen zwischen achtzehn und siebzig Jahren in ein Pflegeheim wollten. Die meisten wollten lieber in eine Wellness-Anlage, ein Viersternehotel oder in ein diskret geführtes Etablissement. Bis auf eine kleine Minderheit mit bizarren Neigungen wollte niemand in seinem Bett festgeschnallt oder einmal am Tag frisch gewickelt werden. Das konnten bei Bedarf auch die privaten ambulanten Pflegedienste übernehmen. Die wenigsten Deutschen wollten noch vor dem Aufstehen den Satz hören: »Na, wie geht's uns denn heute?« Die meisten sagten, wenn schon Pflegeheim, dann nur, wenn dort genauso gut gekocht wurde wie bei Mutti, es genügend Fernseher und Computerspiele gab und das Personal in der Lage war, jederzeit die angesagten Turnschuhe zu besorgen. Nur wenige Senioren wollten lieber in Würde statt in Italien alt werden.

Als Gegenspieler von Renate Schmidt versuchte sich die speckige Opus-Dei-Visage Söder zu profilieren. Diese bayerische Lallbacke wollte erst »schlechten Eltern« das Kindergeld kürzen, dann versuchte er, die Arbeitslosigkeit auf Schwarzarbeiter zurückzuführen, die durch Visa-Missbrauch ins Land gekommen seien, natürlich ohne Anhaltspunkte dafür zu haben. Dann erklärte er, Rot-Grün habe ein gestörtes Verhältnis zur Familie und sei daher an der »katastrophal niedrigen Geburtenrate« schuld, und schließlich sprach er noch vom »Kartell der Schuldigen« für den Sexualmord an einem neunjährigen Jungen: »Bei Wiederholungstätern ist Kanzler Schröder indirekt für jedes Verbrechen an Kindern mitverantwortlich.«

Das sagte ein Typ mit der Ausstrahlung eines Reisenden in Tierpornos. Lallbacke Söder forderte ferner, deutsche Eltern, die ihren Kindern deutsche Vornamen gaben, sollten künftig mehr Kindergeld erhalten. »Wir haben genug Kevins und Chantals, wir brauchen wieder mehr Karl-Heinz und Charlotte.« Außerdem wollte Söder den Jugendschutz fördern, indem er über Jugendliche unter vierzehn Jahren ein abendliches Ausgehverbot verhängte. Da fragte sich so mancher: Wieso eigentlich nur ein Ausgehverbot nach zwanzig Uhr für Menschen unter vierzehn Jahren? Eine wirkliche Stärkung der inneren Sicherheit brächte doch nur ein Ausgehverbot rund um die Uhr, und zwar nicht nur für alle Altersklassen, sondern vor allem für CSU-Mitglieder.

Vor hundert Jahren erkämpfte die SPD das Frauenwahlrecht. In der Folgezeit wählten die Frauen mehrheitlich konservativ bis reaktionär. In der Amtszeit der Sozialdemokratin, Familienministerin, Seniorenministerin, Frauenministerin und Jugendministerin Schmidt vollzog sich die Tragödie der SPD. Diese Tragödie führte vor, wie die Partei in den siebziger und achtziger Jahren wegen der Politik Helmut Schmidts die Ökologen nicht integrieren konnte und wie sie zu Beginn des

21. Jahrhunderts wegen der Politik Gerhard Schröders die Linken verlor. Zum Abschied traten Renate und Ulla Schmidt nur noch als jodelnde Rollmöpse im Quatsch-Comedy-Club auf.

Ursula von der Leyen setzte die erfolgreiche Arbeit von Renate Schmidt erfolgreich fort. Die niedersächsische Vorzeigemutti Uschi hatte die Kinder von Angela Merkel gleich mitgekriegt, und das hielt Frau Merkel den Rücken frei, um gelegentlich Sportstadien aufsuchen und dort deutschen Nationalmannschaften in fernsehgerechten Gefühlsausbrüchen zuzujubeln. Ministerin von der Leyen schrieb den Medien energisch die Themen vor: Elterngeld, Bündnis für Erziehung und Kita-Pflicht! Die wollte sie einführen. Jeder sollte mindestens ein Jahr in den Kindergarten gehen. Da kam Hoffnung auf: Diese Regelung könnte die Wehrpflicht ablösen. Sie führte das Elterngeld ein, aber die Milliarden konnten die konstant niedrigen Geburtenraten in Deutschland auch nicht erhöhen.

Zu weit verbreitet war die Ansicht: Kinder stören. Das wusste jeder. Vor allem machten Kinder Lärm. Unnötigen, unzulässigen Lärm, der viel lauter war, als es die »TA Lärm,« die »Technische Anleitung zum Schutz gegen Lärm«, erlaubte. Und deswegen führten ruhebedürftige Deutsche aufsehenerregende Prozesse. Zum Beispiel gegen den Kindergarten »Marienkäfer« in Hamburg. Der lag mitten in einem Wohngebiet, was ja für die Eltern ganz praktisch sein mochte, aber mehr als störend war für die Nachbarn. Denn dieser Kindergarten konnte nicht garantieren, dass die lärmenden Kniebeißer den Grenzwert der TA Lärm für Wohngebiete von fünfzig Dezibel einhielten. Deshalb sollte er schließen.

Ein kleines Problem hatte das Hamburger Landgericht allerdings dabei: Der Kindergarten lag an einer vierspurigen Straße mit dem schönen Namen Rennbahn. 40 000 Autos brausten dort jeden Tag lang. Der vom Gericht bestellte Gutachter konnte »messtechnisch« deshalb leider nicht zwischen dem Krach der Kinder und dem der Brummis unterscheiden. Das machte aber nichts, dann musste eben der gesunde Menschenverstand entscheiden. Und der besagte ganz klar: Die Straße sperren und auf die Autos verzichten – das ging gar nicht. Und endlich hatten die Anwohner ihre Ruhe.

Ministerin Ursula von der Leyen hat klargestellt, dass »Kinder, die vor dreißig oder vierzig Jahren nicht geboren worden sind, heute keine Eltern sein können«. Für eine Politikerin war das ganz schön pfiffig.

Dann hat sie auf die Bedeutung ehrenamtlicher Tätigkeiten für das Gemeinwesen hingewiesen. Zum internationalen Tag des Ehrenamtes sagte Lallbacke Uschi: »Das bürgerschaftliche Engagement ist ein wichtiger Bestandteil einer Gesellschaft mit menschlichem Gesicht. Nicht nur unsere Demokratie, auch unsere Wirtschaft, unsere soziale Sicherung und unser kulturelles Leben beruhen auf der Bereitschaft zum Engagement. Mich stimmt es sehr optimistisch, dass die Nachfrage nach einem freiwilligen sozialen Jahr oder einem freiwilligen ökologischen Jahr kontinuierlich ansteigt. Über 23 Millionen Bürgerinnen und Bürger engagieren sich in Deutschland für das Gemeinwesen.« Bravo, Frau von der Leyen. Das war der Weg, den Deutschland gehen musste: ehrenamtliches Engagement ohne Bezahlung mit dem Ziel, dass alle ehrenamtlich arbeiten. Die Ministerin sollte selbst damit anfangen und die erste ehrenamtliche Ministerin werden. Von ihrem eingesparten Gehalt könnte man jeden Monat die Toiletten von mindestens zehn Schulen in einen menschenwürdigen Zustand bringen.

Würden dann auch noch die Vorstände von Banken und Konzernen in Ehrenämter einsteigen, wäre unser Land schnell saniert. Wir bräuchten dann nur noch ein paar ehrenamtliche Oberbürgermeister, die ehrenamtlich Verdienstmedaillen überreichen.

Einen weiteren mutigen Schritt in die richtige Richtung ging die Familienministerin, als sie mit der katholischen und der protestantischen Kirche ein »Bündnis für Erziehung« schloss. Deutschland war eigentlich kein Gottesstaat, aber das ließ sich ja ändern. Von nun an sollten christliche Werte das Maß aller Dinge in der Erziehung sein: Respekt, Toleranz und Hilfsbereitschaft seien die wichtigsten Lernziele. Auch wenn die Trennung zwischen Staat und Kirche in der Gesellschaft nur höchst mangelhaft verankert ist: Diese Initiative der frommen Ministerin war etwas irritierend. Respekt, Toleranz und Hilfsbereitschaft – schön und gut, niemand hatte was dagegen. Aber was hatte die Kirche damit zu tun?

Respekt, Toleranz und Hilfsbereitschaft hat die Kirche weder erfunden noch gepachtet, geschweige denn praktiziert.

In der CDU stritt man sich allerdings, ob Frau von der Leyens Plan, mehr Geld in Kitas und die Kinderbetreuung zu stecken, sinnvoll war. Vom Traditionsflügel der katholischen Kirche meldete sich dazu eine dieser grotesken Klerikergestalten: Walter Mixa repräsentierte die Flachstirnigkeit außertariflicher Gehaltsklassen, latente Grundgeilheit im glattrasierten Pappgesicht, ausgehungerten Ehrgeiz hinter funkelnden Brillengläsern und karnevalesk verhüllte Fettleibigkeit. Dieser Kinder liebende päpstliche Bischof aus Augsburg, der sich, wie man überall in der Region tuschelte, entschlossen hatte, trotz Priesteramt alle Probleme, die mit Familie zusammenhingen, insgeheim auf sich zu nehmen, inklusive großzügiger Verteilung von Ohrfeigen an eigene und Nachbarskinder, war selbstverständlich der Ansicht, er habe die Kompetenz und das Recht, aller Welt Vorschriften zu erteilen.

Und dieser Auferstehungsbeamte im Gottseibeiuns-Fummel teilte aus buttermild verlogenem Munde in immer kürzeren Abständen auch Eltern mit, was er von Lebensumständen hielt, von denen er offiziell gar keine Ahnung haben durfte: Durch mehr Krippen- und Kitaplätze rekrutiere man »junge Frauen als Arbeitskräftereserve für die Industrie«, und ein Staat, der eine Kinderbetreuung außerhalb der Familie fördere, degradiere die Frau zu einer »Gebärmaschine«. Da war die Aufregung groß, dabei bekräftigte der fromme Herr doch nur, was immer das Interesse reaktionärer christkatholischer Politik war: erstens, gut ausgebildete junge Frauen möglichst schnell nach der Entbindung wieder als Billiglohnkräfte in den Arbeitsmarkt zu holen, und zweitens, rigide Mittel gegen Schwangerschaftsabbrüche durchzusetzen.

Das hätte Frau von der Leyen, die niedersächsische Fruchtbarkeitsgöttin, ruhig zugeben können. Lallbacke Mixa wusste es, und Lallbacke von der Leyen hätte es eigentlich auch wissen müssen: Zu Jesu Zeiten gab es auch nur einen Krippenplatz, und mit dem ist die Christenheit weiß Gott bestens klargekommen.

Wie sah sie denn im ungünstigsten Fall aus, die Zukunft der deutschen Familie und vor allem der deutschen Kinder? Auf jeden Fall noch unerfreulicher als die Vergangenheit. Deutschlands aufdringlichste Gemüsepfanne, die Gurkenchefin Claudia Roth, schilderte in der Wartezimmerzeitschrift *Focus*, wie sie als Kind mit ihrem Vater zum Herrenfrisör musste: »Das war wirklich schlimm für mich. Das hat mich geprägt«, sagt Roth über ihre Besuche im Herrensalon

»Ratz-Fatz«. Das war verständlich, aber warum ging sie denn immer noch in diesen Salon? Und hatte Ratz-Fatz mittlerweile auch eine Edelboutique, in der Claudia Roth ihre eigene Mode entwarf, schneiderte und anschließend zu Markte trug?

Wenn man dem Notgeschrei von Politikern und der Wirtschaft über die Nichtbezahlbarkeit sozialer Einrichtungen glauben wollte, kam es in Zukunft knüppeldick. Die Wirtschaftsweisen prognostizierten, das deutsche Baby werde schon sehr bald lernen müssen: Wer in der Leistungsgesellschaft bestehen wollte, war zu optimaler Anpassung gezwungen. Wer sich nicht anpasste, bildete ganz schnell seine eigene Randgruppe. Es war sinnvoll, Kleinkinder rechtzeitig zu erhöhter Leistungsbereitschaft bei gleichzeitigem Lohnverzicht zu zwingen. Ab der Kindergartentauglichkeit wurde der sinnvolle Gebrauch von Kindern, also Kinderarbeit, zwingend vorgeschrieben. Es konnte ja nicht angehen, dass die Kindergartenzeit mit hohen staatlichen Zuschüssen subventioniert wurde, während die Kinder den ganzen Tag nur sinnlos rumspielten.

Fand eine Berufsausbildung schon im Kindergarten statt, ließen sich erhebliche Kosten der betrieblichen Berufsausbildung einsparen, denn am Kindergarten waren die Eltern ja direkt mit Gebühren beteiligt, was zu einer erheblichen Entlastung der Volkswirtschaft führte. Kinder konnten für Service- und diverse Arten von Dienstleistungen herangezogen werden, von der Straßen- und Gebäudereinigung über die Müllabfuhr und die Reinigung öffentlicher Latrinen bis hin zu Labortests in der Pharmaindustrie.

Daraus folgte, Kinder mussten Steuern zahlen und sich selbst versichern. Das kurbelte die Binnenkonjunktur an. Als Motivation wurde den Kindern eine frühzeitige Volljährigkeit angeboten. Dadurch entfiel jegliche Kinderkriminalität, was dann auch den Jugendstrafvollzug einsparte. Ebenso gestrichen wurden Leihbüchereien, Theater, Museen, Sportanlagen und Schwimmbäder.

Ein begrüßenswerter Nebeneffekt war: Auch der sogenannte Missbrauch in Schule, Kirche, Internat und Ferienlager entfiel. Diese Unsitte ging ja los mit der seltsamen, aber traditionellen Babyverehrung zu Weihnachten und der Zurschaustellung von fetten Putten mit Knackärschen in den Kirchen. Dass so etwas Alarm auslöste unter den Soutanen, zumal in einer pädophilen Mummenschanztruppe, deren Mitglieder sich skurrile Tütenmützen aufsetzten und ständig vom Weihrauch benebelt waren, kann niemanden verwundern. Weihnachten mit all seinen unerfreulichen Randerscheinungen wurde folgerichtig verboten.

Als Ministerin Ursula von der Leyen den »7. Familienbericht der Bundesregierung« veröffentlichte, konnte man lesen: »Die geringste Präsenz am Arbeitsmarkt findet sich bei deutschen Müttern, die diese gewonnene Zeit aber nicht in Hausarbeit investieren, sondern in persönliche Freizeit.« Das hieß: Mütter in Deutschland gingen weniger arbeiten als Mütter in Frankreich, Holland oder Finnland. Doch statt dafür mehr Zeit im Haushalt und bei der Kinderbetreuung zu verbringen, genossen sie lieber ihre Freizeit.

Deutsche Frauen verbrachten nach dem Bericht 45 Minuten mehr Zeit mit Hausarbeit als norwegische Frauen, 42 Minuten mehr als schwedische Frauen, 22 Minuten mehr als französische Frauen.

Dass die durchschnittliche deutsche Mutter, eine moderne Europäerin, nur eine berufliche Karriere anstrebte, einen Porsche-Cayenne besaß, mit dem sie regelmäßig zum nächsten Bioladen fuhr, ein Haus mit Kamin und Fußbodenheizung bewohnte und einen Golden Retriever ausführte, ferner eine zuverlässige Änderungsfleischerei, also einen eigenen Schönheitschirurgen, bezahlte und dann, ganz zum Schluss, vielleicht ein Kleinkind adoptieren wollte, aber bitte nur eins mit sparsamem Solaraggregat: Das war eine Verwechslung mit den Gattinnen russischer Großbetrüger in Baden-Baden.

Der Realität näher kam die weltoffene Oberbürgermeisterin von Frankfurt am Main, Petra Roth. Ihr gelang eine besonders gehaltvolle Muttertagsaussage: »Die reine Hausfrauentätigkeit hat mich nicht ausgefüllt. Den ganzen Tag lesen und Tennis spielen, das war mir zu wenig.« Glückwunsch! Petra Roth hat das Berufsbild der deutschen Hausfrau kurz und präzise definiert.

Das gelang der *Bildzeitung*, wie nicht anders zu erwarten, weniger. Sie meinte, verbreiten zu müssen, deutsche Mütter seien »faul«. Franz Josef Wagner schluderte in seiner Kolumne folgenden Schwachsinn ins Blatt: »Liebe deutsche Mütter, laut neuem Familienbericht der Bundesregierung seid Ihr faul. Zwei Stunden und achtzehn Minuten investiert Ihr in Hausarbeit – danach Café Latte trinken, Schuhe kaufen, Unterhautfettgewebe wegtrainieren, in einem Body-Piercing-Katalog blättern, die Beine übereinanderschlagen, auf Single-Frau tun, einen Zwanzigjährigen verführen … Ich bin glücklich, dass meine Mutter eine Trümmerfrau war. Sie war 24 Stunden um mich, sie hatte keine Freizeit … Meine Mutter hatte keine rot lackierten Fingernägel. Meine Mutter hatte keinen Sex. Meine Mutter war eine Löwin.«

Erst dachte man, wie kann sie ohne Sex so ein Erdferkel werfen? Dann aber dämmerte es: unbefleckte Empfängnis! Der heilige Geist hatte Wagners Mutter heimgesucht. Wagner war der Messias. Wenn er versprach, auf seine Auferstehung zu verzichten, sollte man ihn schleunigst ans Kreuz nageln.

Die Hausfrauendiskussion machte deutlich: Eigentlich erübrigte sich die Frauendiskussion in Deutschland. Die *Emma*-Autorin Else Buschheuer wurde gefragt, ob Alice Schwarzers Rückzug aus der *Emma*-Chefredaktion ein Grund zur Freude sei. Sie antwortete: »Nö, ganz im Gegenteil. Schwarzer ist *Emma*. *Emma* ohne Schwarzer ist wie Britney Spears mit Höschen.«

Dann war *Emma* mit Schwarzer also wie Britney Spears ohne Höschen? Was hat *Emma* denn dann an? Warum mag sie Britney nicht mit Höschen? Und wie kann man verhindern, dass sich der durchschnittliche deutsche Arbeitnehmer Alice Schwarzer ohne Höschen vorstellt? Schwer vorstellbar, dass sich jemand den Feminismus aus diesem Blickwinkel anschauen möchte.

Nachdem Familien-, Senioren-, Frauen- und Jugendministerin von der Leyen ihren Aufgabenbereich erledigt hatte, machte sie sich daran, auch die deutsche Arbeitswelt zu schaffen. Enge Freunde konnten sie gelegentlich dabei beobachten, wie sie nach Feierabend schon mal Sterbehilfe-Gutscheine entwarf.

Das Spektrum der deutschen Regierung 2009 war die Erfüllung aller alternativen Träume der 1970er Jahre: eine Ostfrau als Chef, ein schwuler Außenminister, ein Rollstuhlfahrer als Innenminister, ein Mann asiatischer Abstammung als Gesundheitsminister und nun auch noch eine Blinde als Ministerin für die ganze Familie. Unglaublich, wie diese Ministerin an allem vorbeisah und alles übersah und den Rest gar nicht sah und folglich nichts erkannte, was sie in ihrem Ressort hätte wahrnehmen und angehen müssen. Die meisten Frauen haben ja wenigstens einen Kopf, den sie auch benutzen, aber diese Ministerin hatte nicht mal den.

Es war und blieb absolut im dunkeln, was die relativ junge Diplomsoziologin Kristina Köhler qualifizierte, das wichtigste aller Ministerien zu übernehmen, das sich um Kinder, Alte und Familien kümmern musste, also um die Menschen. Wichtig war gewiss, dass sie aus Hessen kam, und Hessen, das verkörperte viele Jahre Ministerpräsident Roland Koch. Und Roland Koch – dessen Status im Land mag eine von hessischen Bauern bezeugte Kuriosität beleuchten: In Schweineställen im Raum Fulda begrüßten sich futterneidische Tiere schon lange mit der Floskel »Du bist wirklich ein selten fieser Koch.« Und aus dem Stall von diesem Roland Koch stammte eben Frau Kristina Köhler. Aber weil sie es leid war, immer mit Bundespräsident Köhler verwechselt zu werden, heiratete sie ihren Lebensgefährten und nahm dessen Namen an. Seitdem trug sie einen Nachnamen, der in der deutschen Politik noch nie eine Rolle gespielt hat: Schröder.

Schon als »Extremismusbeauftragte« der CDU-Bundestagsfraktion hatte Lallbacke Kristina größtes Interesse daran, die Fördermittel für den Kampf gegen den Rechtsextremismus zu kürzen und stattdessen Projekte gegen den Linksextremismus und Islamismus zu finanzieren.

Als Jugendministerin erwarb sie sich erste Verdienste um ein gedeihliches Zusammenleben der Menschen in Deutschland mit der völlig bescheuerten Behauptung, dass auf den deutschen Schulhöfen die Deutschenfeindlichkeit zugenommen hätte: Junge, männliche Schüler, deren Eltern einen Migrationshintergrund hätten, würden sich rassistisch verhalten gegenüber Mitschülern ohne Migrationshintergrund. Eine seriöse Bestätigung für diese Behauptung wurde nicht geliefert. Frau Minister hatte nur ihre höchst privaten Ressentiments gegen muslimische Jungs rausgelassen. Dass Migrantenkinder eklatant im Bildungssystem vernachlässigt wurden, war für sie sowieso kein Thema.

Frau Schröders Qualifikation zur Ministerin bestand nicht nur in ihrer Herkunft aus Hessen. Nein: Sie hatte auch den Horizont einer knienden Ameise. Das allein schon qualifizierte sie für regelmäßige Auftritte in den »wichtigsten« Talkshows. Und sie war ja auch ein Mädel aus gutem Haus, eine höhere Tochter: Papa Staatsanwalt, Mama Immobilienmaklerin. Von klein auf in der CDU. In einer Zeit, als andere Mädchen sich für Pferde interessierten, schwärmte sie schon von Helmut Kohl. Einem Broterwerb musste die junge Dame nie nachgehen. Sie hatte studiert und wurde gleich Ministerin. Eine sensationelle Fehlbesetzung.

Frau Schröder lehnte eine gesetzlich verankerte Frauenquote kategorisch ab, aber man könnte ja die Unternehmen ermuntern, sich eine Selbstverpflichtung aufzuerlegen. Vor über zehn Jahren schon beschloss die Wirtschaft eine freiwillige Vereinbarung, um die Berufschancen der deutschen Frau nachhaltig zu verbessern. Das Ergebnis konnte sich sehen lassen: Elf von 490 Vorstandsmitgliedern der hundert größten deutschen Unternehmen waren Frauen, das machte satte zwei Prozent.

Die kinderlose Frau Merkel und der kinderlose Herr Westerwelle waren ebenfalls gegen eine verbindliche Frauenquote. Doch es waren nun mal über die Hälfte der Kinder weiblich – was sagten Frau Schröder und auch all die anderen Quotenverweigerer eigentlich ihren eigenen Töchtern, warum ihnen der Zugang zu Führungspositionen auf Dauer verweigert werden sollte? Zu empfehlen war der Ministerin der Blick ins Grundgesetz: »Männer und Frauen sind gleichberechtigt. Der Staat fördert die tatsächliche Durchsetzung der Gleichberechtigung von Frauen und Männern und wirkt auf die Beseitigung bestehender Nachteile hin.« Mit »Hinwirken« ist vermutlich aktives Handeln gemeint und nicht feiges Aussitzen.

Es blieb dabei: Der einzige Arbeitgeber, der Frauen besser bezahlte als Männer, war die Sexindustrie. Aber dafür konnte Kristina Schröder nun wirklich nichts.

Dass in Deutschland sehr viele Kinder von Armut betroffen waren, dass alleinerziehende Mütter auf qualitative und flächendeckende Tagesbetreuung für ihre Kinder angewiesen waren, um arbeiten gehen zu können, dass Familien dringend Unterstützung brauchten, damit sie das Bildungspaket auch nutzen konnten, das alles hatte die zuständige Ministerin nicht im Blick. Sie richtete ihr Augenmerk lieber darauf, dass Hartz-IV-Empfänger künftig keinen Anspruch auf Elterngeld bekommen sollten. Sie wollte beim Elterngeld für Geringverdiener so viel wie möglich sparen und vermutlich am liebsten die Kürzung beim Elterngeld durch die Verkürzung aller Schwangerschaften auf fünf Monate abfedern. Frau Ministerin Schröder machte einen derart unsozialen Eindruck, dass es sogar der FDP-Politikerin

Miriam Gruß zu viel wurde, die laut in die Gegend dröhnte, Frau Schröder solle doch lieber »bei Millionärsgattinnen Elterngeld streichen«. Als christliche Sozialpolitikerin auf sozialem Terrain von einer FDP-Tussi angepinkelt zu werden: Das war ja wohl die Höchststrafe.

Aber die FDP, bekannt für ihre innovativen Gedanken in jedwedem Bereich des Lebens, unternahm auch einen ernsthaften Vorstoß in die Familienpolitik: »Wir brauchen mehr Kinder von Frauen mit Hochschulabschluss als von jenen mit Hauptschulabschluss. Es ist falsch, dass in diesem Land nur die sozial Schwachen die Kinder kriegen«, sagte Vorstandsmitglied Daniel Bahr.

Klar, der Herr machte sich Sorgen um seine Partei, denn wenn nur die Armen sich fortpflanzten, wählte bald niemand mehr FDP. Und Lallbacke Bahr dachte noch weiter: Er erklärte, Deutschland habe vor allem wegen dieser sozial unausgewogenen Fortpflanzungstechnik so schlecht beim Pisa-Test abgeschnitten. Logisch: Arme Eltern waren meistens auch doof. Doofe Eltern bekamen doofe Kinder. Deswegen wurde Deutschland immer doofer. Also: Deutschland brauchte eine robuste Geburtenprämie für Millionärsfamilien. Und Schluss mit den sinnlosen Kindergeldzahlungen für die Unterschichten!

Um der FDP nicht die Meinungshoheit in Sachen Familienplanung zu überlassen, setzte sich Lallbacke Schröder vehement dafür ein, dass mehr Männer in Kitas beschäftigt wurden. Ihrer Initiative verdankte Deutschland den »Boys' Day« – einen Praktikumstag für Jungen in typischen »Frauenberufen«. Begründung: Das sei eine »Politik,« die speziell auf die »Bedürfnisse männlicher Kinder und Jugendlicher« zugeschnitten sei. Ehrlich und verantwortungsbewusst, wie Lallbacke Schröder nun mal war, verschwieg sie auf zahllosen Veranstaltungen, dass man von dem Gehalt, das in Pflege- und Erziehungsberufen verdient wurde, kaum als Single leben, geschweige denn eine Familie ernähren konnte. Statt Jungen Berufe schmackhaft machen zu wollen, von denen man Mädchen aus finanziellen Gründen nur abraten konnte, hätte sich die blinde Lallbacke Schröder besser dafür eingesetzt, diese Berufe angemessen zu entlohnen – dann würde der Männeranteil ganz von selbst steigen.

Eine Initiative, Erzieherinnen wenigstens genauso zu bezahlen wie Müllmänner, hätte einen Sinn ergeben, auch aus gleichstellungspolitischen Gründen. Aber die Ministerin für Frauen tat alles, um die Ansicht zu widerlegen, dass Frauen intelligente und liebenswürdige Wesen sind.

11 Gesundheitsministerium: Künstliche Hüftgelenke kauft man am besten an der Haustür

In der Internetenzyklopädie Wikipedia konnte man den schlauen Satz lesen: »Als Gesundheitsminister bezeichnet man jene Minister des Bundeskabinetts, die sich hauptsächlich mit den Aufgaben des Gesundheitswesens befassen.«

Darauf wäre man von allein nie gekommen.

Wenn man sich näher mit dem Thema beschäftigte, wurde klar: Die Bundesrepublik Deutschland war ein föderalistischer Bundesstaat mit dem Ziel, eine Gesundheitsreform herbeizuführen. Eine Gesundheitsreform war seit dem Ende des Zweiten Weltkriegs alle naselang fällig. Die große Schwierigkeit bei der Umsetzung der Pläne für eine Gesundheitsreform war, dass immer eine Steuerreform dazwischenkam. Und umgekehrt.

Für das Zustandekommen einer Gesundheitsreform musste stets die geballte Kraft von Bundesregierung, Ministerpräsidenten, Parteien und Experten investiert werden. Was die Koalitionsspitzen dabei nächtelang wirklich geleistet haben, wusste man nicht. Doch es muss sehr schwierig gewesen sein zu entscheiden, ob Heuschnupfen in den Strukturausgleich gehörte oder Gastritis oder doch besser kreisrunder Haarausfall. Jedes Mal, wenn eine Gesundheitsreform gelungen und vielleicht sogar in Kraft getreten war, zeterten entweder Krankenkassen, Sozialverbände und Opposition, diese Gesundheitsreform sei eine Verhöhnung und absoluter Murks, oder die Pharmaindustrie beklagte den faulen Kompromiss, der eine optimale Versorgung der Bevölkerung unmöglich mache, weil er die Firmen zwinge, die Forschung einzustellen und die Produktion ins Ausland zu verlagern. Dieses Gemaule war zutiefst ungerecht und auch ganz unnötig, denn niemand konnte die neuen Regularien beurteilen, weil das System komplett intransparent war, und außerdem war die nächste Gesundheitsreform bereits in Vorbereitung.

Das war aber kein Grund zur Beunruhigung, denn eines blieb von Reform zu Reform gleich: Immer durften die am wenigsten Verdienenden durch Zusatzbeiträge prozentual am meisten beitragen. Die viel verdienten, behielten ihre Privilegien und durften im Wartezimmer sitzen. Privatpatienten konnten gegen Vorkasse eine Narkose erhalten, dafür stand eine koreanische Praktikantin mit einem in zoologischen Gärten getesteten Blasrohr parat, Kassenpatienten waren gehalten, sich beim Hausmeister einen Beißring und eine Flasche »Kleiner Feigling« zu kaufen. Niemand musste eine Beitragsstabilität befürchten: Mehrkosten in der Gesundheitsversorgung wurden und werden stets über Zusatzbeiträge auf die gesetzlich Versicherten abgewälzt.

Die kranken, hinfälligen und siechen Deutschen teilen sich siebzehn Ortskrankenkassen, 270 Betriebskrankenkassen, 24 Innungskrankenkassen, sieben Ersatzkassen für Angestellte, sechs Ersatzkassen für Arbeiter, elf landwirtschaftliche Versicherungen, eine Bundesknappschaft und eine Seekrankenkasse. Machte zusammen 337 Krankenkassen für etwa 80 Millionen Menschen.

Ministerin Ulla Schmidt, die ewig verschnupfte Aachener Printe, die schon seit Jahren die längst fällige Polypenoperation aus Sparsamkeitsgründen vor sich herschob, machte nicht nur vor, wie prima man auch über einen längeren Zeitraum hinweg mit verstopfter Nase leben konnte, weswegen ihr gesundheitliches Gesamtkonzept so überzeugend war, sondern sie äußerte auch die Ansicht, fünfzig Krankenkassen würden reichen. Das war typisch: kein Mut zu wirklichen Reformen. Sinnvoll wäre gewesen: entweder eine Krankenkasse für alle, oder aber achtzig Millionen Krankenkassen – für jeden eine. Die Parteien wollten an diesem System auch nichts Grundsätzliches ändern – sie brauchten die Pöstchen in den Kassen und Versicherungen, das waren tolle Jobs für ihre Leute aus den Kreis- und Bezirksverbänden.

Das Ergebnis war: Patienten mussten sich damit vertraut machen, was »arztgruppenspezifische Regelleistungsvolumina« waren, wie die gesetzlich vorgegebene »Abstaffelung« von Leistungen aussah, was mit einem »Risikostrukturausgleich« gemeint war und was man unter einer »modifizierten Kopfpauschale« zu verstehen hatte. Da freute man sich, wenn man in einer Zeitung die simple Meldung lesen durfte, dass Wissenschaftler herausgefunden hatten: Wenn junge Männer in der Woche fünfmal onanieren, wird das Prostatakrebsrisiko um dreißig Prozent gemindert. Man konnte also sagen: Wichsen entlastet die AOK.

Es empfahl sich auch zu wissen, was der »Gesundheitsfonds« war. In diesen flossen Steuereinnahmen und Beiträge von Arbeitnehmern und Arbeitgebern. Wer krank werden wollte, stellte einfach einen formlosen Antrag in vierfacher Ausfertigung, dann erhielt man ein einmaliges Begrüßungsgeld in Höhe einer Praxisgebühr abzüglich der Kosten für die Vorsorgeuntersuchung, eine Vitamin-C-Brausetablette, ein Päckchen Nikotinpflaster und ein Überweisungsformular für die Praxisgebühr des nächsten Quartals. Dazu kam ein Jahresabo der *Apotheken Rundschau* oder ein Radiowecker, der aber mit Zuzahlung. Zu den Positiva aus dem Gesundheitsfonds gehörte auch: Kontaktgestörte Menschen konnten Haustiere auf Krankenschein beziehen. Das war ja schon bei Ludwig XIV. so, dass alleinstehenden Damen von der Gesellschaft ein Schoßhündchen, der sogenannte Punzenschlecker, zugestanden wurde. Neu war nun die Regelung: Wenn diese Haustiere krank wurden, waren sie über den Krankenschein ihres Besitzers mitversichert. Das hieß, wenn zum Beispiel die Zierfische im Aquarium krank wurden, Brechdurchfall oder so was, dann kriegten sie Bäder verordnet, in schweren Fällen auch in staatlich anerkannten Heilbädern.

Wenn man nun gar kein gesundheitspolitisches Thema mehr zu besprechen hatte, konnte man immer noch die sogenannte Scherentheorie diskutieren: Woran lag es, dass das Billige immer billiger und das Teure immer teurer wurde? Auch das Gesundheitssystem wurde immer teurer, alle Beteiligten verbuchten angeblich ständig neue Rekordverluste, und die Leistungen wurden immer mickriger.

Es stellte sich heraus: Gesundheitsministerin Ulla Schmidt konnte alles, was einer ihrer Amtsvorgänger, Horst Seehofer, schon viel besser nicht konnte. Deswegen haben die beiden sich zusammengetan. Und dabei kam, wie Herr Seehofer sagte, »das größte Reformwerk der jüngeren deutschen Sozialgeschichte« heraus. Hätte Herr Seehofer nicht gleichzeitig jene Zusammenarbeit mit Frau Schmidt als

»eine der schönsten Nächte in seinem Leben« bezeichnet, wäre das Vertrauen des Volkes in seine Urteilskraft allerdings erheblich größer gewesen.

Es wurde wirklich alles getan, um die Leiden der Patienten zu lindern. Aber man musste die Gesundheit im Land selbstverständlich auch so profitabel wie möglich gestalten. Also wurden Krankenhäuser verkauft, privatisiert, in Aktiengesellschaften umgewandelt. Für die Gesundheit sollten am besten jene sorgen, die an der Krankheit verdienten. Selbstverständlich war für die Aktionäre die Versorgung der Patienten nicht ganz so wichtig wie die Aussicht auf eine möglichst hohe Dividende, aber der Markt würde es schon richten. Da hatten die Menschen großes Vertrauen. Derselbe Markt beseitigte ja auch den Hunger in der Welt, indem er an der Börse mit Lebensmitteln spekulierte und diese notfalls vernichtete, um die Preise hochzutreiben.

Hauptsache, es gab keinen Rückfall in den Sozialstaat, wie er vor der letzten Gesundheitsreform bestand. Da war es ja so gewesen, dass vor allem osteuropäische Touristen Busreisen nach Deutschland unternahmen, um noch ein Mal, ein letztes Mal, gut genährte, gesunde Deutsche mit vollständigen Gebissen anzuschauen, bevor sie mit riesigen Zahnlücken und eitrigen Füßen um brennende Mülltonnen herumstanden und vom Diebstahl polnischer Luxusautos lebten.

Das war das eigentliche Signal für die deutsche Politik, endlich eine neue Gesundheitsreform anzuschieben, denn es musste ja wirklich nicht sein, dass man arme Leute an ihrem schadhaften Gebiss erkennen konnte. Da wurde also Abhilfe geschaffen, und nach der Gesundheitsreform waren in Deutschland drei Zahnsorten im Angebot: türkische, bevorzugt vor allem von Nachrichtensprecherinnen und Sportreportern, ungarische für Leute, die gern drei Reihen im Mund hatten, und chinesische, vermutlich aus den Köpfen hingerichteter Systemgegner.

Um das deutsche Gesundheitswesen war es wirklich nicht schlecht bestellt: Die Arzneimittelhersteller kassierten für Scheininnovationen, die Apotheker dealten mit ihren Lieferanten, die Ärzte rechneten für die tote Oma noch schnell eine Gebärmutteruntersuchung ab, und die Privatpatienten lächelten, weil sie auch die Schnauze voll hatten – mit chinesischem Porzellan aus der Qing-Dynastie.

Für die Sicherstellung der Volksgesundheit befahl die Bundesregierung eine Art Eintrittsgeld für den Arztbesuch, die sogenannte Praxisgebühr. Diese Maßnahme war überfällig – jede Praxis verfügte schließlich über ein individuelles und anspruchsvolles Zeitschriftenangebot, das täglich aktualisiert wurde. Außerdem ging diese Gebühr komplett an die Krankenkassen.

Allen älteren Menschen, die sich Sorge machten um ihre Versorgung, unterbreitete die Gesundheitsministerin ein Topangebot der Allianz, und zwar eine Rundum-Krankenversicherung inklusive Klinikaufenthalt erster Klasse im Einbettzimmer, Organtransplantationskosten, Duzen mit dem Chefarzt und 300 Euro Tagegeld auch während der Reha plus Prothesenanfertigung und Lieferung frei Haus – und das alles zusammen für lumpige achtzig Euro monatlich bei nur hundert Prozent Selbstbeteiligung.

Als Leitgedanke stand über jeder Gesundheitsreform: Wer drei Wochen auf seinen Arzttermin warten musste, blieb länger gesund. Zielführend waren Kranke, die fünfzig Jahre und länger auf einen Arzttermin warten mussten und schließlich starben, ohne zu wissen, woran.

Man musste sich eben die Krankheiten genau einteilen, für die Narkose genügend ansparen, und wenn man gesund blieb, konnte man sich eines Tages auch mal eine kleine Operation leisten. In besonders schweren, wenn nicht gar schmerzhaften Fällen, hatten die Patienten die Möglichkeit, sich als Eurofighter zu verkleiden und ins nächste Bundeswehrhospital zu begeben – für Eurofighter zahlte die Bundeswehr Vorsorge, Wartung und ganzheitliche Pflege.

Das führte dazu, dass die Arztbesuche um 25 Prozent zurückgingen, die Impfrate sank um dreißig Prozent. Wer viermal im Jahr nicht zum Arzt ging, sparte vierzig Euro Praxisgebühr und eine große Menge Rezeptgebühren. Das war wirklich eine große soziale Errungenschaft. Gleichzeitig entwickelte sich ein allgemeiner Konsens, jeder sollte sich nur noch die Krankheit leisten, die er auch bezahlen konnte, und wer an hellblauem Stuhl, Augenschimmel oder Ohrenverpelzung litt, bei wem gar Maulwürfe im Schamhaar nisteten, der sollte dafür nicht die Gesellschaft zur Kasse bitten.

Zu verdanken war das vor allem einer von den bürgerlichen Parteien gesponserten Fernsehsendung mit dem Titel »Vorstellung gesundheitspolitischer Konzepte«. Dort gab es interessante Tipps, zum Beispiel, man solle eventuelle Sterbepläne nicht ausgerechnet auf den Quartalswechsel legen, es sei denn, es handelte sich um einen Arbeitsunfall, für den generell keine Praxisgebühr fällig wurde, außer die Unfallversicherung erkannte ihn nicht an. Dann konnte man sich wieder an den Gesundheitsfonds wenden.

Trotz der blühenden Volksgesundheit waren die Ärzte im großen und ganzen recht zufrieden. Zwar demonstrierten sie gelegentlich gegen ihren finanziellen Untergang, aber wer Arzt war, musste sich eben auch mal mit dem Risiko einer selbständigen Existenz auseinandersetzen. Und es war ja auch noch keiner verhungert. Allerdings wurden Ärzte relativ häufig geohrfeigt, gebissen und mit Infusionsständern oder Aschenbechern verdroschen. Da musste natürlich etwas getan werden. Im zuständigen Gesundheitsausschuss gingen die Überlegungen dahin, den Ärzten zu empfehlen, jede Behandlung aufsässiger und dadurch besonders unrentabler Patienten einzustellen und ihnen eine Selbstabschiebung ins Ausland zu empfehlen.

Hin und wieder wurde auch der eine oder andere Arzt der Bestechung bezichtigt. Andreas Köhler, Chef der Kassenärztlichen Bundesvereinigung, empörte sich darüber: »Das ist der Mutterkuchen des Sommerlochs.« Oha. Wenn die Bestechung der Mutterkuchen war, dann waren die Patienten wohl die Embryos, und die Pharmaindustrie prügelte sich um die Nachgeburt. Aber wusste man schon, wer die Mutter war? Und hatte die ein Sommerloch?

Nicht nur Patienten und Ärzten ging es gut, sondern auch den Apotheken.

Die Gewinnspannen bewegten sich zwischen dreißig und 68 Prozent. Je niedriger der Preis, desto höher die Gewinnspanne. Bei zwanzig Aspirin waren es 68 Prozent. Da wurde sogar der Wunsch geäußert, man solle doch die Apotheken mit den Tankstellen zusammenlegen.

Doch, das Gesundheitswesen schlug sich prächtig im Spannungsfeld des Christentums: einerseits Fürsorge und Barmherzigkeit mit den Siechen und Verseuchten, andererseits das berechtigte Streben nach Marktanteilen, Patenten und Dividenden. Die pharmazeutische Industrie war jederzeit bereit, im Rahmen von Wachstum und Rendite die Lieferbedingungen für den Reparaturbetrieb Mensch zu humanisieren.

Norbert Blüm, der Nobby – jener Politiker, der schon zu seinen aktiven Zeiten auftrat wie Pumuckl im Red-Bull-Rausch –, hatte dank phantastischer Medikamente mit Ende sechzig auch seine Bestimmung gefunden: Er trat als Nachwuchsschauspieler in einem Werbespot auf: Ein Rezept lesend, betraten 165 Zentimeter Blüm eine Apotheke, liefen auf einen giraffenhalslangen Menschen auf, schauten einen endlosen Rücken hoch und sagten entrüstet: »Viele Arzneimittel haben gigantische Preise. Muss man da als kleiner Mann immer den kürzeren ziehen?« Dann krabbelte Blüm, flink wie sein Geschäftssinn, dem Langen durch die Beine, verharrte im Schritt, schaute in die Kamera – und beantwortete seine Frage selbst: »Nein! Denn, wenn ich was hab', hab' ich Hexal.« Jedes Mal, wenn man diesen Fernsehspot sah, verstand man ein wenig besser, warum sogar Helmut Kohl nicht mehr mit Blüm redete.

Besonders einfallsreich und menschlich wurde auch der Kampf gegen das Rauchen geführt: So gab es für junge Menschen verbilligte Ferienreisen unter dem Motto »Rauchen auf dem Bauernhof«. Doch bei aller Humanität – jeder wusste: Nichts bedrohte die westliche Industriegesellschaft gefühlsmäßig heftiger als das Rauchen. »Die Zigaretten, wie sie heute angeboten werden, sind gemeingefährliche Mordinstrumente und müssen sofort vom Markt«, forderte der weithin unbekannte CDU-Politiker Karl-Heinz Florenz, Vorsitzender des Ausschusses für Volksgesundheit im EU-Parlament. Weil sie das genauso sah, wollte Bauernministerin Künast ein Werbeverbot für Tabakprodukte in Deutschland durchsetzen. Andererseits klagte die deutsche Bundesregierung gegen ein EU-Verbot ebendieser Werbung.

Also, die da oben wussten schon, was sie nicht wollten. Und Pocahontas, der letzte Häuptling der Flatulenz-Indianer, sagte: Erst, wenn die letzte Pfeife geraucht und das letzte Feuerwasser verputzt ist, werdet ihr Idioten erkennen, dass kaum noch Steuern reinkommen.

Das Gesundheitsministerium diente allzeit nur der Lobbyarbeit. Oder als Rangierbahnhof für Politiker. Gebraucht wurde diese Behörde von niemandem. Vor allem nicht von Kranken.

Wenn man dem Gesundheitsministerium unbedingt etwas Positives abgewinnen will, dann, dass es keinen anderen Ort gibt, an dem Politiker so deutlich die Macht der Lobbyisten und ihre eigene Ohnmacht spüren können.

Deswegen ist es besser, nicht krank zu werden. Seitdem die FDP mit den Lallbacken Rösler und Bahr im Gesundheitsministerium das Sagen hat, herrscht offiziell die Meinung vor, wer von allein krank wird, soll gefälligst auch von allein wieder gesund werden. Und wer glaubt, er könne das Geld, das er jahrelang eingezahlt hat, für Gehhilfen oder Zahnfleischprophylaxe aus dem Fenster werfen, vertritt einen unzeitgemäßen Heile-heile-Segen-Sozialismus. Diese sogenannten Gesundheitspolitiker machen Kranke arm und Arme krank. Und sie machen aus einer antiquierten, überteuerten, solidarisch und paritätisch organisierten gesetzlichen Krankenversicherung einen zeitgemäß-profitablen Selbstbedienungsladen für Gesundheitsunternehmer, Privatversicherer und Pharmalobbyisten. Es ist sicher nicht zu weit hergeholt, wenn man die Vermutung hegt, dass freidemokratischen Lallbacken nach dem Ende ihrer politischen Laufbahn für ihre segensreiche Gesundheitspolitik von der dankbaren Gesundheitsindustrie fürstlich die Taschen vollgestopft werden.

12 Verkehrsministerium: Es wird Zeit, dass die Elektroautos Gas geben

Bundesminister für Verkehr, Bau und Stadtentwicklung sind die, denen es immer wieder gelingt, rechtzeitig zu Ferienbeginn auf Autobahnen kilometerlange Baustellen zu eröffnen, an denen man staunend entlangschleicht und sich fragt, wo sich denn wohl die Werktätigen versteckt haben – allenfalls sieht man mal einen Türken, der sich im Schatten eines Baggers einen Mokka kocht.

2002, nach der Bundestagswahl, hätte es jeden erwischen können mit einem hohen Regierungsamt. Offenbar war die einzige Qualifikation, die verlangt wurde: Man musste blöd genug sein, wenn Schröder anrief, ans Telefon zu gehen. Manfred Stolpe, der Brunftbariton aus Brandenburg, war bestens qualifiziert. »Wenn ich gerufen werde, dann komme ich auch«, sagte er und kam gewaltig. Längst hatte er bewiesen, dass man mit ein wenig Geschmeidigkeit in jedem System nach oben kommen kann. Manfred Stolpe hat in Brandenburg zwölf Jahre lang seine »kleine DDR«, wie er gern sagte, bewahren können. Gut möglich, dass der Kanzler ihn berief, damit Stolpe auch die anderen ostdeutschen Länder wieder auf das Niveau des ersten DDR-Fünfjahresplans hochbrachte.

Wenn überhaupt jemand, dann war Manfred Stolpe »das Verkehrswesen«.

»Toll Collect« hieß die Nervensäge, mit der er die Öffentlichkeit quälte. Das war ein Unternehmen, in dem die Telekom, Daimler und ein französisches Unternehmen drinsteckten, und das wurde von der Bundesregierung beauftragt, ein System zur Eintreibung der LKW-Maut auf den deutschen Autobahnen aufzubauen, zu betreiben und die fälligen Gebühren abzurechnen. Klar, dass es ausbaufähig war, irgendwann wollte man schließlich auch die PKWs abkassieren. Und Toll Collect war selbstverständlich auch mehr als nur ein Mautsystem – es war und ist immer noch auch ein System zum Aufzeichnen von Bewegungsbildern. Mit so einem Bewegungsbild kann man zwar auch Maut berechnen, aber Sinn ergibt der unverhältnismäßig große Aufwand nur, wenn man wissen will, wer sich wann wo befindet oder befand.

Seltsam war, dass Toll Collect nicht wollte, dass jemand den Vertrag las – obwohl der mit seinen 17 000 Seiten so dick war, dass ihn sowieso niemand ganz lesen konnte. Offenbar hatten sehr viele Menschen über eine sehr lange Zeit nichts anderes gemacht, als sich mit dem Schreiben dieses Mautvertrags zu beschäftigen. In dieser Zeit hätte man mit ähnlichem geistigen Aufwand statt eines Mautvertrags auch ein funktionierendes Mautsystem zustandebringen können. Denn zunächst funktionierte nichts. Wahrscheinlich hatte man bei den Provisionen und Schmiergeldzahlungen geschlampt oder versucht zu sparen, oder irgendjemand hatte vergessen, der Ehefrau eines Abteilungsleiters im Verkehrsministerium eine neue Einbauküche zu spendieren. Jeden Abend tauchte Manfred Stolpe mit einem neuen Erklärungsversuch im Fernsehen auf. Toll Collect klang ja auch toll. Collect erinnerte an die milden Gaben, die die Gläubigen in den Klingelbeutel werfen. Aber eigentlich hätte man da schon misstrauisch werden müssen, denn die Kirchen haben ja auch große Probleme beim Mauteintreiben.

Allabendlich versuchte Stolpe zu überholen, ohne loszufahren. In seinen lichten Augenblicken hätte er auch zugestimmt, die LKWs ruhig auf der Autobahn zu lassen, sie dürften aber nur noch geschoben werden. Eines Tages dann, wie nicht anders zu erwarten, löste sich der von Lallbacke Stolpe ausgelöste Mautstau auf, und die Schienenfahrzeuge standen wieder im Mittelpunkt des Interesses.

Die Deutsche Bahn AG ist ein kundenorientierter Mobilitätsdienstleister, weil sie als gewinnorientiertes Unternehmen Mobilitätshilfe nicht ganz ausschließen kann. Allerdings war Bahnchef Mehdorn der einzige Mensch, der glaubte, eine Eisenbahn könne fliegen. Dass sie es nicht tat, dafür gab Bahnchef Mehdorn den Bahnkunden die Schuld, die hätten das Preissystem einfach nicht verstanden. Trotzdem behauptete Verkehrsminister Stolpe, Bahnchef Mehdorn sei der richtige Mann am richtigen Platze. Woraus man schließen konnte, Herr Stolpe kannte den Bahnchef gar nicht persönlich. Jedenfalls: Allen Reisenden in Deutschland war bewusst, dass man Mehdorn und Stolpe nicht mal eine Modelleisenbahn im Keller anvertrauen durfte.

Bei der Einweihung der neuen Strecke von Hamburg nach Berlin war Manfred Stolpe anwesend, so dass Befürchtungen laut wurden, auch die Bahn werde wohl in Zukunft mautpflichtig sein. So weit kam es dann nicht, was aber nichts an der allgemeinen Vermutung änderte, die Bahn habe einen Bahnchef, der unter galoppierender Synapsenversülzung leidet.

Eine junge Frau aus Lüneburg hatte sich um einen Job bei der Deutschen Bahn AG in Hannover beworben. Sie erhielt auch einen Vorstellungstermin, wurde dann aber abgelehnt, weil sie nicht pünktlich da war. Ihr Zug hatte eine Dreiviertelstunde Verspätung.

Lallbacke Mehdorn konnte nichts so gut wie Verspätungen erklären: »Die Probleme haben wir deshalb, weil unsere Schienen mit einem Verwesungsfilm der Blätter benetzt und dadurch rutschiger sind.«

Lallbacke Mehdorn ist für sein unkontrolliertes Tun und Treiben nie zur Rechenschaft gezogen worden: Die Schwierigkeiten bei der Bahn sind die Konsequenz des von ihm betriebenen Personalabbaus. Er hat Fachleute im Gleisbau in Pension geschickt, die dann bitter fehlten. Er hat, um die Rendite der Bahn zu erhöhen, den Wagenpark zusammenstreichen lassen, und um die Bahn für den Börsengang aufzumotzen, hat er Investitionen im Kerngeschäft der Bahn in Deutschland vernachlässigt. Stattdessen hat er die Privatisierung vorangetrieben und weltweit Unternehmen gekauft, um aus der Bahn einen Global Player zu machen. Dies alles tat er, weil offenbar Freunde von ihm, Hasardeure in der Finanzwirtschaft, am Börsengang der Bahn verdienen wollten. Zu verbuchen ist eine katastrophale Fehlleistung. Aber Mehdorns grobe und vorhersehbare Fehlleistungen werden von der Politik locker abgefedert. Weder Mehdorn noch Schröder noch Merkel und auch nicht die zuständigen Verkehrsminister müssen mit strafrechtlichen oder mit zivilrechtlichen Sanktionen und Schadensersatzforderungen rechnen. Auch Lallbacke Stolpe ist mit heiler Haut davongekommen. Grundgütiger Himmel, was hat der Typ dem Land alles zugemautet …

Wenn Straßen- und Schienenverkehr in Deutschland nur suboptimal zu managen sind, sollte man erst mal im Weltall üben. Die FDP ist die Partei, die nachweislich am häufigsten hinter dem Mond war. Deren Raumfahrtexpertin heißt Cornelia Pieper, und Frau Pieper hat zu Recht gefordert: »Deutschland braucht einen eigenen Zugang zum Weltraum.« Ja, unbedingt. Nie wieder dürfen die Deutschen ein Volk ohne eigenen Weltraum sein. Cornelia Pieper, ebenfalls Fachfrau für Intelligenz-Dumping, verdankt das Universum das köstliche Bonmot: »Man muss die Schwachen vor den Faulen schützen.« Das Problem ist: Niemand schützt den Weltraum vor Cornelia Pieper.

Der ehemalige Oberbürgermeister von Leipzig, Wolfgang Tiefensee, Spitzname Pfütze, machte als Verkehrsminister einfach da weiter, wo Stolpe aufgehört hatte. Aber er war nicht so telegen und wurde in Umfragen dementsprechend selten erkannt – ein Befragter meinte sogar, ihn als Angeklagten in einer »Barbara Salesch«-Folge gesehen zu haben, wo es um einen Fahrraddiebstahl ging. Wenn Verkehrsminister Tiefensee an einem eiskalten Januarabend im Aktenaufzug seines Ministeriums steckengeblieben und erst beim nächsten Neujahrsputz von Reinigungskräften gefunden worden wäre, hätte vermutlich niemand eine Vermisstenmeldung aufgegeben.

Tiefensee wurde Minister mit der Empfehlung, die Olympiabewerbung Leipzigs vergeigt zu haben. Das war ein bitterer Reinfall. Dabei hatte Leipzig gute Noten bekommen: für nimmermüden Enthusiasmus, für die Sicherheits- und Umweltstandards, für Intrigen, Filz und Kungeleien – was eben so dazugehört bei den Spielen der Jugend der Welt. Und als man sich bei der Verkündung des niederschmetternden Urteils des Internationalen Olympischen Komitees im Fernsehen noch fragte, woran es wohl gelegen haben könnte, dass Leipzig durchgefallen war, da sah man neben Tiefensee plötzlich einen Mann stehen, der immer dann erscheint, wenn etwas in die Grütze geht: Manfred Stolpe.

Bundesverkehrsminister Wolfgang Tiefensee litt nicht an einem Übermaß an Inspiration in Bezug auf den Straßen- oder Bahnverkehr. Aber er hatte eine ganz abgefahrene Idee, wie man das kreative Potential der Arbeitslosen nutzen könnte: Er wollte Hartz-IV-Empfänger als Patrouillen im öffentlichen Nahverkehr einsetzen – zur »Erhöhung des Sicherheitsgefühls« im Kampf gegen Terror und alles Böse dieser Welt. Und ein Herr Binninger, eine Lallbacke von der christlichen Brikettfraktion, assistierte: »Wir müssen auch an bewaffnete Zugbegleiter denken – sogenannte Rail Marshals, vergleichbar mit den Sky Marshals auf vielen Flügen.«

Wie durfte man sich das vorstellen? Der Rail Marshal erspäht einen jungen Gotteskrieger, der in der Kantine eines Rüstungskonzerns einen Sprengstoffgürtel anlegt, er zieht seine Knarre, ruft »Hände hoch!« und ballert, ohne eine Antwort abzuwarten, in Putativnotwehr sein ganzes Magazin leer, bis der Tresen inklusive Stammessen, Servicepersonal und Kaffeemaschine ausgelöscht sind? Oder eine arbeitslose 55-jährige Sozialpädagogin, zur Security Hostess umgeschult, die das Recht hatte, Gefangene zu machen und im Notfall sogar zu liquidieren, lässt sich den Inhalt sämtlicher Koffer in der ersten Klasse eines ICE zeigen? Diese kühne Vision verkaufte Lallbacke Tiefensee der Öffentlichkeit tatsächlich als »Denkanstoß«.

Wirtschaftsstaatssekretär Joachim Wuermeling fühlte sich verpflichtet, Tiefensees kühne Überlegung auch noch zu interpretieren: »Jede Art von Sicherheitsvorkehrung hat einen gewissen zeitlichen und finanziellen Aufwand zur Folge. Wir werden nicht zögern, den Unternehmen diese Belastung aufzuerlegen. Aber als Wirtschaftsministerium haben wir auch stets im Blick, dass die Kosten in einem vernünftigen Verhältnis zum Nutzen stehen.« Lallbacke Wuermeling meinte: Sicherheitsmaßnahmen, die Firmen belasten, könnte man doch von Hartz-IV-Empfängern ausführen lassen. Kostenlos. Sonst wäre ja zu befürchten, dass neue Arbeitsplätze entstehen, die bezahlt werden müssen, und so eine Sauerei darf man ja auf keinen Fall unterstützen.

Nach der Bundestagswahl ist Lallbacke Tiefensee in der Regierung geblieben, allerdings treibt er seitdem seinen Schabernack unter dem Namen Ramsauer.

Verkehrsminister Peter Ramsauer stellte erst mal klar: »Die Bahn ist für mich kein x-beliebiges Unternehmen, sondern hat eine hohe patriotische Komponente.« Da muss er nur regelmäßig mit dem Zug von Köln nach Hamburg fahren, da ist schnell Schluss mit der Vaterlandsliebe.

Man kann ja den Eindruck gewinnen, das politische Spitzenpersonal fährt nicht so oft mit der Deutschen Bahn AG. So stellte Wolfgang Böhmer, seinerzeit Ministerpräsident von Sachsen-Anhalt, bei dem Zusammenstoß einer Regionalbahn mit einem Güterzug etwas irritiert fest: »Es muss wahrscheinlich ein Haltesignal überfahren worden sein. Denn dass zwei Züge aufeinander fahren, geht aus den normalen Fahrplänen nicht hervor.«

Nicht ganz so witzig, aber ebenso weltfremd Verkehrsminister Ramsauer: »Ich erwarte von der Deutschen Bahn, dass die Züge bei minus vierzig Grad genauso zuverlässig fahren wie bei plus vierzig Grad. Reisen muss komfortabel sein und darf nicht zum Risiko für die Gesundheit werden.« Genauso gut kann er seiner Erwartung Ausdruck verleihen, dass die Bahn sich nicht auf Grund von Navigationsfehlern verirrt, den Blinker einschaltet, wenn sie auf eine Nebenstrecke abbiegt, und dass die Züge nachts aus Platzspargründen aufrecht abgestellt werden.

Lallbacke Ramsauer muss nun aushalten, dass er es nicht mehr mit dem gestörten Mehdorn zu tun hat, sondern mit einem mindestens genauso durchgeknallten Bahnchef namens Grube. Der teilte dem Volk mit: »Ein Widerstandsrecht gegen einen Bahnhofsbau gibt es nicht.«

Das konnte Bahnchef Grube sagen, weil er in einer Demokratie lebt, wo man solche Meinungen äußern darf. Menschen, die keine Bahnchefs sind, leben dagegen in einer Welt, wo Widerstand gegen Bahnhofsneubauten nicht nur zwecklos, sondern sogar verboten ist. Und zwar von Bahnchef Grube.

Seit Bahnchef Grube im Amt ist, hat sich der Einfallsreichtum der Bahn noch verschärft. Ständig lässt sie sich neue Events einfallen. So hat man sicherheitshalber einen ICE in einem Tunnel gestoppt, damit es nicht wieder zu einer Kollision mit einer entlaufenen Kuh kommen konnte, die dort das Laub von den Schienen fraß. Bahnchef Grube räumte auf Befragen ein, der ICE habe aus Versehen und wegen der Dunkelheit eine seiner Türen verloren und sich dann wegen der Kälte im Tunnel untergestellt. Bei der Gelegenheit habe der Zugführer einige dreizehn- bis fünfzehnjährige Schulmädchen ohne gültigen Fahrausweis im Tunnel an die frische Luft gesetzt, es seien aber die Überlebenden jener Schafherde, die vor einiger Zeit im Tunnel von einer Rangierlok so arg dezimiert wurde, über die Notrutsche zugestiegen. Der allen Fahrgästen bekannte mobile Brezelverkäufer aus Kassel wies dann darauf hin, dass der ICE, der morgens in den Tunnel hineinfuhr, keinesfalls derselbe gewesen sei, der am späten

Nachmittag wieder herauskam. Jetzt prüft die Bahnpolizei, ob der Tunnel überhaupt an beiden Enden offen war oder ob es sich um Bahnchef Grubes Garage handelte.

Bahnchef Grube erklärte dazu, die Bahn sei auch in Zukunft gegenüber jeder Panne aufgeschlossen. Aber die Bahn habe heute, im Gegensatz zu früher, nicht mehr nur die vier unerbittlichen Gegner Frühling, Sommer, Herbst und Winter, sondern es sei ein ganz übler Feind hinzugekommen: die Kundschaft. Und um diesen bösen Feind auszumanövrieren und hinters Licht zu führen, werde sich die Bahn verschärft darum bemühen, in Zukunft ihren Fahrplan trotz der Tunnel einzuhalten. Verkehrsminister Ramsauer hat das so akzeptiert.

Größere Problem lauern auf ihn in Stuttgart. Dort geht es darum, den Hauptbahnhof von einem Kopfbahnhof in einen Durchgangsbahnhof umzuwandeln. Dafür muss der Bahnhof tiefer, wenn nicht gar unterirdisch gelegt werden. Die Befürworter behaupten, das biete Vorteile: Züge könnten rasend schnell an Stuttgart vorbeifahren, und je tiefer man den Bahnhof lege, desto weniger müssten Reisende von Stuttgart sehen. Und der größte Vorteil sei: Von Stuttgart aus ist man dann elf Minuten früher in Ulm. Elf Minuten in Ulm? Die können einem lang werden.

Gegner warnen davor, den Bahnhof unter die Erdoberfläche zu verlegen. Das berge die Gefahr, dass man irgendwann bestimmt eine Bohrung durchführen müsse, um verschüttete Reisende mit einer Kapsel aus der Tiefe ans Tageslicht zu holen. Deswegen wäre es besser, den Bahnhof so zu lassen, wie er ist, und stattdessen ganz Stuttgart mitsamt dem Flughafen unter die Erde zu verlegen.

Der Streit eskalierte, der Stuttgarter Hofgarten wurde zum Schlachtfeld umgestaltet: Auf einer Schülerdemo zerschlugen Polizisten Schädeldecken und Nasenbeine – die Landesregierung rückte ihren Landeskindern mit Reizgas zu Leibe und schoss auf kurze Distanz mit Wasserwerfern in die Augen alter Männer und Frauen. Schlecht bezahlte Staatshooligans setzten den Willen einer wirtschaftshörigen Obrigkeit gegen die Bürger durch. Von auch nur einem einzigen Polizisten, der sich geweigert hätte, mit dem Knüppel gegen Rentnerinnen und Schülerinnen vorzugehen, hat man auch in Stuttgart nichts gehört. Und so feierte die Bereitschaftspolizei einen historischen Sieg über die elfte Klasse des Stuttgarter Kräherwald-Gymnasiums und hat sich damit für einen Einsatz in orientalischen Diktaturen qualifiziert.

Oder auch in Berlin: Dort standen 2500 Polizisten schon mal 25 Hausbesetzern gegenüber, ohne dass die die öffentliche Ordnung gefährdeten. In Berlin kann die Polizei wirklich jede Unterstützung gebrauchen.

Alle standen bis zum Hals im Wasser.

Nur nicht Heiner: Der war kleiner.

Dann trat Geißler in Erscheinung. Immer noch derselbe üble CDU-Taktiker und Manipulator wie vor dreißig Jahren: Seine Schlichtung war keine Entscheidungsfindung, sondern der erfolgreiche Versuch, die Widerständler näher an ihre feststehende Niederlage heranzuführen.

Die Grünen, eigentlich gegen den unterirdischen Bahnhof, signalisierten schließlich Kooperation, wenn der unterirdische Bahnhof ein Solardach erhielte, wenn die Bahnsteige durch mit Wasserkraft betriebene Windräder beheizt und beleuchtet würden und wenn der oberirdische Bahnhofsvorplatz nicht »Filbinger-Gedächtnissteige«, sondern »Künascht-Öschdemir-Plätzle« heißen würde. Dazu sagte die grüne Fraktionsspitze: »Im Rahmen der sich bietenden Spielräume haben wir knallhart grüne Essentials durchgesetzt.«

Damit waren die Diskussionen über Stuttgart 21 aber nicht beendet. Bundesverkehrsminister Peter Ramsauer (CSU) forderte die Gegner des Milliardenprojekts der Bahn auf, »nicht den schlechten Verlierer zu geben«, der sogenannte Stresstest des Schweizer Ingenieurbüros SMA sei schließlich positiv ausgefallen, und »damit ist jetzt grünes Licht gegeben«. Aber Boris Palmer, grüner Tübinger Oberbürgermeister, widersprach. Stuttgart 21 habe den Belastungstest nicht bestanden, der geplante Tiefbahnhof »neigt zur Unpünktlichkeit, Verspätungen können nicht aufgefangen werden. Und damit ist das Ziel verfehlt, die Bahn muss nachbessern.« Man kann also Lallbacke Ramsauer nur davon abraten, seine patriotischen Gefühle in der Bahn auszuleben. Da ist er in seinem Dienst-BMW besser bedient.

Es wird höchste Zeit, dass die deutsche Autoindustrie ganz viel Steuergelder bekommt, um den Markt der Zukunft mit dem Elektroauto zu gestalten. Bisher wurde allerdings kein echtes Elektroauto entwickelt. Auf dem Markt sind nur Umbauten, also Benziner, die auf Batterie umgestrickt wurden. Die Menschheit hat im Kopf, man müsse nur Benzin durch Elektro ersetzen, und der Verkehr rollt wie bisher. Aber Elektroautos sind nur sinnvoll, wenn sie mit erneuerbarer Energie fahren. Dabei sind E.ON, Vattenfall oder RWE wohl kaum die richtigen Partner. Es muss also ein ganz neues Mobilitätskonzept her. Aber egal – wer nach einem harten Winter mit dem Auto nicht durch Deutschlands Schlaglöcher fahren will, muss sowieso seine eigene Straße mitbringen.

13 Umweltministerium: Das Einzige, wovor man sich wirklich fürchten muss, ist die Angst

Wenn man sich in der deutschen Umwelt umsieht, kann man feststellen: Spielende und rumtobende Kinder sind auf den Straßen und in den Gassen nicht mehr zu sehen. Aber ein guter moderner Föhn hat eine Ökotaste, genauso wie eine Waschmaschine oder auch so manches Auto. Man kann im Alltag fast nichts mehr tun, ohne die Umwelt durch Betätigen einer Taste zu schonen oder sogar zu schützen. Ob jede Ökotaste tatsächlich eine Funktion hat oder nur als Beruhigungstaste für das Gewissen wirkt, ist nicht immer klar ersichtlich. Auf jeden Fall hat die Partei »Die Grünen« viel zur Entwicklung dieser Tasten und dem dazugehörigen Bewusstsein beigetragen. Dabei sind Politiker eigentlich nicht zum Denken da, das ist nicht ihre Bestimmung. Da fehlt ihnen auch die entsprechende Taste. Grüne Politiker halten sich allerdings trotzdem für Denker – nicht nur Nach-, sondern sogar Vordenker.

In Baden-Württemberg wurde 2011 erstmals ein sogenannter Grüner Ministerpräsident. Und der renoviert die Wirtschaft jetzt ökologisch, wobei er sich schon wegen der Arbeitsplätze strikt an die Geschäftsordnung von Bosch, Porsche und Daimler Benz hält. Die Wählerinnen und Wähler dieses Ministerpräsidenten haben überhaupt kein Problem damit, klimaschädlich bei Bosch zu arbeiten, mit einem Porsche Cayenne das Altglas zum Container zu bringen und den Käse fürs Abendbrot im Bioladen zu kaufen. Vermutlich wird die Bahnhofspolitik in Baden-Württemberg genauso unterhaltsam wie vor einiger Zeit die Koalition der Hamburger Grünen mit der CDU. Für die Grünen war im Wahlkampf der Bau des Kohlekraftwerks Moorburg offiziell nicht verhandelbar. Ihr gesamter Wahlkampf beruhte auf der Ablehnung dieser Dreckschleuder. In den Koalitionsvereinbarungen mit der CDU fielen die Grünen einfach um, mit vorzüglichen FDP-Haltungsnoten.

Frau Hajduk, die grüne Hamburger Vorturnerin, sagte dazu im Radio: »Die Basis wird sich in dem Papier wiederfinden.« Logisch, sie ist ja darin eingewickelt worden. Bundesumweltminister Jürgen Trittin stellte klar: »Die Alternative wäre ein rechtswidriges Verhalten gewesen, und auch eine grüne Alleinregierung hätte das nicht anders entscheiden können.« Das konnten die Grünen vor der Wahl natürlich nicht wissen. Allmählich setzte sich dann die Überzeugung durch, es wäre wohl am besten, sowohl in der Regierung wie auch der Opposition mitzuarbeiten, weil das am ehesten die Glaubwürdigkeit erhöhe. Als Volkspartei hatten sich die Grünen damit als nachhaltige Motivation für die Gründung einer Roten Armee Fraktion empfohlen.

Das war mal anders. Bevor es die Partei »Die Grünen« gab. Aus den alternativen Szenen heraus hatte 1974 die Anti-AKW-Bewegung im badischen Wyhl ihren Anfang genommen. Großdemonstrationen und Protestmärsche quer durch die Republik folgten, Auseinandersetzungen an den Bauzäunen in Brokdorf und Grohnde, die Anti-Atom-Bewegung verhinderte die Wiederaufarbeitung in Wackersdorf, ebenso die Fertigstellung des schnellen Brüters in Kalkar. Den Hochtemperaturreaktor in Hamm-Uentrop mussten die Betreiber ebenfalls aufgeben, es gab den siegreichen Widerstand in Wackersdorf und in Gorleben, wo der niedersächsische Ministerpräsident feststellen musste, dass eine Wiederaufarbeitungsanlage politisch nicht durchsetzbar war.

Seitdem finden dort alljährlich rund ums Zwischenlager die Castorfestspiele statt. Diese Transporte mit deutschem Atommüll aus der französischen Wiederaufarbeitungsanlage La Hague nach Gorleben waren laut Trittin rechtlich unabweisbar und nicht zu vermeiden, er halte Protestaktionen für falsch, friedliche Proteste gehörten aber zum selbstverständlichen Recht jedes Bürgers, und auch die Polizei müsse Eskalationen vermeiden helfen. Dass sich ein Polizist daran gehalten hat, wurde nicht bekannt.

Die Protagonisten der Atomlobby, der sogenannte politisch-industrielle Komplex, sprach von Hysterie und Panikmache und reklamierte für sich die alleinseligmachende Vernunft. Nur alle 100 000 Jahre, so behauptete man, könne ein GAU vorkommen, wenn überhaupt.

1979 kam es im Atomkraftwerk Three Miles Island im US-Bundes-
staat Pennsylvania zu einer partiellen Kernschmelze.

1986 explodierte der Atomreaktor in Tschernobyl.

2011 ereignete sich das Desaster von Fukushima.

Die Anti-AKW-Bewegung hatte diese Ereignisse für möglich gehalten und recht bekommen. Die Beschwichtigungen der Atomenergie-
befürworter haben sich als haltlose Propaganda und verantwor-
tungslose Lügen erwiesen.

1981 wurde die Partei »Die Grünen« gegründet. Dadurch wurde
die Anti-AKW-Bewegung und ihr antiautoritärer, selbstbestimmter,
alternativer, bunter, anarchischer Widerstand allmählich in parla-
mentarisch-bürgerliche Bahnen kanalisiert, bis es eines Tages so
weit kam, dass eine Exbundessprecherin der Grünen im Manage-
ment der Gelsenwasser AG anheuerte. Gelsenwasser gehört zum
E.ON-Konzern, der seine Geschäfte auch mit Atomenergie betreibt.
Der Job war wohl eine Belohnung dafür, dass sie mitgeholfen hatte,
den sogenannten Atomkonsens durchzusetzen. Für manche Grüne
waren mittlerweile Ausstieg und Ausbau identisch. Vermutlich
glaubten sie auch, wenn der Dachboden im Keller liegt, dunkelt er
von allein nach.

1998 wurde der grüne Jürgen Trittin Bundesminister für Umwelt,
Naturschutz und Reaktorsicherheit. Trittin war ein recht umtriebi-
ger Minister. Zunächst als »Wachtelkönig« belächelt, stieg er bald
auf zum beliebtesten Dosenpfandminister aller Zeiten: Wer eine
gute Rendite wollte, investierte in Bier. Jeden Tag eine Palette Do-
senbier. Die Sorte war egal, Hauptsache, man kriegte zu jedem Bier
eine Dose dazu, gratis. Leidenschaftliche Bierdosensammler hatten
nicht selten 20 000 Stück im Keller. Wenn sie die zur nächsten An-
nahmestelle brachten, wurden aus 20 000 Dosen 10 000 Mark. Sau-
fen lohnte sich dank Trittin also wieder. Und je mehr man soff, desto
weniger macht es einem aus, wenn man dafür die Grünen wählen
musste.

Außerdem kümmerte sich Trittin um die von Menschen verursachten Emissionen von Treibhausgasen, also Gasen, die zu einer
Erwärmung der Erdatmosphäre beitrugen. Die sollten weltweit reduziert werden, um eine Klimakatastrophe abzuwenden. Zwölf Milliarden Tonnen CO_2 – so viel menschliche Treibhausgasemissionen

können Biosphäre und Ozeane jährlich ohne Folgeschäden aufnehmen. Das macht bei gerechter Verteilung für jeden Erdenbürger pro Jahr zwei Tonnen. Aber ein durchschnittlicher Deutscher genehmigt sich rund zehn Tonnen, etwa halb so viel wie ein durchschnittlicher US-Amerikaner. Und um diese Ungerechtigkeit auszugleichen, erfanden Lallbacke Trittin und seine internationalen Kollegen den sogenannten Emissionshandel. Staaten mit geringen Emissionswerten konnten ihre Emissionszertifikate verkaufen an Staaten mit hohen Emissionswerten, wenn die noch höhere Emissionswerte haben wollten.

Es war ein Jammer, dass Trittin mit seinem Song »Es ist so geil, ein Jürgen zu sein« nicht in die Charts kam. Das Lied handelt von einem engagierten Umweltschützer, der auf einer Kreuzung Sitzblockaden gegen sein eigenes Auto veranstaltet, daraufhin seinen Rücktritt fordert und selbigen sofort empört zurückweist.

Trittins größte Tat als Minister war der sogenannte Atomausstieg: Er schloss Verträge mit der Atomindustrie und vereinbarte das Ende aller AKWs in 32 Jahren. Die Union wollte im Falle eines Regierungswechsels den Ausstieg rückgängig machen. Aber bevor sie das konnte, musste sie in der großen Koalition noch eine Zeitlang Sigmar Gabriel als Umweltminister ertragen. Der war ein begnadeter Futterverwerter, der nie einen Hehl daraus machte, dass er an seinem Bauch hängt, und er war ein Garant dafür, dass auch in Zukunft im Umweltministerium die größten Kartoffeln geerntet werden. Als Brüssel mehr alternative Energien statt Kohle wollte, war Bundesumweltminister Gabriel gleich dafür. Auch als weniger CO_2-Ausstoß für die Industrie gefordert wurde, machte er mit.

Aber deutschen Automobilherstellern Klimaschutzziele zu verordnen, das konnte man mit ihm nicht machen. Da war er mit VW & Co absolut solidarisch. Gabriel wetterte gegen die EU-Kommission. Die führe unter dem »Deckmantel des Klimaschutzes« einen Wettbewerbskrieg gegen deutsche Autohersteller. Dass er früher für VW gearbeitet hatte, verschwieg er.

Das will ja auch niemand wissen. Einen großen Unfug zumindest hat Lallbacke Gabriel entscheidend in Brüssel angeschoben, indem er energisch darauf drängte, endlich die Glühbirnen zu verbieten und den Energiesparlampen ein Beleuchtungsmonopol zu verschaffen. Das führte dazu, dass sich viele Verbraucher mit klassischen Glühbirnen eindeckten. Sie wollten keine träge in die Gänge kommende, kalte und eher düstere Funzel, zumal so eine Energiesparlampe, wenn sie zerbricht, giftiges Quecksilber verdampft. Übrig bleibt dann Sondermüll. Und irgendwelche Drecksäcke machen einen immensen Profit. Das also kommt dabei heraus, wenn sich ein Umweltminister selbst mit einem Wirtschaftsminister verwechselt. Leute: Erst wenn die letzte Glühlampe zersprungen ist, werdet ihr sehen, dass Weihnachtsbaumketten mit Energiesparfunzeln etwa so anheimelnd sind wie eine Tofu-Gänsekeule mit Tüten-Chianti alkoholfrei.

Mit dem schmählichen Glühbirnenende startete die Ära des Ökodesigns: »Ich habe eine Vision«, erklärte Energiekommissar Günter Verheugen im Europaparlament, »eine Vision, wie das europäische Produkt der Zukunft aussehen soll. Das europäische Produkt der Zukunft, gekennzeichnet durch ein Made in Europe, sieht so aus, dass es das innovativste, das sicherste und zugleich das energieeffizienteste und das ressourcenschonendste Produkt ist.«

Daraufhin beschloss die EU: Als nächstes kümmern wir uns um den Duschkopf. Ob dazu oder zu einem anderen nützlichen Haushaltsgegenstand, das weiß man nicht mehr, aber jedenfalls sagte Lallbacken-Günni im Radiosender WDR 5: »The point of no return ist unumkehrbar.« Beifall.

Dann, 2009, kam »Muttis Klügster«. So wird Bundesumweltminister Norbert Röttgen von seinen CDU-Parteifreunden genannt – weil die es für ein Zeichen von Klugheit halten, wenn einer auftritt wie ein von der Heizung gefallenes Nitratwürstchen. Dieses Würstchen kündigt zwar gelegentlich eine Dialogoffensive an und sogar einen »Dialog auf Augenhöhe«, aber wenn es ernst wird, glitscht es weg. Im ZDF wollte Interviewer Thomas Walde vom Würstchen wissen, welche Alternativen es gebe, sollte sich herausstellen, dass der Standort Gorleben nicht geeignet sei.

Das Würstchen begann seine Replik mit den Worten: »Also ich bitte Sie!« Dann schwadronierte es wild durch die Gegend und ging forsch auf Rot-Grün los. Die Frage beantwortete es nicht. Walde hakte nach und bekam wieder keine Antwort. Walde hakte ein drittes Mal nach, und abermals kam das Würstchen nur ins Labern.

Walde hakte tatsächlich ein viertes Mal nach. Darauf das Würstchen: »Was heißt, die Alternative. Die Alternative der Vergangenheit war Nichtstun.« Da gab Walde auf. Mit einem Würstchen ist ein Dialog – auch auf Augenhöhe – unergiebig. Und wenn Herr Röttgen ein Würstchen wäre, müsste man sagen: ungenießbar.

Kaum im Amt, wurde Norbert Röttgen mit dem Satz konfrontiert: »Offenbar fließt noch mehr Öl ins Meer, als bisher angenommen.« Wochenlang, jeden Tag mehrmals, konnte man diesen Satz in den Medien hören und lesen: »Offenbar fließt noch mehr Öl ins Meer, als bisher angenommen.« Es floss aus der Ölplattform Deepwater Horizon im Golf von Mexiko. Angesichts der größten Ölkatastrophe aller Zeiten konnte der deutsche Umweltminister gleich mal versuchen zu begreifen, was ungefähr gemeint ist, wenn Energiemanager von »technisch jederzeit beherrschbaren Risiken« sprechen.

BP verschmutzt das Meer durch Millionen Liter Öl und erhöht den Benzinpreis.

Am Ostseestrand ein Mal ins Freie pinkeln kostet hundert Euro Strafe.

Auf dem Weltsterbehilfegipfel in Kopenhagen ist Norbert Röttgen, der so unscheinbar ist, dass seine Geburt vermutlich nicht mal von seiner Mutter registriert wurde, sensationell aus sich herausgegangen und hat mächtig Druck auf China und die USA gemacht. »Diese beiden Länder tragen eine besondere Verantwortung für den Klimaschutz«, sagte er. Und: »Auf der Konferenz sollte man Spielräume nutzen, um Bewegung zu erzielen.« Da sind die richtig zusammengezuckt, das war schon die brutalst mögliche deutsche Umwelthärte, die Amerikaner und Chinesen da von Röttgen zu spüren bekamen …

Hart und durchsetzungsfähig ging der Mann seinen Weg. Nach der Bundestagswahl 2009 beschlossen die Regierungsparteien CDUCSUFDP, was sie beim Atomausstieg zehn Jahre zuvor angekündigt hatten: die Laufzeitverlängerung der Kernkraftwerke. Bei den Gesprächen der Bundesregierung mit den Stromkonzernen saß Gerald Hennenhöfer mit am Tisch, ein bemerkenswerter Typ: Schon unter Umweltministerin Merkel war Hennenhöfer für die Reaktorsicherheit zuständig gewesen, bevor er die Seiten wechselte und für den Stromkonzern Viag an den Verhandlungen über den Atomausstieg beteiligt war. Umweltminister Röttgen hatte ihn reaktiviert und zum Abteilungsleiter für Reaktorsicherheit bestellt. Einen Atomlobbyisten, der bewusst und skrupellos alle Risiken ausblendet, an die Spitze der Atomaufsicht zu setzen, war ein Affront gegen alle, die auf eine seriöse Politik des Umweltministers gehofft hatten. Nun durfte sich die Atomindustrie also selbst kontrollieren.

Und logisch: Dieser Abteilungsleiter für Reaktorsicherheit hielt alle genehmigten Atomreaktoren in Deutschland für sicher genug, egal wie alt sie waren. Gerald Hennenhöfer ist eben ein Mann, der so seine eigenen Vorstellungen von nuklearer Sicherheit hat. In einem Rechtsgutachten stellte Lallbacke Hennenhöfer fest:»Maßgeblich sind vom Betreiber darzulegende betriebswirtschaftliche Gründe. Sicherheitsfragen sind hingegen nicht maßgeblich!« Ein Abteilungsleiter für Reaktorsicherheit, für den Sicherheitsfragen nicht maßgeblich sind, war also maßgeblich an der Laufzeitverlängerung der deutschen Kernkraftwerke beteiligt. Und Merkel & Co fanden das in Ordnung.

Dann ereignete sich in Japan das Erdbeben, das den Tsunami auslöste, der drei Kernkraftwerke vom Netz nahm, deren Kernschmelze die Natur in unvorstellbarem Ausmaß schädigten.

Fest steht, die deutsche Regierung hatte niemals eine Laufzeitverlängerung für japanische AKWs durchgesetzt, aber der deutsche Umweltminister war dennoch etwas irritiert:»Die Indizien ... lassen uns zu der Annahme neigen, dass der Prozess der Kernschmelze im Gange ist.« Röttgen redete von »uns«. Vermutlich wollte er so die Verantwortung von sich auf eine Gruppe schieben. Röttgen »neigt zu der Annahme«, dass da etwas »im Gange ist«. Lallbacke Röttgen hatte offenkundig Angst. Nicht um die Japaner. Um sich und seine Politik. Und so wandte sich Röttgen vor dem Hintergrund der »aktuellen Notlage« gegen »politische Diskussionen« über die Sicherheit und Laufzeit von Kernkraftwerken in Deutschland und sagte:»Ich halte das für völlig deplatziert.«

Wenn es nicht so zynisch wäre, müsste man sagen: Schon um diesem Minister und seinen Leuten eins auszuwischen, kam die Atomkatastrophe von Fukushima in Japan gerade recht.

Die Forderung der Bevölkerung nach Abschaltung der deutschen Atomkraftwerke wurde innerhalb von Tagen immer dringlicher. Offenbar war sie wesentlich intelligenter als ihr Minister. Die Anti-

AKW-Bewegung hatte die deutliche Mehrheit im Land. Der politisch-industrielle Komplex pfiff auf dem letzten Loch. Dennoch schätzten der Bundesverband der Deutschen Industrie, die Vorstände von RWE, E.ON, EnBW und Vattenfall, die Unionsparteien und die Liberalen die Situation erst mal völlig falsch ein. Sie wollten zum Wohle der Milliardengewinne der Energiekonzerne weiter va banque spielen. Doch ihre Argumente waren allzu dürftig.

Sie sagten beispielsweise: Absolute Sicherheit gibt es nicht.

Antwort: Doch, wenn man gar nicht erst AKWs baut.

Oder: Deutsche Atomkraftwerke sind die sichersten der Welt.

Antwort: Arroganter Schwachsinn. Der Satz wäre nur wahr, wenn er lautete, unser Uran und Plutonium strahlen nicht.

Oder: So etwas wie Fukushima könnte in Deutschland nicht passieren.

Antwort: Quatsch. Auch in Deutschland ist man nicht absolut vor Kernschmelzen sicher.

Oder: Auch wenn wir aussteigen, sind wir von Atomkraftwerken umgeben.

Antwort: Ja und? Das ist doch kein Grund, sich selbst welche zuzulegen, sondern Anlass, andere davon abzuhalten, sie zu bauen.

Die Bundesregierung wollte nun auf ein bisschen Atomkraft verzichten, und hier und da sollte sicherheitshalber noch mal die Sicherheit überprüft werden. Aber kurz zuvor war doch angeblich noch alles total sicher gewesen? Und jetzt wollte man etwas weniger Atomkraft? Warum? Und dass man vor kurzem noch deutlich mehr wollte, das war trotzdem völlig richtig? Atom-Merkel und die Lallbacken ihrer nuklear gesteuerten Entourage gaben nicht zu, dass die Laufzeitverlängerung ein Fehler war, und sie konnten auch nicht erklären, wie sie gleichzeitig für mehr und für weniger AKWs sein konnten: Es war ja noch gar nicht lange her, dass sie dem Volk erzählt hatten, man könne auf kein AKW verzichten, weil dann eine Stromversorgungslücke entstünde und das Volk im Dunkeln säße. Selten nur machten Lallbacken einen peinlicheren Eindruck.

Und dann trat Helmut Kohl mal wieder in Erscheinung und der Kanzlerin in Deutschlands beliebtester Tageszeitung vors Schienbein: Es sei kein Grund vorhanden, sich über eine Verkürzung der verlängerten Laufzeiten deutscher Atomkraftwerke Gedanken zu machen, denn »es gibt kein Leben ohne Risiken, sie gehören zum Alltag wie Wind, Wasser und Sonne ... Was in Japan passiert ist, ist schrecklich, aber – in aller Brutalität – es ist auch das Leben.«

Wie das Leben so spielt. Risiko gehört zum Leben. Man steckt ja nicht drin.

Risiko heißt im Fall Kernschmelze: Man muss damit rechnen, dass man selbst und die ganze Familie umgebracht werden. Weiter Kohl: »In Deutschland hat sich ... erst einmal und unmittelbar gar nichts verändert« ... Nur »die Wahrnehmung der Menschen«, und deswegen ist Deutschland, »gerade jetzt gefordert«. Sollte heißen: Weitermachen, liebe Freunde von der Störfall-Industrie, haltet durch, ich bin bei euch.

Daraufhin verdichtete sich der Wunsch, alle, die weiterhin für Atomkraft sind, erst mal zu Aufräumarbeiten nach Japan zu schicken. Im Anschluss können die Damen und Herren ja eine Kneippkur machen: Wassertreten in Fukushima.

In ihrer Regierungserklärung sagte Merkel, niemand habe ahnen können, dass Atomenergie so gefährlich sei. Ihr habe das jedenfalls keiner gesagt. Klar, und japanische Bedienungsanleitungen konnte sie auch nicht lesen. Dass sie sich von Windenergieunternehmen hat schmieren lassen, konnte bislang nicht verifiziert werden. Lallbacke Sigmar Gabriel warf ihr aber schon mal vor: »Sie haben die Sicherheit gegen Geld verkauft.«

Doch Frau Merkel machte auch Punkte, weil sie offenbar den Richtigen ins Portemonnaie griff: »Eine Million pro Tag Gewinn« wollten die Herren von RWE von der Bundesrepublik einklagen. Vielleicht kommt es eines Tages für den Fall eines Friedens in Afghanistan auch zu Schadensersatzforderungen der Rüstungsindustrie.

Die Atommüllproblematik bleibt Deutschland bis auf weiteres erhalten. Bayerns Ministerpräsident Seehofer sprach sich für die Suche nach einem neuen endgültigen Endlager aus: »Wir müssen erst mal Deutschland ausleuchten.« Die Bürger sind also gehalten, ihm alle ihre dunklen Ecken und verborgenen Seiten zu zeigen und, wenn Seehofer es wünscht, ihm erst die Kerze zu halten und ihm dann heimzuleuchten.

Nur der Blauflossen-Thunfisch kann dem Desaster von Fukushima vielleicht etwas Positives abgewinnen – er steht, als Resultat ungezügelter Überfischung, auf der Roten Liste der akut vom Aussterben bedrohten Tiere, und nirgends war sein Fleisch beliebter als in Japan. Möglich, dass den Japanern jetzt weniger Thuna zwischen die Stäbchen gerät.

Die Politiker haben das Entsorgungsproblem: Wohin mit der Umwelt?

Die Menschheit hat das Entsorgungsproblem: Wohin mit den Politikern?

14 Bildungsministerium: Leben ist ein postnatales Problem

In Deutschland gibt es 2011 laut einer Studie der Universität Hamburg 7,5 Millionen Analphabeten – bisher wurde ihre Zahl auf vier Millionen geschätzt. »Das ist eine Größenordnung, die keine Nische darstellt«, sagte Bundesbildungsministerin Annette Schavan dazu, und die Umstehenden zuckten zusammen ob der Präzision dieser Analyse. Diese deutsche Analphabeten-Forschung war eine große Ausnahme, denn meistens sind es ausländische Forscher und Wissenschaftler, die irgendetwas Umwerfendes herausfinden.

Da hat zum Beispiel der Traumforscher Kelly Bulkeley von der Santa Clara University in Kalifornien eine Studie zum Politikerschlaf vorgelegt. Die ergab: Republikaner leiden dreimal so häufig unter Alpträumen wie Demokraten. Laut Bulkeley lässt sich das auf einen allgemeinen Befund hochrechnen: Rechte schlafen schlechter als Linke. Denn: Konservative werden von der Realität härter gequält als Sozialisten, weil ihre politischen Bemühungen der Wirklichkeit nur selten gerecht werden. Linke hingegen schlafen gut, weil sie bereits Tagträume trainieren. Rechts würgt der Alp, bis der Morgen graut, links siegen süße Träume bis zum Morgenrot.

Deutschland hat immerhin ein Bundesministerium für Bildung und Forschung. Dem stand in der Gerhard-Schröder-Ära Frau Edelgard Bulmahn vor. Ihr größter Coup: eine Castingshow der deutschen Hochschulen. Titel der Veranstaltung: »Brain up! Deutschland sucht seine Spitzenuniversitäten.«

»Brain up« – »Gehirn hoch!« Oder »Birne weich?« Oder »Rübe ab?«

Für Frau Bulmahn stand fest, »dass ein Studium nach wie vor die beste Versicherung gegen Arbeitslosigkeit ist«. Da möchte man sich die schlechteste lieber gar nicht erst vorstellen. Auf jeden Fall, die

Eliteuni sollte den sozialdemokratisch-neoliberalen Traum vom höher qualifizierten Arbeitslosen realisieren. Leider haben andere Ministerien versäumt, dieses Modell zu kopieren: »Hands up! Hans Eichel sucht Steuerschlupflöcher!« Oder auch: »Fuck off! Die Liberalen suchen ihre Daseinberechtigung!« Jedenfalls – für »Brain up« sollten über fünf Jahre jeweils fünfzig Millionen Euro an ausgewählte Hochschulen gezahlt werden. Im Gegenzug wurden aber erhebliche Mittelkürzungen für alle Hochschulen angekündigt. Viel mehr steht nicht bei Wikipedia über Edelgard Bulmahns Tätigkeit. Mit Bildung und Forschung hat sich die Ministerin vermutlich nicht weiter abgegeben. Aber in ihre Amtszeit fiel immerhin die Stammzellendebatte.

Im Juni 2151, also in 140 Jahren, wird in einer polnischen Zeitschrift unter dem Titel »Die Deutschen sind ausgestorben« ein Artikel veröffentlicht worden sein (das ist Futur zwei, das beherrscht heutzutage kaum noch jemand) zum Gedenken an diese letzte große politische Auseinandersetzung.

Hier der Text in Auszügen: »Schon der weithin vergessene Philosoph Nietzsche schrieb, dass bei den Deutschen die Frage, ›was ist deutsch?‹ niemals ausstirbt. Das beweist, dass dankenswerterweise auch Philosophen irren können, denn mit den Deutschen ist diese Frage letztendlich doch ausgestorben. Warum sich die Deutschen aus der Geschichte verabschiedet haben, weiß man nicht. Die Theorie, es habe sich möglicherweise um einen Ausbruch kollektiver Intelligenz gehandelt, als die Deutschen zu der Einsicht gelangten, besser könnten sie nun nicht mehr werden und es sei am deutschesten, auf dem Höhepunkt der Evolution zu verschwinden, kann wissenschaftlich nicht belegt werden.

Aber man weiß: Es gab auch Widerstand gegen diese Entwicklung.

Die Regierung plädierte zum Beispiel für Zuwanderung aus dem Ausland. Sie prägte den Slogan ›Ausländer bereichern die deutsche Wirtschaft‹, aber die Wahrheit sprach sich schnell herum: Die deutsche Wirtschaft bereicherte sich an den Ausländern. Daraufhin erklärten die meisten potentiellen Einwanderer, sie fänden es reizlos, der deutschen Industrie die Konten zu füllen und dafür als Menschen zweiter Klasse angesehen zu werden, und sie würden mit der Einwanderung lieber warten, bis die Deutschen verschwunden seien, dann wäre das Land wesentlich attraktiver. So erfuhren die Deutschen, was es in der Welt wert war, ein Deutscher zu sein. Diese deprimierende Erkenntnis führte zu einer letzten großen Anstrengung, das Überleben des Volkes zu sichern.

Man führte eine intensive Diskussion: Was sind wir bereit zu tun, um einen durch und durch gesunden Menschenschlag zu züchten, und wollen wir alles unterlassen, was diese Zuchthominiden verhindern könnte? Das deutsche Parlament debattierte intensiv, vor allem die Frage: Waren wir nicht alle mal ein Embryo? Die meisten antworteten mit bejahendem Kopfnicken, denn sie konnten sich noch gut an diese schwere Zeit erinnern. Am Schluss der Debatte war klar: Etliche der Abgeordneten wären nie entstanden, wenn man sie vor ihrer Geburt gentechnisch überprüft hätte. Und schließlich war man sich einig: Deutschland brauchte dringend gentechnologische Züchtungserfolge, um ein einigermaßen zukunftstaugliches politisches Personal zu erhalten. Und so einigte man sich auf ein »Verbot mit Erlaubnisvorbehalt« für den Import von Embryozellen.

Das bedeutet: Weil das Töten von Embryonen – zumindest nach dem Abitur – in Deutschland verboten war, musste sich die Forschung die Dinger im Ausland besorgen, wo man nicht so zimperlich war. Das hatte den Vorteil, wenn sich herausstellte, dass es sich doch irgendwie um Menschen handelte, die da eingeführt wurden, konnte man sie abschieben. Den auch noch in die Debatte geworfenen Hinweis, Verletzungen der Menschenwürde riefen im Falle geborener Zeitgenossen häufig weit weniger Engagement hervor als im Fall Zellimport, ließen die Parlamentarier bedrückt, aber mit ernster Miene an sich abprallen.

Verantwortungsbewusste Entscheidungsträger wiesen schließlich darauf hin, man dürfe die sozialethische Dimension der Gentechnik nicht vergessen, und nur, wenn sich die neue Züchtungsindustrie mit der Beförderung von Arbeit und Wohlstand verbinden ließe, würde die Genforschung eines Tages zur Arbeiterwohlfahrt des biotechnischen Zeitalters. Man gründete einen nationalen Ethikrat, bestehend aus Wissenschaftlern, Theologen, Juristen und pensionierten Politikern. Dieser Ethikrat war sich bald einig, dass die Unantastbarkeit der Menschenwürde im deutschen Wirtschaftssystem eine kleinbürgerliche Illusion sei, weil die Gesellschaft nicht auf

Moral ziele, sondern auf Profit. Und solange sich nur ein Pfennig mit Gentechnik, Klonen et cetera verdienen ließe, solle dies auch geschehen.

Wenige Jahre darauf musste sich der Ethikrat mit PID beschäftigen, der präimplantationsgenetischen Diagnostik. Dabei ging es um den Ausschluss schwerer Gen- und Chromosomendefekte, die die Eltern partout nicht vererben wollten. Dagegen gab es schwere ethische Bedenken quer durch alle Bevölkerungsschichten und Parteien. Alle waren sich zunächst einig: Designerbabys sollte es nie und nimmer geben. Aber natürlich veränderten sich die Kriterien für die Diagnostik relativ schnell: Erst wurde PID stark reglementiert erlaubt. Dann spekulierten Pharmaindustrie und Gesundheitsministerium darauf, nach Elternwünschen gestylte Kinder könnten ein gutes Geschäft sein, vielleicht hatte PID das Zeug dazu, Mode zu werden oder vielleicht sogar Kult, und dann war es nicht mehr weit bis zur Selbstverständlichkeit. Und bei der Vorstellung, künstliche Befruchtung und PID würden eines Tages sogar Vorschrift, rieben sich alle Beteiligten vergnügt die Hände.

Ausgestorben sind die Deutschen letztlich, weil ihnen der medizinisch-pharmazeutische Komplex aus Habgier die unkünstliche Befruchtung verboten hat. Da verloren deutsche Männer und Frauen das Interesse aneinander. Sie hatten einfach keine Lust mehr.

Die Welt kann nur hoffen, dass die in militärischen Forschungseinrichtungen eingelagerten deutschen Stammzellen absolut sicher weggeschlossen sind.

Leserinnen und Lesern, die sich wirklich ernsthaft über die ethischen Aspekte der Genetik informieren wollen, sei an dieser Stelle ein Text des damaligen deutschen Kulturstaatsministers Julian Nida-Rümelin ans Herz gelegt. Der beschrieb sehr anschaulich die Problematik in ihrer ganzen Tragweite: ›Die utilitaristische Bestimmung des intrinsisch Wertvollen ist ebenso wie die utilitaristische Rationalitätskonzeption defizitär. Dies habe ich in meiner Kritik des Konsequentialismus ausführlich begründet und dort vor allem auf drei Konflikte hingewiesen, die zwischen utilitaristischer Ethik und zentralen moralischen Intuitionen oder Grundüberzeugungen bestehen: (1) Die Integrität der Person ist mit der Befolgung des utilitaristischen Prinzips unvereinbar, weil sie langfristige Bindungen an Projekte und Personen nicht erlaubt. (2) Individuelle Rechte lassen sich utilitaristisch nur unzureichend rechtfertigen. (3) Die zentrale Rolle der Kooperation, die Einhaltung von Regeln und Verfahren, ist auf der Grundlage utilitaristischer Prinzipien nicht gewährleistet.«

Aber dieser Text kam zu spät. Er konnte das Aussterben der Deutschen auch nicht mehr verhindern.

Mehr ist von Lallbacke Bulmahn nicht zur berichten. Viel ist das nicht. Aber viel mehr hat ihre Nachfolgerin Annette Schavan auch nicht zu bieten. Die erzählte dem *Hamburger Abendblatt*, sie halte Studiengebühren für gerecht. Schließlich müssten auch Handwerker für einen Meistertitel viel Geld ausgeben. Und sie stellte die rhetorische Frage: »Warum sollten Akademiker die einzigen sein, die bis zum Tag des Examens nichts zahlen?« Sie verteidigte also die Ungerechtigkeit der Studiengebühren mit der Ungerechtigkeit der teuren Meistertitel, statt daran zu arbeiten, beide Ungerechtigkeiten zu beseitigen. Lallbacke Schavan ist der lebende Beweis: Der Begriff Bildungsminister ist ein Widerspruch in sich, eine Contradictio.

Bei Thomas Goppel, dem einstigen bayerischen Wissenschaftsminister, reicht es nicht mal dazu. Der ist der Ansicht, monatliche Studiengebühren von hundert Euro könnten locker von jedem Studierenden gezahlt werden: Zwei Stunden Nachhilfe geben – und schon ist der Betrag erwirtschaftet, sagte er. Also, Goppel zahlt einem Studenten, der ihm stundenweise auf die Sprünge hilft, fünfzig Euro pro Stunde. Demnach kann man davon ausgehen, dass der zweifellos gewaltige Nachhilfebedarf aller bayerischen Minister ausreicht, jedem bayerischen Studenten die Zahlung der Studiengebühren zu refinanzieren. Das Problem wäre damit vom Tisch.

Annette Schavan war, bevor sie Bundesbildungsministerin wurde, schon in Baden-Württemberg Ministerin für Kultus, Jugend und Sport. Ihre sportliche Qualifikation und ihre turnerischen Ambitionen sorgten für recht wenig Gesprächsstoff, aber im Kultus kannte sie sich als Führungskraft im Zentralkomitee der deutschen Katholiken bestens aus: In Baden-Württemberg wird einer islamischen Frau mit Kopftuch der Eintritt in den Schuldienst verweigert, weil das Tragen des Tuchs eine unzulässige Religionsausübung sei – auch wenn die Frau beteuert, auf dem Kopf trage sie nur ein Tuch, ihren Glauben hingegen im Kopf.

In Bayern allerdings verpassten Polizisten zwei Frauen aus dem Iran mit Gewalt Kopftücher, weil der Iran, in den die Frauen abgeschoben werden sollten, bei Frauen nur Passbilder mit Kopftuch akzeptiert – obwohl die Frauen beteuerten, sie trügen kein Tuch auf dem Kopf, weil sie im Kopf keinen Glauben hätten. Selbstredend dürfen als Pinguine verkleidete katholische Nonnen Unterricht erteilen, egal was sie im oder auf dem Kopf haben.

Zum Schaden der Jugend setzte Frau Schavan in Baden-Württemberg das Abitur nach zwölf Jahren durch. Angesichts des immer schneller und massiver anschwellenden Wissens der Menschheit sind Schulzeitverkürzung und Turboabitur genau das Gegenteil von dem, was die Jugend braucht, nämlich eine Schulzeitverlängerung. Wie kann man Zeit besser verbringen als mit Lernen? Genügend Arbeitsplätze nach der Schulzeit gibt es doch sowieso nicht. Also lernen – aber nicht unter dem Druck einer Arbeitsmoral, sondern in der Geborgenheit einer noch zu entwickelnden Freizeitethik. Die Menschheit macht etwas falsch, wenn sie ihre Kinder in Schulen schickt, die nur Fachidioten produzieren mit starrem Blick auf die Nutzanwendung in einem profitablen Beruf. Bildung, vor allem die Geisteswissenschaften, Literatur: Das ist doch ein Gewinn, ein Genuss. Aber da Menschen unterschiedlich schnell lernen, müssen die Lehrmethoden endlich auf die unterschiedlichen Bedürfnisse der Lernenden Rücksicht nehmen. Es ist eine sinnlose Schinderei, dass jedes Kind zu einer bestimmten Zeit ein Ziel erreicht haben muss. Der schulische Gleichschritt macht die Schule bei vielen Kindern und Jugendlichen so verhasst. Langsam lernende Kinder müssen geduldig an die Inhalte herangeführt werden, und schnell lernende Kinder darf man nicht langweilen. Jedes Kind sollte in seiner Geschwindigkeit lernen. Lernen im Gleichschritt gelingt nicht.

Das zu realisieren verlangt neue Lehrer. Die Lehrer unserer Kinder müssen an der Spitze der Gesellschaft stehen: die bestmögliche Ausbildung, die höchstmögliche Qualifikation, die Spitzenbesoldung. Zur Zeit laufen in dem Beruf zu viele Notlösungen rum, die sichtlich überfordert sind, den befohlenen Gleichschritt der Lernenden zu koordinieren.

Das ist vermutlich auch ein Grund für schulische Disziplinprobleme – immer öfter trifft man Schüler, die ihre Lehrer für potentielle

Amokläufer halten. Bei dem Thema ließ Brandenburgs ehemaliger Innenminister Schönbohm regelmäßig den gewalttätigen Exgeneral raushängen: Straffällig gewordenen Schulschwänzern wollte Lallbacke Schönbohm elektronische Fußfesseln anlegen. Und die Aschaffenburger Lallbacke Norbert Geis, die mehrmals pro Woche den Eindruck erweckt, schon lange nicht mehr kalkresistent zu sein, wollte ernsthaft über den Vorschlag nachdenken lassen. Aber es findet sich niemand dazu bereit, solche autoritären Kanisterköppe jedes Mal, wenn sie sich öffentlich äußern wollen, zu knebeln.

Friedrich Carl von Savigny, ein Lehrer der Gebrüder Grimm, schrieb: »Die Kunst eines Lehrenden besteht darin, die produktive Energie des Schülers methodisch zu beleben und ihn die Wissenschaft selbst ausfinden zu lassen.« Solche Überlegungen waren schon um 1800 in der Theorie selbstverständlich. Die Theorie zumindest hat sich gut gehalten.

In der Praxis geht es darum, den passenden Nachwuchs für den Arbeitsmarkt heranzuzüchten, ihn schnell fit zu machen für Leistungs- und Konkurrenzdruck, ihn dem gesellschaftlichen Gleichschritt anzupassen. Den schätzt besonders Hessens ehemaliger Ministerpräsident Roland Koch, der immer wieder besorgt ist um die nationale Identität der Deutschen. Lallbacke Koch will, dass »die Schülerinnen und Schüler Respekt vor unserer Fahne haben«. Warum Minderjährige Respekt haben sollten, wenn ein besoffener Politiker aus dem Hals stinkt, sagte er nicht.

Die Politik unterstützt, dass immer mehr wirtschaftliche Interessen Einfluss auf die Bildung der Kinder nehmen. Unternehmensverbände und Handelskammern fordern ganz offen, dass Schule die Schüler maximal auf den Arbeitsmarkt vorbereiten soll. Sponsoring-Programme sind eine beliebte Strategie von Unternehmen, sich in der Schule einzunisten: Immer mehr Konzerne sind aus den Schulen gar nicht mehr wegzudenken, weil den staatlichen Schulen das Geld fehlt. Bildung wird immer mehr zur Privatsache. Die Vereinigung der hessischen Unternehmerverbände forderte die Politik schon auf, dafür zu sorgen, dass bis zum Jahr 2015 alle Schulen privatisiert sind. Vor allem will der Verband, dass Schule als soziale Einrichtung abgeschafft und stattdessen in einen Dienstleistungsbetrieb umgewandelt wird.

Da sind die berüchtigten Pisa-Studien äußerst hilfreich. Dieses Leistungsranking wird ja von der OECD veranstaltet, und das ist keine Lehrervereinigung, sondern die »Organisation für wirtschaftliche Zusammenarbeit und Entwicklung«. Da werden abfragbare Kompetenzen und der Tauglichkeitsgrad von Kindern für die zu erwartende Arbeitsleistung gemessen. Alles, was sie sonst noch können – alles Musische, Handwerkliche, die Teamfähigkeit und ihre soziale Kompetenz –, das alles wird nicht gemessen, und das interessiert auch niemanden.

Aber im Zusammenhang mit Pisa wird gerade von Politikern viel von Bildung, individuellem Lernen und Chancengleichheit geschwafelt. Und die Bildungsministerin immer vorneweg.

Dabei kann man ganz sicher sein: Würden die deutschen Schulen bei der Pisa-Studie international weit vorn liegen, dann würden die Finanzminister sagen, na also, es geht doch, und in den Schulen auch noch das Wasser in den Toiletten einsparen.

Warum nehmen Eltern das hin und setzen ihre Kinder selbst auch noch unter Druck? Weil sie tagtäglich auf eine verwertungsorientierte Erziehung getrimmt werden, indem man ihnen von morgens bis abends einbläut, welche Herausforderungen der globalisierte Arbeitsmarkt stellt und dass Minderqualifizierte auf der Strecke bleiben. So kommen dann die gut situierten Muttis und Vatis des kleinen deutschen Karl-Friedrich zu der Ansicht, dass eine verlängerte gemeinsame Schulzeit mit dem türkischen Ali und dem russischen Witali ihrem Sohn den Abstieg ins Prekariat aufnötigen würde. Sie denken auch, dass irgendjemand schließlich die einfachen Arbeiten erledigen muss, deshalb braucht das Land Menschen mit niedrigen Schulabschlüssen und ohne die nötige Integration, die ja einen sozialen Aufstieg ermöglichen könnte. Die gut situierten Muttis und Vatis wären ja blöd, Karl-Friedrichs bessere Stellung in der Konkurrenzgesellschaft zu schwächen. Entlarvend ist in dem Zusammenhang der Satz einer Vertreterin der Gegner der Hamburger Schulreform: »Was mich stört, ist, dass die Schüler, die etwas besser sind, dafür ›verhaftet‹ werden, dass sie die Schwächeren mitziehen.«

Dieser Satz ist auf viele Bereiche unserer Gesellschaft anwendbar – man muss nur »die Schüler« austauschen gegen »die Steuerzahler«

oder »die Arbeitnehmer«. Dann wird die Grundeinstellung derer sichtbar, die nicht bereit sind, etwas abzugeben. Diese Einstellung nennt man »asozial«.

Es ist schon grotesk: Die gut situierten Muttis und Vatis speisen gern und oft in diesem oder jenem Restaurant mit nichtdeutscher Küche. Sie sind stolz, wenn sie vom albanischen oder kurdischen Wirt mit Namen angesprochen und mit Küsschen links und Küsschen rechts wie gute Freunde begrüßt werden. Aber dessen Ali soll doch lieber auf eine andere Schule gehen als der kleine, aber zu Großem auserkorene Karl-Friedrich.

Karl Valentin hat mal behauptet: »Kinder brauchen nicht erzogen werden, sie machen uns eh alles nach.« Nach Lage der Dinge ist das zu befürchten.

Klar – eine optimale Erziehung ist wichtig. Und deswegen will Frau Dr. Angela Merkel, Akademikerin und gesamtdeutsches Konsensgirlie, in Schulzeugnissen wieder die sogenannten Kopfnoten einführen für Führung, Beteiligung am Unterricht, Ordnung und häuslichen Fleiß. Historisch betrachtet war es so: Wer gute Kopfnoten hatte und als Fleißnote gar ein »sehr gut«, aber in den Fächern eher traurige Noten, hatte es bei den Lehrern meist leichter als einer mit miesen Kopfnoten, Fleiß »völlig ungenügend«, und einem guten Zeugnis. Das war ein Zeichen von Charakterschwäche, so etwas nahm man übel an einer deutschen Schule.

Wenn Dr. Lallbacke Merkel die Kopfnoten wiederhaben will, ist das ein schönes Zeichen von Selbstironie.

Vielleicht wären Kopfnoten auch sinnvoll hinsichtlich der Aufzucht künftigen Geldadels. Dringend notwendig sind doch sonst Intensiv-Benimmkurse für Wirtschaftsführer, Banker, Anlageberater und alle anderen Finanzdienstleister. Denn man fragt sich ja wirklich: Wer hat diese Typen eigentlich erzogen? Wer hat ihnen diese Raffgier, diese Rücksichtslosigkeit und diese Bedenkenlosigkeit beigebracht? Wer lehrte sie zu lügen und zu betrügen, sich aber gleichzeitig für etwas Besseres zu halten? Woher haben sie ihren Dünkel? Wer hat sie so asozial gemacht? Warum haben sie nicht mehr im Kopf als eine Melkmaschine?

Diese arroganten Schnösel sind das Ergebnis des kapitalistischen Bildungssystems.

Im Jahr 2106 wird man in einer Festschrift anlässlich des 125. Geburtstags des letzten deutschen Gymnasialdirektors einen bemerkenswerten Aufsatz lesen können.

Hier der Text in Auszügen: »Die Älteren werden sich noch daran erinnern, mit welcher Begeisterung die Sechsjährigen damals in die erste Klasse gingen. Und wer sich dann die völlig demotivierten Halbwüchsigen ein paar Jahre später anschaute, der konnte ermessen, was für ein Verbrechen die Schule in jenen Jahren an der kindlichen Seele verübte. Es ist heute gar nicht mehr zu begreifen, mit welchem Gleichmut die Menschen damals die Stümperei der Schulverantwortlichen ertrugen. Damals, zu Beginn unseres Jahrtausends, gab es an vielen Hauptschulen Probleme: gewalttätige Schüler, hilfloses Lehrpersonal, fehlende Deutschkenntnisse. Unterricht fand an diesen Hauptschulen praktisch nicht mehr statt. Lehrerinnen und Lehrer hatten nur noch ihre Frühpensionierung im Sinn, stadtbekannte Psychologen zögerten nicht, ihnen eine Schulkinderallergie zu attestieren. Schülerinnen und Schüler waren ungezogen und gewalttätig. Sie bedrohten die Lehrer, und es soll sogar zu sogenanntem Schuleschwänzen gekommen sein.

Die Bevölkerung war erschüttert, jeder Schulstandort stand unter Polizeischutz. Auf Pausenhöfen wurden zeitweise mehr Journalisten als Drogendealer gesichtet, und weil die Übertragungswagen des Fernsehens die ganze Straße blockierten, fanden die Crashkids nicht mal mehr Parkplätze für ihre gestohlenen Sportwagen. Politiker jedweder Couleur bereisten mit verdunkelten Mienen die Schulen und entdeckten als Fachleute für Erziehungsfragen die Kuschelpädagogik der 68er im zwanzigsten Jahrhundert als wahre Ursache der juvenilen Disziplinlosigkeiten. Vor allem in den östlichen Ländern waren die Menschen überzeugt: In den Bildungsanstalten der DDR, zumal unter der Führung von Margot Honecker, ging's anders und besser zu. Da lernte man noch was. Die bildungspolitische Lage war so verzweifelt, dass Annette Schavan, die damalige Bundesbildungsministerin, die Unterbringung extrem aggressiver Schüler in eigens angelegten Internaten forderte. Sie vertrat also die sogenannte Guantánamo-Pädagogik.

Fortschrittliche Kräfte haben dann aber erkannt: Schulprobleme werden nicht dadurch gelöst, dass man Schüler ausgrenzt oder abschiebt, wenn sie nicht parieren, denn: Die Hauptschüler waren ja schon abgeschoben, und zwar an eine Schule, die ihnen keine Perspektiven bot und sie aus der Gesellschaft ausschloss. Die damalige Hauptschule war nur noch eine Restschule der Übriggebliebenen, und der Hauptschulabschluss war praktisch nichts wert.

Wir mussten handeln. Wir haben nachgedacht. Wir haben verstanden: Die Gesamtleistung eines Systems wird eben nicht durch Selektion, sondern durch Mischung der Kompetenzen erhöht. Lernen ist ein sozialer Prozess, er wird gesteuert und optimiert durch Kommunikation, durch Imitation und nicht zuletzt durch Einhaltung von Regeln fairen Umgangs. Was haben wir also gemacht? Wir haben die Hauptschulen abgeschafft.

Die Schülerinnen und Schüler wurden an Realschulen überwiesen. Das war eine Schule neuen Typs, die in ihrem Niveau unsere ehemaligen Hauptschüler nicht überforderte. Wir wollten die Fehler der Vergangenheit nicht wiederholen. Also wurde von Anfang an hart durchgegriffen. Wiedereinführung der Prügelstrafe und heftiges und nachhaltiges Nachsitzen. Die Schule als Strafvollzug stellte die Ordnung vorübergehend wieder her.

Dem US-amerikanischen Vorbild folgend, mussten alle Schülerinnen und Schüler morgens eine halbe Stunde früher aufstehen, um rechtzeitig bei allen Alkohol- und Drogentests anwesend zu sein und wegen möglichen Waffenbesitzes an Metalldetektoren vorbeizudefilieren.

Die Ausgabe von Schusswaffen an das Lehrpersonal hingegen sorgte dafür, dass die Zahl der Schlägereien während des Unterrichts und in den Pausen drastisch reduziert wurde. Der finale Rettungsschuss für die Hofaufsicht stieß bei Eltern und Hausmeistern auf breite Akzeptanz.

Damals setzte sich die Erkenntnis durch, dass neben den Grundrechenarten Angst der wichtigste Lerninhalt war. Die Angst vor allem hat aus Menschen Deutsche gemacht.

In den Folgejahren gab es allerdings auch Probleme an diesen Realschulen, speziell durch die Einführung des Faches Verbraucherwissen, in dem die Schülerinnen und Schüler alles über ihre Rechte im Alltag lernten. Konsequenterweise wandten sie ihr Wissen nun gegen das Lehrpersonal an: Im Fach Benimmkunde zum Beispiel, das die jungen Menschen auch im Umgang mit Messer und Gabel unterweisen sollte, pochten sie auf ihr Verbraucherrecht, Unterrichtsstoff bei Nichtgefallen umzutauschen.

Wir haben die Realschule dann auch recht bald wieder abgeschafft und die Einheitsoberschule eingeführt. Ziel war es, dass mindestens 95 Prozent aller Schülerinnen und Schüler die Schulzeit mit dem Abitur abschlossen. Selbstverständlich handelte es sich dabei um ein von jeglichem Bildungsballast befreites Abitur ganz neuen Typs, das aber leider auf massive Akzeptanzprobleme in der Wirtschaft stieß: Es war praktisch unmöglich, mit einem solchen Abitur den Anforderungen eines Praktikums zu genügen, geschweige denn einer Lehrstelle.

Einen Ausweg bot schließlich die Vereinigung von Einheitsoberschule und Universität zu einer Gesamtbildungsstätte, was es uns ermöglichte, hundert Prozent eines Jahrgangs zum Hochschulabschluss zu führen – und das bereits mit knapp zwanzig Jahren. Leider war es auch um die Berufschancen dieser Universitätsabsolventen nicht sehr gut bestellt, zudem wurden alsbald Klagen laut über Gewalt an den Hochschulen, hilflose Professoren und fehlende Deutschkenntnisse.

Heute nun stehen wir endlich an der Pforte der Lösung. Und wir begrüßen die Abschaffung des deutschen Bildungssystems insgesamt und die Übernahme sämtlicher Bildungseinrichtungen durch das kubanische Schulministerium. Das ist nicht nur ein Beitrag zur globalen Integration, sondern wird auch das Analphabetentum in unserem Land deutlich mindern.«

Die kompetenteste Prognose gab auf jeden Fall der Nobelpreisträger für Medizin 2010 ab, der brasilianische Onkologe Drauzio Varella:

»In der heutigen Welt wird fünfmal mehr in Medikamente für die männliche Potenz und Silikon für Frauen investiert als für die Heilung von Alzheimer-Patienten. Daraus folgernd haben wir in ein paar Jahren alte Frauen mit großen Titten und alte Männer mit hartem Penis, aber keiner von denen kann sich erinnern, wozu das gut ist.«

15 Entwicklungshilfeministerium: Die Würde des Menschen gibt es nicht umsonst – man muss sie kaufen

Herodot, ein griechischer Historiker, Geograph und Völkerkundler, schrieb vor 2 500 Jahren: »Jahr für Jahr scheuen wir weder Kosten noch Gefahren für Leib und Leben, um nach Afrika zu segeln und euch zu fragen: Wer seid ihr? Was für Gesetze habt ihr? Welche Sprache sprecht ihr? Ihr aber habt noch nie ein Schiff zu uns geschickt und uns noch nie eine Frage gestellt.«

Und wenn sie es nun heute tun? Was passiert dann?

Die italienische Insel Lampedusa ist der Name für eine europäische Schande. Die EU versagt in ihrem Umgang mit Flüchtlingen, weil sie diese als Feinde des Wohlstands betrachtet. Anstatt die europäische Politik zu ändern, betreiben die europäischen Staaten Sicherheitspolitik. Und das Meer halten sie für einen guten Verbündeten. Die EU betrachtet Flüchtlinge ähnlich wie Terroristen und behandelt sie auch so. Da spielt »Leistung muss sich lohnen« plötzlich keine Rolle mehr, sondern nur noch: »Die können wir uns nicht leisten.« Europa präsentiert sich der Welt zwar gern als »Raum der Freiheit, der Sicherheit und des Rechts« – aber das gilt selbstverständlich erst mal nur für die, die schon in Europa leben. Und deshalb gibt es kaum Hilfsaktionen oder Pläne, wie man diese Flüchtlinge aufnehmen und versorgen kann. Solche Humanität wäre ein falsches Signal, heißt es. Inhumanität ist demzufolge das richtige Signal.

Von 1988 bis 2010 starben an den europäischen Binnen- und Außengrenzen mehr als 15 000 Menschen. Zehntausende Afrikaner riskieren alljährlich auf maroden Booten ihr Leben, um ein besseres in Europa zu finden. Jeder vierte ertrinkt. Die anderen werden von der europäischen Grenzagentur Frontex auf hoher See abgefangen und in libysche Abschiebezentren »umgeleitet«, in denen Misshandlungen an der Tagesordnung sind. Deutschland schickt Hubschrauber und Bundesgrenzschutzbeamte, um mitzuhelfen, die Flüchtlinge noch auf dem Meer »abzuwehren«. Möglichst diskret und weit genug vor der Küste, damit deutsche Touristen durch das Elend nicht belästigt werden.

Und wenn diese Flüchtlinge es tatsächlich bis an die deutsche Grenze schaffen? Müssen sie sehr vorsichtig sein: Beim Versuch, die deutsche Grenze zu überqueren, sind seit 1993 über 400 Flüchtlinge ums Leben gekommen. Die, derer man habhaft wird, werden nicht selten geschlagen, gefesselt und mit Medikamenten »ruhiggespritzt«. Viele Flüchtlinge werden auch während ihrer folgenden Abschiebung verletzt – und das nicht nur durch Menschenrechtssprüche.

Warum verlassen die Afrikaner ihren Kontinent? In Afrika beläuft sich das Pro-Kopf-Jahreseinkommen auf 490 Dollar. Die Jahressubvention für jede europäische Kuh beträgt 913 Dollar. Die vermögenden weißen Staaten in der EU vor allem sind verantwortlich für die Elendsverhältnisse und die Hungersnöte in Afrika. Weiße Geschäftemacher veranstalten Spekulationsgeschäfte auf den Rohstoffmärkten, sie manipulieren den Getreidepreis, sie zahlen Preise, die weit unter den Welthandelspreisen liegen. Sie kippen die europäische Überschussproduktion auf die Märkte – subventionierte Lebensmittel der EU, die man früher vernichten musste, gelangen in Afrika so billig auf die Märkte, dass sie die Strukturen der einheimischen Landwirtschaft zerstören. Solange wegen der weißen Subventionspolitik europäische Butter in Marokko billiger ist als die einheimische, solange französisches Geflügel in Niger weniger kostet als das dortige, solange schwimmende Fischfabriken alles wegfangen, was im Wasser nicht schnell genug abtauchen kann – so lange muss man sich über den Exodus aus Afrika nicht wundern.

Und dann leiden die Menschen auch noch unter dem Klimawandel. Daran sind ganz sicher nicht die Afrikaner schuld: Die sind nicht einmal mit fünf Prozent an der Emission von Treibhausgasen beteiligt.

Zur gleichen Zeit, in der weiße Politiker monatelang über Milliardenkredite und Bankenrettungen palavern und die weißen Fernsehzuschauer sich mit Finanzbrennpunkten langweilen lassen, vegetieren in Somalia Hunderttausende in Lagern, verdursten und verhungern. Das ist mal gerade eine Meldung zwischen Oslo-Massaker und Londoner Zeitungsskandal. Afrikanische Hungerkatastrophen werden mit der Bitte um Spenden ausgeblendet und ruhiggestellt. Wenn es darum geht, Banken zu retten, bittet niemand um Spenden. Da werden ganz selbstverständlich Steuergelder zweckentfremdet.

Denis Healey, ehemals britischer Schatzkanzler, brachte es auf den Punkt: Entwicklungshilfe ist, »wenn die armen Leute eines reichen Landes für die reichen Leute eines armen Landes Geld spenden«.

Für das Haushaltsjahr 2011 stehen dem Bundesministerium für wirtschaftliche Zusammenarbeit und Entwicklung (BMZ) 6,219 Milliarden Euro zur Verfügung.

Dafür hätte die Commerzbank ihre Schalter nicht geöffnet.

»Es klafft ein krasses Missverhältnis zwischen dem Verbrennen von Milliardenbeträgen in der US-Finanzkrise und der Situation von Armen in der Welt«, sagte Bundesentwicklungsministerin Heidemarie Wieczorek-Zeul. Dass und wie man das Verhältnis umdrehen muss, wie man die Verhältnisse grundlegend ändern kann, wie viele Milliarden man dafür braucht, sagte Lallbacke Heidemarie nicht. Vermutlich wären es viel weniger Milliarden als befürchtet – wenn es gelänge, die Marktverantwortlichen in den Ruhestand zu schicken oder aber – was unwahrscheinlich ist – ihren Gehirnen ein Upgrade zu verpassen. Mit deutschen Parteisoldaten und politischen Amöben wird das allerdings nichts. Die werden regelmäßig von ihren eigenen Sprachhülsen und Klischeeansichten erschlagen. Lallbacke Hubertus Heil zum Beispiel teilte mit: »Die SPD wird dafür sorgen, dass die Armutsbekämpfung und die Entwicklungspolitik beim G-8-Gipfel ganz oben auf der Tagesordnung stehen.« Ja und? Da stehen sie heute noch.

Solange man die Dritte Welt als Massenmarkt für Waren, Erzeugnisse und Verfahren betrachtet, die die reichen Weißen für sich selbst entwickelt haben, können sich die Herrschaften ihre sogenannte Armutsbekämpfung an den Hintern klatschen. Solange man es nur darauf anlegt, die Phantasie potentieller Verbraucher zu beherrschen, damit die »Durst« mit »Red Bull« übersetzen, ist der von gutherzigen Entwicklungshelfern gebohrte Brunnen obsolet, sind die an europäischen Straßenecken in Containern gesammelten Schuh- und Kleiderreste kontraproduktiv, bürgt der gespendete Kühlschrank auch nicht für gesunde Ernährung, verschlingt der Bau der schicken Poliklinik das Geld, mit dem man die Versorgung einer ganzen Region mit frischem Trinkwasser hätte gewährleisten können, was der Klinik viele Patienten erspart hätte. Und schließlich kann man auch die von weißen Samaritern betriebene Schule vergessen, in der ein paar schwarze Kinder eigentlich nur lernen, dass die besser ausgebildeten Kinder reicher Leute ihnen überlegen sind.

Wer ernsthaft glaubt, Kapitalismus könne mittels sogenannter Entwicklungshilfe eine dauerhaft positive Entwicklung eines armen Landes herbeiführen, spinnt. Und dass »Allgemeinwohl« der entscheidende Antrieb für Politiker ist, kann man getrost für ein von ihnen selbst gestreutes Gerücht halten. Da machen auch Politiker armer Länder keine Ausnahme.

Der Etat im deutschen Ministerium für wirtschaftliche Zusammenarbeit und Entwicklung ist folgendermaßen aufgeteilt: 50,1 Prozent für bilaterale und staatliche Zusammenarbeit, 13,3 Prozent für europäische Entwicklungsfonds, 11,6 Prozent für die Weltbank, 10,8 Prozent für zivilgesellschaftliche und wirtschaftliche Gruppen und Institutionen, 4,9 Prozent für die Vereinten Nationen und internationale Einrichtungen, 4,5 Prozent für Ernährungssicherung und globalen Umweltschutz, 3,5 Prozent für die Regionalbanken und 1,3 Prozent für das Bundesministerium.

Da sind viele große Taschen unterwegs, da kann viel versickern. So warf beispielsweise die SPD der bundeseigenen Entwicklungshilfeorganisation GIZ (Gesellschaft für Internationale Zusammenarbeit) Verschwendung vor. Der Bundestagsabgeordnete Lothar Binding hatte an Entwicklungshilfe-Staatssekretär Hans-Jürgen Beerfeltz geschrieben, ob es stimme, dass die sieben Mitglieder des GIZ-Vorstands auf Dienstreisen regelmäßig First Class wählen und dass ihnen ein Fuhrpark mit »Luxuskarossen mit eigenem Fahrer« zur Verfügung stünde. Auch Baumaßnahmen an den Vorstandsbüros seien erklärungsbedürftig, da es sich um »größtenteils unnötige repräsentative Investitionen« handele. In seiner Antwort betonte das Entwicklungshilfeministerium, dass der Vorstand der GIZ umfangreiche Aufgaben zu bewältigen habe und dazu eine »adäquate Arbeitsstruktur« benötige. Für die teuren Dienstwagen erhalte die GIZ hohe Rabatte und über den Wiederverkauf meistens mehr als den kompletten Preis zurück. Bei Flugreisen habe der Vorstand die Möglichkeit, eine höhere Klasse zu wählen, die auch durch Upgrading erreicht werden könne. Dann ist ja alles in Ordnung.

Der freie Demokrat Dirk Niebel wollte das Ministerium für wirtschaftliche Zusammenarbeit und Entwicklung, bevor er dessen Chef wurde, abschaffen. Eigentlich gar kein schlechter Gedanke: Der politische Nutzwert dieser Almosenverteilungsstelle ist allzu gering, und man hätte Herrn Niebel bei seinem Unterfangen gewiss unterstützt, wenn man nicht genau wüsste, wem die eingesparten Summen erfahrungsgemäß zufließen.

Was Dirk Niebel zum Nachfolger von Heidemarie Wieczorek-Zeul, die sich ja immerhin um Etaterhöhungen ihres Ministeriums bemüht hatte, qualifizierte, war bislang nicht in Erfahrung zu bringen, und die Frage, warum die FDP ausgerechnet das Entwicklungshilfeministerium übernahm, ließ nur eine Antwort zu: Pöstchenschieberei. Da knickte die Partei in gewohnter Flexibilität ein. Und die Bundespressekonferenz in Berlin lachte schallend, als die Kanzlerin kokett, wie das so ihre Art ist, den neuen Entwicklungshilfeminister vorstellte.

»Eine sonderbare Wahl«, kommentierte ein amerikanischer Diplomat die Ernennung, stand in den Wikileaks-Papieren.

Bundesfeldmütze Dirk Niebel gibt gern zahlreiche Interviews. Deren Erhellungsfaktor ist nicht sehr groß – hier einige verbale Perlen: »Mein Ziel ist es, die Entwicklungspolitik in der Mitte der Gesellschaft zu etablieren. Ich will die Entwicklungspolitik rausholen aus der Kuschelecke.«

Mit wem hat die rote Heidi denn gekuschelt? Mugabe? Mahamadou Issoufou? Adolphe Muzito? Oder war es doch Idi Amin?

Auf die Frage, ob der Entwicklungsminister Niebel gebremst werde vom FDP-Politiker Niebel, der ja zugleich Steuersenkungen fordert, antwortete der mittlerweile zu einer erlesenen Fachkraft erblühte Niebel: »Da sehe ich keinen Widerspruch – zumal aus jedem Euro, der für die bilaterale Entwicklungszusammenarbeit ausgegeben wird, 1,80 Euro in die deutsche Wirtschaft zurückfließen. Außerdem bringt der Haushaltsentwurf nicht nur Aufwüchse, sondern bietet auch mehr Spielräume, entwicklungswirksame Kredite zu gewähren und Gelder mit Marktmitteln zu hebeln.«

Na also, die Geschäfte laufen doch.

»Wir werden kein Land von außen entwickeln können. Wenn es einer Regierung lieber ist, sich unter Inkaufnahme der Verletzung von Menschenrechten von den Chinesen eine Straße bauen zu lassen, als mit uns einen anstrengenden Politikdialog zu führen, dann muss sie diesen Weg gehen. Dann versuchen wir dort, die Lebensbedingungen der Menschen über politische Stiftungen, Kirchen und die Zivilgesellschaft zu verbessern.«

Sich von den Deutschen eine Straße bauen zu lassen und sich mit Chinesen zu unterhalten – so doof sind die Afrikaner nun auch wieder nicht.

Darauf angesprochen, der arabische Frühling in Nordafrika mute ziemlich herbstlich an, erwiderte Lallbacke Niebel: »Bei meinem jüngsten Besuch in Tunis habe ich das komplett anders erlebt. Ein Land, in dem sich schon 94 Parteien haben registrieren lassen, ist auf dem richtigen Weg. Dort entwickelt sich viel Positives – auch durch unsere Unterstützung.«

Wahnsinn – diese FDP-Lallbacken gründen in Nordafrika eine Partei nach der anderen.

»Die sechzig Millionen Euro, die wir für die Zusammenarbeit mit der Wirtschaft ausgeben, machen in meinem Sechs-Milliarden-Etat gerade mal ein Prozent aus. Aber wenn ich dazu beitragen kann, Unternehmens- und Entwicklungsinteressen so zu verbinden, dass beide Seiten davon Vorteile haben, dann sehe ich das ausdrücklich als meine Aufgabe an. Ohne Wirtschaftswachstum werden die Menschen in unseren Partnerländern kein Einkommen haben und der Staat keine Steuereinnahmen.« Quod erat demonstrandum: nix kapiert.

Denn, sag es, Lallbacke Niebel: »Hauptaufgabe bleibt das öffentlich finanzierte Entwicklungsgeschäft.« Eben.

Es ist zu hoffen, dass es eines Tages gelingt, allen Entwicklungsministerinnen und -ministern Kalbshirne einzupflanzen, dann sind sie wenigstens genauso intelligent wie ihre Wählerinnen und Wähler.

16 Bundespräsidialamt: Das Maximum faseln über ein Minimum

Für das Wählen eines Bundespräsidenten ist die sogenannte Bundes-versammlung zuständig. Das sind rund 1205 Leute, die nichts anderes zu tun haben, als alle fünf Jahre den Bundespräsidenten zu wählen. In jedem normalen Unternehmen hätte man die längst gefeuert und den Bundespräsidenten in Taiwan herstellen lassen. Zum Bundespräsi-denten wird nicht der gewählt, den alle für den Geeignetsten halten, sondern der, auf den sich die meisten einigen können. Der Bundesprä-sident ist also auch immer der kleinste gemeinsame Nenner.

Ein Bundespräsident kann Gesetze unterschreiben und Reden hal-ten, wann und wo immer es ihm passt, sogar an Weihnachten von zu Hause aus. Die Reden finden aber nur selten offene Ohren. Eine Um-frage ergab: Wenn deutsche Autofahrer im Stau stehen, denken 8,3 Prozent an den Spritverbrauch, zehn Prozent an die Familie, und die meisten Autofahrer denken im Stau an Sex. Niemand denkt an den Bundespräsidenten. Aber sechs Prozent denken an gar nichts. Da könnten sie genauso gut an den Bundespräsidenten denken.

Nach Ansicht des Bundespräsidenten Johannes Rau war die Poli-tikverdrossenheit der Bevölkerung vor allem auf die unverständliche Sprache von Politikern und verkürzte Wiedergabe in den Medien zu-rückzuführen. Immer weniger Menschen verstünden, worum es bei vielen politischen Entscheidungen gehe, meinte er. Das hieß: Er hielt immer mehr Menschen für blöde.

Gegenfrage: Wofür hielten die ihn?

Andererseits wollte Bundespräsident Johannes Rau sich auch nicht mit seinem Volk anlegen: »Besonders desaströs ist der Ein-druck, wenn die Vorgänge im Zusammenhang stehen oder in die Nähe gebracht werden mit Korruption und unzulässiger Einfluss-nahme wie Bestechung oder Vorteilsannahme.«

Das kann man wohl sagen. Aber desaströs ist Gott sei Dank nur der Eindruck, die Tatbestände Korruption und Bestechung selbst sind so schlimm nicht. Und was der Bundespräsident ganz außer Acht lässt: Ein Desaster sind auch seine ausgelutschten Phrasen. Als führender Politiker der Kollegenschaft ins Gewissen zu reden – wen soll das beeindrucken? Politiker wecken bei den Leuten nun mal Missmut, Häme, Ablehnung und Desinteresse. Es wäre hilfreicher gewesen, hätte Herr Rau die Politiker in Schutz genommen und stattdessen auf den Pöbel eingedroschen. Die Leute glauben doch, sie könnten sich alles erlauben. Aber die werden nicht durch die Gazetten gezerrt oder zum Rücktritt genötigt.

Wer zieht sich denn massenhaft Ekelshows auf RTL rein? Wer kauft jeden Tag *Bild* und holt sich bei fremder Leute Bett- und Klatschgeschichten einen runter? Wer stürzt sich gierig auf irgendwelche Hightechaktien und macht dann die Regierung für Vermögensverluste verantwortlich? Wer lässt Handwerker monatelang auf ihren Rechnungen sitzen und beklagt den Niedergang des Mittelstands? Wer nennt Politiker ahnungslose Arschlöcher und kann sich selber nicht mal den Unterschied zwischen Bundestag und Bundesrat merken? Wer drängelt auf der Autobahn, bescheißt beim Finanzamt, erzählt sexistische Witze, mobbt Kollegen und giert aufs Erbe? Wer baut denn diesen ganzen Mist und hat trotzdem das Wahlrecht? Das alles mal anzuprangern, da traute er sich nicht ran, der Hohlschwatzexperte, der frömmelnde. Nein, Johannes Rau sah das Vertrauen in die Politik durch die Volksvertreter gefährdet.

Allerdings: Wie kaum ein anderer reiste er für Deutschland durchs Universum, etwa nach Grönland. Dort wie anderswo lobte er die »guten gewachsenen Beziehungen, die auf gemeinsamen Werten und Grundüberzeugungen« beruhen, stets fand er die richtigen Worte in dieser Stunde der Besinnung, er war Mahner, Warner, Deuter und Künder. Außerdem trachtete er. Er trachtete ununterbrochen. Und das tat er in beeindruckendem Glauben an die Kraft des Glaubens durch seinen Glauben an das Menschliche in der Menschlichkeit, und niemand, der dabei war, wird es je vergessen, wie er im Schloss Bellevue auf einen kristallenen Spiegel zuschritt und sich über alle Grenzen hinweg versöhnend alle Hände reichte.

Gegen Ende seiner Bundespräsidentschaft bekannte Johannes Rau: »Vieles war nicht gut, und das würde ich heute anders machen. Und ich stehe auch nicht an zu sagen ...«

»Ich stehe nicht an« hieß übersetzt: Es macht mir nichts aus. Also, er stand nicht an zu sagen: »Dafür entschuldige ich mich. Ich habe vielleicht Fehler gemacht, gewiss Fehler gemacht, wer täte das nicht. Aber ich habe nichts getan, was moralisch anrüchig ist.« Präzise zu sagen, welche Fehler er gemacht hat: Da stand er doch an. Er entschuldigte sich also. Das war sein Politikerdeutsch. Denn genau genommen konnte er bestenfalls um Entschuldigung bitten. Sich selbst entschuldigen konnte er nicht. Das machte in der Tat verdrossen. Natürlich kannte er den Unterschied genau. Als er im israelischen Parlament eine Rede hielt, da hat er um Entschuldigung gebeten. Die Rede wurde auch allgemein gelobt.

Leider hat folgende Passage in der Rede von Johannes Rau gefehlt: »Liebe Israelis, fast jeden Monat werden bei uns in Deutschland Grabsteine auf jüdischen Friedhöfen geschändet. Entschuldigt bitte. In unseren Schulbüchern steht ein bisschen wenig darüber, wer das Naziregime finanzierte und wer mit Hilfe der Arisierung den Grundstock seines heutigen Vermögens legte. Tut uns leid. Leider hat ein Berliner Gericht den Neonazis erlaubt, durchs Brandenburger Tor zu marschieren. Hoffentlich seid Ihr darüber nicht böse. Wir haben zwar die Schuldigen an der Hitlerdiktatur weder enteignet noch eingesperrt, aber es sind eben auch sehr viele – da müsst Ihr schon entschuldigen. Und dass es ein bisschen gedauert hat, bis diejenigen, die sich am Sklavenhandel des Dritten Reiches bereichert hatten, mit der Kohle rübergekommen sind, das lag eben daran, dass sie die erst mal über Preiserhöhungen und Lohnsenkungen von unseren Steuerzahlern reinholen mussten. Dafür, hoffe ich, habt Ihr Verständnis. Also, liebe Israelis, entschuldigt bitte, wenn ich auf all dieses nicht näher eingehe, aber ich kann mich ja nicht um jeden Kleinkram kümmern.«

Da hatte er recht. Und die Politik darf ja auch keinen Schaden nehmen, der sich nicht rechnet.

Für seine Nachfolge nominierte die SPD eine Frau. Die SPD schlägt immer dann eine Frau für ein hohes Amt vor, wenn sie selbst keine Verfügungsgewalt über dieses Amt hat. Wie ja überhaupt nur dann laut über Frauen in hohen Ämtern nachgedacht wird, wenn gerade hinter den Kulissen ausgehandelt wird, welcher Mann es wirklich werden soll.

Gesine Schwan, ihrem Gegenkandidaten zumindest frisurentechnisch haushoch überlegen, wäre nie als Bundespräsidentin-Kandidatin aufgestellt worden, wäre sie ein Mann gewesen. Sie hatte sich vorgenommen, sollte sie wirklich Bundespräsidentin werden, zur »Selbstverständigung der Gesellschaft« beizutragen. Niemand wusste, was eine Selbstverständigung ist. Meinte sie vielleicht Verselbständigung? Ausgeschlossen. Eine Verselbständigung der Gesellschaft kommt ebenso wenig in Frage wie eine Selbstverständigung der Gesellschaft oder eine Vergesellschaftung des Verständigungselbst. Frau Schwan plädierte einfach nur für eine Gesellschaft der ständigen Verselbstung, ist doch klar. Eventuell sollte man auch mal ein Tier als Bundespräsident ausprobieren, am besten ein weibliches Tier, eine sechzehnkarätige Goldhamsterin zum Beispiel. Das wäre dann mal eine Bundespräsidentin zum Anfassen.

Nach dem Abgang von Johannes Rau schien es zunächst so, als könne nun wirklich jeder Bundespräsident werden. Zur Wahl standen unter anderen die Jacob Sisters mit ihren Pudeln und Rudolph Moshammer mit seiner Bettwurst, aber der Sieger hieß dann doch Horst Köhler. Im Lexikon steht: Der Köhler war ein Handwerker, der die Herstellung von Holzkohle gewerblich betrieb. Der »schwarze Mann«, der oft »ohne festen Wohnsitz von Meilerplatz zu Meilerplatz zog«, war eine dubiose Figur: Der »Aufenthalt im nächtlichen Wald war verantwortlich dafür, dass der Köhler häufig mit Spukgestalten in Verbindung gebracht wurde«. Und mangels sozialer Kontakte galt der Kohlenbrenner häufig als einfältig und naiv – daher der »Köhlerglaube«, die dunkle Entsprechung der Milchmädchenmathematik. Vom Köhlerhandwerk kommt auch die Redensart vom Auf-dem-Holzweg-Sein: Der Holzweg, über den der Brennstoffhersteller sein Rohmaterial zum Kohlenmeiler brachte – war eine Sackgasse. Und in Kleists *Käthchen von Heilbronn* gibt es die Regieanweisung: »Köhler ab in die Hütte.« Weshalb also Köhler? Vielleicht, weil er ein Komparativ ist? Kohl – Köhler – hm.

Bundespräsident Köhler tat, was man von ihm erwartete: Er hielt Reden wie in Gelee gemeißelt. Und er hatte ein bedrohliches Lächeln, wenn er völlig gedankenfreie Sätze formulierte. Oder gerade deswegen.

Horst Köhler war knapp ein halbes Jahr Bundespräsident, da gab es schon ein richtiges Buch über ihn: *Offen will ich sein – und notfalls unbequem.* Es handelte sich wohl um den Dialog zwischen einer alten Jeans und einem durchgescheuerten Sessel. Rasch und überzeugend wurde aus Horst Köhler der Phrasenköhler. Beim Festakt zum sechzigsten Jahrestag der Unesco in Paris behauptete er: »Deutsche essen Sushi und Döner, ohne Goethes *Faust* zu vergessen.«

Das hatte Stil. Zumal die Deutschen auch Champagner und Whisky tranken, um solche Sprüche ernstnehmen zu können.

Bundespräsident Köhler wollte »aufrütteln« und »zum Umdenken bewegen,« und er drosch auf alles ein, was auch nur entfernt nach Phrase aussah: »Mit dem Mut zur Wahrheit und mit Tatkraft können wir unser Land wetterfest machen.« Oder: »Es gibt immer ein Auf und Ab. Meine Botschaft lautet: Es geht auch wieder bergauf.« Besser kann man das nicht formulieren.

Herr Köhler war, bevor man ihn zum Bundespräsidenten machte, als Generaldirektor des Internationalen Währungsfonds oberster Funktionär einer Organisation, die mit dafür verantwortlich ist, dass sich Millionen Menschen weltweit nicht ein ihre Gesundheit bedrohendes Übergewicht anfressen, und als deren Repräsentant hat er den Bevölkerungen in Entwicklungs- und Schwellenländern erfolgreich viele Jahre lang die Segnungen einer neoliberalen und antisozialen Politik wirklich nahegebracht. Diese Völker waren dann vor Freude auch immer ganz außer sich, wenn Horst Köhler sie als Repräsentant des deutschen Volkes besuchte. Einmal hätte man ihn – aus lauter Begeisterung – in Malawi beinahe in einen Kochtopf gesteckt, und Herr Köhler gab auch zu, wenn es gerecht zuginge auf dieser Welt, dann müsste er sein Geld im afrikanischen Busch als Sättigungsbeilage verdienen.

Zum Thema Arbeitslosigkeit formulierten die Medien in der Amtszeit Köhlers eine Fülle einfallsreicher Sätze. Zum Beispiel: Die Regierung muss jetzt weiter handeln, das heißt, sie darf nicht untätig sein. Oder: Es bringt nichts, mit Horrorgemälden im Trüben zu fischen. Das stand fest: Die Quatschköpfe jeglicher Couleur hatten Vollbeschäftigung.

Und so trat auch Bundespräsident Köhler vor den Unternehmern ans Rednerpult, und die Erwartungen, die sich auf seine Grundsatzrede richteten, waren so groß, dass er sogar für einen Furz stehende Ovationen bekommen hätte. Es war verständlich, dass Horst Köhler, der als Staatssekretär von Theo Waigel mitverantwortlich war für die Finanzierung der Einheit über die Sozialkassen, sich für einen unerhört tiefen Denker hielt, weil weite Teile der Öffentlichkeit ihm diese Qualität lautstark bescheinigten. Dabei war dieser Präsident mit seinem Leerlauf auf höchstem Niveau eine Art Papagei seiner selbst, denn immer wieder deklarierte er die Lohnnebenkosten zum »Kernproblem« des Arbeitsmarktes und behauptete, die Bürger hätten sich »gern immer neue Wohltaten versprechen und Geschenke machen« lassen. Als ob die Bevölkerung diese angeblichen »Geschenke« nicht mit ihren Steuern selbst bezahlt hätte. An anderer Stelle räumte Köhler aber auch ein: »Möglicherweise spüren die Menschen, dass durch Parteipolitik die Arbeitslosigkeit nicht weggeht.« Möglicherweise, Herr Köhler, möglicherweise.

Kurzum: Köhler hielt Reden, die nicht der Rede wert sind und die oft klangen, als lese jemand Gagatexte aus dem FDP-Programm vor. Die Köhler'sche Gedankenwelt, bestechend in ihrer Schlichtheit, folgte der Logik eines typischen Arbeitgeberpräsidenten.

Zu den unterschiedlichen Arbeits- und Lebensbedingungen auf BRD- und DDR-Gebiet fand Bundespräsident Köhler goldene Worte. In Fragen der Gesundheitsreform deponierte Herr Köhler hilfreiche Ratschläge mitten im Herzen der Beitragszahler: »Die Reihenfolge der Reformschritte muss stimmen. Das Pferd darf nicht von hinten aufgezäumt werden.« Wäre die Gesundheitsministerin darauf von allein gekommen? Eben.

Dann ermunterte er die Arbeitslosen »gleichwohl zu mehr Flexibilität bei der Suche nach einem Arbeitsplatz«. Er gab damit zu erkennen, dass er es nicht für allzu schlimm hielt, wenn ganze Landstriche entvölkert wurden, weil deren Bewohner keine Arbeit fanden. Er wusste ja genau, worin die Freiheit des modernen Menschen besteht: nämlich in der Entscheidung, entweder abzuhauen oder arm zu bleiben. Das zumindest hatte er von den Afrikanern gelernt.

Und eines Tages kam Lallbacke Köhler, übrigens ein recht guter Freund von Thilo Sarrazin, zu der Erkenntnis: »Solidarität ist Selbsthilfe.« Früher verstand man unter Solidarität Beistand in Wort und Tat, vor allem der Starken für die Schwachen. Laut Bundespräsident Köhler sollten sich die Schwachen nun selbst helfen. Köhler sagte dies angesichts der notleidenden Banken, denen das Volk Solidarität in Milliardenhöhe erweisen musste, weil sie sonst zusammengebrochen wären. Solidarität ist demnach Beistand der Schwachen für die Starken, die ihre Stärke verplempert haben. Den Kommentar zu seinem Schwachsinn lieferte Köhler selbst in seiner Weihnachtsansprache: »Wir haben in diesem Jahr Taten erlebt, die uns an die Grenze des Verstehbaren geführt haben.« Also dahin, wo Horst Köhler sich am wohlsten fühlt.

Mit einer Rede im Fernsehen, in der Bundespräsident Köhler sich selbst Spalier stand, machte er dem Volk die von ihm gestattete Auflösung des Bundestages und Neuwahlen schmackhaft: »Die Wähler haben jetzt die Möglichkeit, die Zukunft unseres Landes mitzubestimmen.« Interessant: Im Grundgesetz steht, alle Staatsgewalt geht vom Volk aus. Von Mitbestimmung ist da keine Rede. Herr Köhler war offenbar der Meinung, da gäbe es noch andere, die das Sagen über die Zukunft des Landes haben. Wahrscheinlich dachte er an Vorstände und Hauptaktionäre und wünschte sich eine Demokratie mit einem Krümel Mitbestimmung, der normalerweise aber auch nicht vom Tisch fallen sollte.

Bundespräsident Horst Köhler war als Lallbacke unübertrefflich.

Man dachte ja, nach Lallbacke Köhler kann nun nichts mehr kommen, aber dann kam Christian Wulff. Am Gesicht von Christian Wulff rutscht der Blick einfach ab. Dahinter lauert das Nichts. Der kleine Christian hat niemals eine Katze angezündet oder einen Behinderten im Rollstuhl umgekippt wie andere normale Jugendliche. Er hat sich von klein auf nur für Niedersachsen interessiert. Christian Wulff verfügt über ein breit gefächertes Spektrum an Inhalten, um die Aufgaben der Ziele in den Griff bekommen und um über ein effektives Programm zu den drängenden Fragen der Zeit klare Antworten zu geben, damit die berechtigten Interessen Deutschlands zukunftsfähig werden im Sinne bürgernaher Gestaltung, auch und gerade für junge Leute.

Westerwelle sagte über den neuen Präsidenten: »Christian Wulff ist jemand mit einem klaren inneren Kompass, er weiß, welche geistige Achse unsere Republik braucht.« Wenn man das nicht versteht, muss man sich nicht genieren – das versteht nur Lallbacke Westerwelle.

Und Kanzlerin Merkel erklärte dann, warum Präsident Wulff einen Kompass mit eigener Achse braucht: »Christian Wulff ist ein Mensch, der immer neugierig auf Menschen ist, der auf die Menschen zugeht.« Man muss also damit rechnen, wenn man im Radio was von »Fußgängern auf der Fahrbahn« hört, dass es sich um Bundespräsident Wulff handelt, womöglich mit seiner ganzen Familie. Frau Merkel hat das erläutert: »Er ist bereit, mit den Menschen einen Weg zu gehen, der nicht immer leicht ist.« Man darf ihn also anrufen und um Begleitung bitten, wenn es zum Zahnarzt geht, zur Prostatauntersuchung oder zum Idiotentest.

Der Bundespräsident ist, wie er selbst bekanntgab, einer von uns.

Bei Joachim Gauck, der bei der Bundespräsidentenwahl gegen ihn antrat, konnte man da nicht so sicher sein. Diese ebenfalls mit Sarrazin befreundete Ossi-Lallbacke steht ja so weit rechts – gegen den ist Wulff ein linker Humanist. Gaucks Wahl klappte dank der Linkspartei nicht, aber immerhin hat Gauck in Bayern den Geschwister-Scholl-Preis erhalten. Dazu schrieb die *Frankfurter Allgemeine*, er habe als mutiger Freiheitskämpfer die klare Antwort auf die Frage gegeben, ob die DDR ein Unrechtsstaat war oder nicht.

Ist der Gauck denn damals in der DDR hingerichtet worden?

Von Christian Wulff gibt es mittlerweile auch ein Buch, 400 Seiten dick, mit 31 Reden und fünf Interviews – ein schönes Konfirmationsgeschenk, das nichts kostet, weil es vom Bundespräsidialamt kostenlos abgegeben wird. Auf Seite 110 ist zu lesen, dass die Zahl der Menschen auf der Welt weiter zunehmen wird, und auf Seite 230, dass Kinder Bewegung brauchen. Also beinharter Stoff. Möglicherweise wurde Bundespräsident Wulff wegen dieses Buches in Wiesbaden mit einem Ei beworfen. Der Täter, ein Ingenieur aus Offenbach, hatte schon Bundespräsident Rau attackiert, indem er ihn mit einer Handvoll kopierter Zeitungsartikel bombardierte. Und auch Bundespräsident Köhler wurde ein Opfer dieses Mannes, der ihn in der Frankfurter Paulskirche einst fest umklammerte.

Bundespräsident Wulff reagierte auf das Gelbe an seinem Anzug: »Ich möchte den Kontakt zu den Bürgern haben. Das setzt voraus, dass man auch einmal von einem Ei getroffen wird.«

Fliegende Eier als Voraussetzung für bürgernahe Kontaktbereichs-präsidenten? Ursache und Wirkung zu vertauschen gehört zum Rüstzeug von Politikern.

17 Die vierte Gewalt

Schopenhauer hat den Rahmen für jede kabarettistische Bemühung abgesteckt: »So sehr auch auf der Bühne der Welt die Stücke und die Masken wechseln, so bleiben doch in allen die Schauspieler dieselben. Wir sitzen zusammen und reden und regen einander auf, und die Augen leuchten, und die Stimmen werden schallender: Ganz ebenso haben andere gesessen, vor tausend Jahren: Es war dasselbe, und es waren dieselben: Ebenso wird es sein über tausend Jahre.«

Ja, Krieg und Frieden, Arm und Reich, Macht und Ohnmacht, Moral, Gesundheit, Ausländer und Korruption. Jedes Thema findet regelmäßig sein Recycling, auf jeden Fortschritt folgt prompt ein Rollback. Die Älteren haben nicht vergessen, dass es der Christdemokrat Helmut Kohl war, der sich für das Privatfernsehen stark gemacht hat, weil er davon überzeugt war, Privatfernsehen sei ein solides geistiges Fundament für die von ihm propagierte geistig-moralische Wende. Die ist gelungen.

Heute sind die Medien – bis auf die öffentlich-rechtlichen Fernsehkanäle – in Privatbesitz. Das ist das System: Die Fernsehsender sind wie auch der größte Teil der Printmedien die Transporteure der herrschenden Ideologie. Sie predigen den Segen des Konsums, sie versenden Heilsversprechen der Warenwelt, sie preisen die himmlische Gabe möglichen Reichtums für jeden, sie singen das Hohelied der Anpassung und der Akzeptanz, und die Gemeinde der Zuschauer merkt nicht, dass sie einer Uniformierung und permanenten Gehirnwäsche unterworfen wird. Dies allerdings wird nicht thematisiert – das hieße ja, die Systemfrage zu stellen. Und das wäre auch in kabarettistischen Sendungen nicht wirklich ratsam, will man in diesem Medium weiterhin tätig sein. Deswegen kann man als Zuschauer, wenn man nicht rechtzeitig das Fernsehgerät ausschaltet, angesichts des »Satiregipfel«, der eher ein Hügel ist und auch nicht aus Satire besteht, nicht Systemkritiker, sondern neoliberale Mittelstandshumoristen betrachten.

Weit verbreitet ist der Irrtum, wenigstens in den Nachrichtensendungen – seien es ARD, ZDF, n-tv, andere Fernsehsender oder seien es Druck- oder Online-Ausgaben von Zeitungen – werde man objektiv informiert. Wird man nicht.

Die so oft gepriesene Pressefreiheit endet abrupt, wenn die Interessen großer Anzeigenkunden beeinträchtigt werden könnten, und Nachrichtenredaktionen sind längst verkommen zu Drückerkolonnen des politischen Systems, deren Elaborate verbreitet werden durch die schnieken Hauspapageien der Sendeanstalten. Möglicherweise sind es auch nur virtuelle Angestellte, deren gelegentlich erbarmungswürdiges Deutsch, in dem es »dem Opfer das Leben kostet« und »dem man dann gedenkt«, nicht nur Studienräte missmutig stimmt.

Der gesamte Nachrichtenapparat besteht aus Propagandainstrumenten zum Lob oder zur Rechtfertigung des westlichen way of life, zur Begründung imperialistischer Aggression und zur Manipulation der Bevölkerung.

Bestes Beispiel: Randale in englischen Großstädten. Bundesinnenminister Hans-Peter Friedrich hält es für unwahrscheinlich, dass es in deutschen Großstädten zu ähnlichen Krawallen wie in Großbritannien kommen könnte. Die soziale Integration sei in den vergangenen Jahren in Deutschland deutlich vorangekommen, meinte er.

Dafür nimmt er aber das Wort »integrationsunwillig« recht häufig in den Mund.

Auch Deutschlands Fernsehen und Presse verbreiten in zahlreichen Kommentaren die Botschaft, die gewalttätigen Ausschreitungen in England hätten nichts mit den bedrückenden sozialen Verhältnissen zu tun. Außerdem vermisst man, damit es ordnungsgemäß politisch zugeht, Plakate, Anführer, vorschriftsmäßig angemeldete Demos und Bekennerbriefe, und weil das alles fehle, sei der Aufstand einfach nur kriminell.

Der Minister und seine Medien wollen nicht wahrhaben: Ursache für die Gewalt in Großbritannien ist die einst von Maggie Thatcher durchgepaukte konservative Ideologie von der Herrschaft der Märkte, der Kommerzialisierung aller Lebensverhältnisse und dem Segen des ökonomischen Egoismus. Dadurch wurde die Basis demokratischer Willensbildung ruiniert und wurden lebensnotwendige gemeinschaftsfördernde Einrichtungen abgeschafft. Das Volk wurde enteignet, und weder Energieversorgung noch Wasserwerke, weder Fernsehen, Eisenbahn und Wohnraum gehören ihm noch. Was da in den Städten auf die Straßen geht und alles, was man findet, anzündet, ist die abgehängte Unterschicht und ihr hoffnungsloser Nachwuchs. Die Menschen haben nichts mehr zu verlieren, auch nicht bei der Anwendung von Gewalt. Weil Maggie Thatchers Wahnsinn auch in Deutschland Verbreitung gefunden hat, muss man schon so ein vernagelter Betonkopf sein wie Lallbacke Friedrich, muss man schon so opportunistisch daherplappern wie manche kommentierende Lallbacke, um sicher zu sein, dass die Gewalt auf Großbritannien beschränkt bleibt. Es gibt überall Leute, die der Ansicht sind, mit Gewalt könne man durchaus etwas gewinnen.

Wenn die Regierung Freiheitskämpfer als Terroristen deklariert, wird das prompt in den Sprachgebrauch der Medien übernommen. Und selbstverständlich auch umgekehrt. Sogenannte Terrorexperten, profunde Kenntnisse vortäuschend, vermitteln im Habitus unfehlbaren Insiderwissens Unsinn. Stoff für Dementi. Nichts.

»Terrorexperte« ist mittlerweile ein Synonym für ahnungsloser Schwätzer. Pech, wenn der dann auch noch auf eine grenzdebile journalistische Hilfskraft trifft. So fragte eine Tagesthemen-Extra-Moderatorin: »Die Behörden vermuten einen islamistischen Anschlag, welche Hinweise gibt es darauf?« Niemand kommt und zerrt das dumme Weib aus dem Studio. Unbeantwortet bleiben also die Fragen: Welche Behörden? Wer aus dieser Behörde? Warum vermutet er oder sie? Und welche Hinweise es auf diese Vermutungen gibt – ja, das wüsste man gern. Alles Spekulation, dummes Gerede, unausgegorener Quatsch. Die Leute können ihren Beruf nicht. Bei Zeitungen nennt man so was »Zeilen-Schinden«.

»Es ist noch nichts klar«, sagte der Mann, der in der n-tv-Nachrichtensendung am Telefon war, und die Blondine im Studio antwortete: »Dann lassen Sie uns ein bisschen spekulieren.« Stichwort Börse also.

Es ist noch keine drei Jahrzehnte her, da spielte die Börse in den Medien absolut keine Rolle. Heute wird den Menschen von Börsenberichterstattern, die sich auf Analysten berufen, die meistens in eine Bank oder einen anderen Finanzapparat eingebunden sind, eingehämmert, bei den Aktienkursen handele es sich um einen volkswirtschaftlichen Vorgang von immenser Bedeutung: »Anleger fürchten einen Kollaps der Konjunktur, sie sind unsicher wegen der Schuldenkrise, Kurse gehen nach unten, Negativtrend, Konjunkturangst lässt Kurse stürzen, schwere Verluste, Sturzflug.« Wen interessiert das?

Aktienmärkte werden in erster Linie von der Spekulation getrieben, und deshalb sind das Steigen und das Sinken der Kurse volkswirtschaftlich ziemlich irrelevant. Aber von Spekulation und Spekulanten ist selten oder nie die Rede. Lieber beschwört man die Dynamik, die Empfindlichkeit und bei Bedarf die Heilungskräfte des Marktes, der sich angeblich selbst reguliert. Mit den Märkten kann man Menschen drohen, kann man Angst erzeugen, kann man Demut, Verzicht und Wohlverhalten erzwingen. Dabei spielen die Medien, ihre Nachrichten und Kommentare, die Hauptrolle. Was die Zeitgeistnutten in den Redaktionen offenbar nicht ahnen: wie sehr ein großer Teil der Menschheit von diesen durchsichtigen Spielchen gelangweilt wird. Man nimmt das Auf und Ab der Börsen wahr als Gejammer eines miesen, kränkelnden Systems, und man weiß: Wenn dieses System zusammenkracht, dann kriegt man gewaltig was auf die Mütze. Na und? Man kann ja doch nichts dagegen machen.

Zur Zeit sieht es so aus: Würde man die Börsen schließen, wären die Spekulanten angeschissen, die Medien müssten eine andere Sau durchs Dorf treiben, und denkende Menschen wären etwas weniger genervt.

Die öffentlich-rechtlichen Sender haben zwar immer noch ihren gesetzlichen Programmauftrag, aber wichtiger nimmt man den systemkonformen Wettbewerb um Einschaltquoten. Die Messung, wie viele Leute sich was im Fernsehen ansehen, liefert die Lizenz, das ganze Land als kulturelle Müllkippe zu missbrauchen. Die Fernsehanstalten werden dominiert von Einschaltquoten-Hysterikern, die Serienparanoiker, Kochpsychopathen, Castingdebile, manische Lebensratgeber, Volksmusikneurotiker, Werbeautisten, Soapkretins und Event-Idioten auf die Menschheit loslassen. Die Generalrichtung heißt: Spaßfernsehen. Die Formatfetischisten entwickeln Formate, die »sich verkaufen«. Format haben sie nur selten. Gründlich zu recherchieren, ausgefuchste Autoren zu beschäftigen, Regisseuren und Kameraleuten die Zeit einzuräumen, die es braucht, um eine sehenswerte Produktion zustande zu bringen – das rechnet sich nicht, das ist viel zu teuer, so was können sich die Sender angeblich kaum noch leisten. Aber eine Zensur gibt es selbstverständlich nicht, es werden keine Themen verboten, solange sie »gut ankommen«. Auch die sogenannte »Schere im Kopf« kommt eher zum Einsatz bei Leuten ohne Kopf. Entscheidend ist allein »die Quote«.

Im Kampf um die Einschaltquote infantilisieren die »Privaten« den Luftraum mit Zoten aus der Comedy-Szene, vorgetragen von sexistischen Spießern, einem von Kosmetik- und Textilindustrie propagierten Frauenbild, über Wochen obszön gecasteten singenden Eintagsfliegen, und der tiefste Sinn des Privatfernsehens offenbart sich im Teleshopping.

Wer es satthat, einem Tauchsieder beim Entkalken zuzugucken, kann ohne nennenswerten Niveauverlust zu den Öffentlich-Rechtlichen wechseln: entweder ins ZDF – das täglich mehrmals die Frage aufwirft: Wer sieht eigentlich besser, wenn er sich völlig sinnentleert ein Auge zuhält? – oder zur ARD. Dort vor allem spielt die Musik, die das politische Rollback begleitet: singende Bratwürste, die aussehen, als seien sie aus einer thüringischen Irrenanstalt ausgebrochen, jodelnde Tütensuppen, ganze Schweinehälften in Lederhosen und Holzfällerhemden, trompetende Bratwürste, das Wurstzipfelgesicht aus der Dauerwelle herausgemeißelt, dazu tanzender Wurstsalat, völkisch abdampfend und rhythmisch beklatscht. Die Alternative sind Quizsendungen, manchmal sogar Mannschaftswettbewerbe, »Nonnen gegen Nymphomaninnen« und dergleichen. Auch mit diversen Rankings warten die Unterhalter auf. Dabei kommt dann raus: Der zehntbeste Deutsche ist Karl Marx. Ferner Fernsehspielschnulzen in seifiger Gartenlaubendramaturgie, in denen Christine Neubauer und Veronika Ferres zusammen noch weniger schauspielerische Substanz anzubieten haben als Ruth Leuwerik in ihren schlechtesten Filmen der fünfziger Jahre allein, während O. W. Fischer unter dem Namen Errol Sander auftritt.

Serien, Telenovelas und Hab-die-Polizei-lieb-Schmonzetten quellen in die Stuben, und das mimische Potential sämtlicher Darsteller reicht mal gerade für eine Operettensaison am Stadttheater Wunsiedel. Das Publikum hat sich gemütlich in der Pathologie des »Tatort« eingerichtet, Industrieschauspieler – durch Tausende von Wiederholungen zu kitschigen Kommissarparodien verkommen – sprechen alle auf demselben für »cool« gehaltenen Ton Sätze von absolut zuverlässiger Austauschbarkeit. Der Beruf eines ernstzunehmenden Regisseurs wurde schon vor Jahren abgeschafft, und es wäre für alle Beteiligten besser gewesen, hätte Dieter Wedel beizeiten eine Lehre bei Udo Walz angefangen.

Ein echter Bringer in der Medienbranche ist Adolf Hitler. Mit Hitler wurden nicht nur großartige Gewinne erwirtschaftet, sondern er ist den Lesern, Hörern, Zuschauern von Presse, Funk, Film und Fernsehen auch menschlich nähergebracht worden. Die Deutschen wissen heute, wie er Nudeln aß und wie er den Müll runterbrachte. Nachmittags, an der Kaffeetafel, hat er sich immer anständig benommen. Wenn man mal von seinen politischen Fehlern absieht, könnte man sich nach allem, was das deutsche Volk von ihm privat erfahren hat, durchaus vorstellen, dass er heute ein ganz normaler schwarz-grün-gelber-rosa Ortsvereinsvorstand wäre.

Ganz elend ist der Versuch der Sendeanstalten, vorzutäuschen, man diene demokratischer Meinungsbildung. Dann platzieren sich professionelle Nebelwerfer im Licht der Talkshows, Politiker und Experten neben Schauspielern, Sportlern oder Sängern, eingerahmt von Barbara Schönebergers Milchdrüsen und Rainer Callmunds Speckwülsten, aufgebrezelte Promis, die ihre Kompetenz aus ihrer Prominenz beziehen. Und schafsäugige Moderationsbeamte nicken Floskeln, Phrasen und Klischees demütig ab. Das ist dann Kult.

Die vierte Gewalt liegt mittlerweile so tief im Koma, dass sie es für notwendig erachtet, den Zuschauern das gähnende Nichts mitzuteilen. Sabbelblasen rund ums Nichts. Gern auch mit Kreischen und Johlen. Am liebsten mit Promis – die kosten wenig, und manche bezahlen sogar, um »in die Sendung« zu kommen.

Dann passiert wirklich etwas. Etwas Lähmendes.

Aber der Amoklauf eines Siebzehnjährigen lässt auch die Event-Idioten in den Medien Amok laufen. Ein Großaufgebot an Journalisten liefert Spekulationen und Belanglosigkeiten im Minutentakt, obgleich es nichts Neues zu berichten gibt. Keiner weiß etwas, doch jeder hat dazu etwas zu sagen. Politikerinnen und Politiker stammeln Sinnloses in jedes hingehaltene Mikrophon. Immer die gleichen Fragen, immer die gleichen Bilder, ein maßloses und distanzloses Spektakel, unverhohlene Gier nach Emotionen und Abwechslung ohne jeden Erkenntnisgewinn. Auf der Strecke bleibt die der Trauer eigene Stille, der Tod wird herabgewürdigt zur Unterhaltung. Und eingebettet in die Werbung.

Vor allem für ein Produkt mit dem türkischen Namen Joghurt. Joghurt ist allgegenwärtig: Im Shampoo, im Deo und im Katzenfutter – überall ist Joghurt drin, sogar Brillenputztücher haben die reinigende Kraft des Joghurt. Besonders wichtig ist Joghurt für Frauen. Frauen geht es schlecht, vor allem zur Abendbrotzeit. Dann sind Frauen im Fernsehen entweder verstopft oder sie tropfen, denn im Fernsehen leiden alle Frauen unter massiven Verdauungsproblemen, oder sie sind völlig ausgetrocknet und haben schreckliche Falten und Runzeln, sogar an Stellen, wo man es nie vermutet hätte, ich sage nur »Scheidenpilz«. Deswegen essen Frauen wie verrückt Joghurt. Mit Joghurt lassen sich alle Fugen abdichten. Überall hilft Joghurt. Auch in den Küchen, wo omnipräsente Köche ihre Allmacht austoben. Im Fernsehen sind Köche an der Macht.

Manchmal wünscht man sich, dass unvermittelt Arbeiter einer Gerüstbaufirma ins Studio kommen, die Kulissen abbauen, die Luft aus dem Moderator lassen, die Batterien der Experten entsorgen und die anwesenden Politiker zusammenfalten und im nächsten Altpapiercontainer entsorgen.

18 Und jetzt das Wetter

Wer selbst denkt, ist unberechenbar. Denken richtet die Welt zugrunde.

Wer denkt, lacht über Politiker, spottet über die Justiz, verhöhnt die Religionen, gründet keine Familie, weigert sich, ein Handy zu benutzen, pfeift auf Bioernährung. Und geht nicht zur Wahl. Wir brauchen ein staatliches Denkverbot.

Zu Beginn des zweiten Jahrtausends haben zwei französische Satiriker zu einem »Nationalen Tag der Humorlosigkeit« aufgerufen. Sie forderten, einen offenen Kampf gegen den Witz zu führen, denn »die heutige Welt ist nicht zum Lachen. Der humoristische Lebensstil führt in eine persönliche und gesellschaftliche Sackgasse und lenkt zudem von den Möglichkeiten der Globalisierung und des Internets ab.«

Das deutsche Volk beschloss daraufhin, alles zu unterlassen, was dem Ernst seiner globalisierten Lage nicht entsprach. Denn das Volk wusste, es wird regiert vom besten Personal, das die Nation aufzubieten in der Lage ist.

In Deutschland denkt und spricht man deutsch. Die deutsche Sprache ist seit Luther die deutscheste Sprache von ganz Deutschland. Deutsche Volksvertreter beherrschen außerdem als meist einzige Fremdsprache ein politisches Behelfsidiom. Das entwickeln sie mit Hilfe ihrer Wortschöpfungskompetenz. Routinierte Volksvertreter können aus dem Stand das »Problem konkretisieren und nach gewissenhafter Prüfung aller Tatbestände in seiner ganzen Tragweite erfassen, ihrer Informationspflicht gegenüber den Menschen in der Region nachkommen und alle erforderlichen Maßnahmen einleiten, um schwierige Entscheidungen in Richtung einer Lösung möglichst rasch voranzutreiben, vor allem zeitnah und nachhaltig.«

Und schon sind dreißig Sekunden in der Tagesschau dichtgelabert.

Und da hatte man sich noch nicht mal »zurückerinnert«, etwas »hinterfragt« oder gar einen Paradigmenwechsel »angedacht«.

Etwas andenken – das ist wie anvögeln und stehen lassen.

Die Funktionäre aus allen anderen Lebensbereichen versuchen, sich in sprachlicher Eleganz mit den Volksvertretern zu messen. So lallte Herr Gerhard Mayer-Vorfelder, ehemals politischer und geistlicher Führer aller deutschen Fußballspieler, nach einem Spiel der deutschen Fußballnationalmannschaft: »Das Schlimmste ist: Wenn der Erwartungshorizont abstürzt, dann fällt er auf den Hinterkopf.«

Aber das war harmlos gegen die surreale Wirrnis, die Joseph Blatter, der FIFA-Fußballfunktionär, angesichts der Stehplatz-Problematik heimsuchte: »Auf Stehplätzen, jeder sitzt, er kann ja mal aufstehen, weil so viele Emotionen drin sind, aber dann sitzen sie sich wieder hin, und dann, dann kann auch ruhig eine ganze Familie in den Fußball kommen, mit Vater und Kinder, und die Mutter, die Mutter kann zu Hause bleiben, wenn sie will, oder auch mitgehen, und der Vater bringt die Kinder gesund wieder zurück, emm, nein, ich meine, es ist eine Frage der Erziehung.« Auch wenn man statt des Gehirns einen Badeschwamm im Kopf hat, kann man immer noch einen Elfmeter gegen die deutsche Sprache schießen.

Wesentlich interessanter, als Politikern in Talkshows zuzuhören, ist es, ihnen zuzusehen, wie sie zuhören. Zuhören können – das ist die große Kunst am Theater. Reden kann jeder. Aber ob etwas wirklich von Bedeutung ist, das teilt sich darüber mit, wie die Anwesenden zuhören. Zuhören können, so dass man sieht, da nimmt einer auf und verarbeitet: Das entscheidet über die Wichtigkeit des Gesagten.

Der Exaußenminister Fischer zum Beispiel, der Liebling aller, die ihn nicht kannten, hörte nie zu: Während er so tat, als ob er zuhörte, überlegte er angestrengt, wie er seinen eigenen Beitrag öffentlichkeitswirksam ordnen könnte, ohne sich inhaltlich festzulegen.

Der Exministerpräsident von Hessen, Roland Koch, ein Mietmaul des Kapitals, hörte auch nie zu: Er bereitete in mimischem Leerlauf sein nächstes Dutzend Lügen vor.

Exkanzler Gerhard Schröder hatte beim Zuhören nur einen Gesichtsausdruck, und dieser Gesichtsausdruck signalisierte: Ich mach das.

Kanzlerin Merkel spielt zuhören, und zwar mit allen infantilen Mitteln, die ihr zur Verfügung stehen. Sie kommentiert das Gesagte mit kleinen Fratzen. Sie schneidet Gesichter, so als spiele sie ein frommes, aber verlogenes Schaf zwischen Ochs und Esel.

Und Franz Müntefering schließlich, kurzzeitig zum Zuhören verurteilt, der guckte, als wollte er sagen: Was ist denn das für ein Stück? Das haben wir doch überhaupt nicht geprobt!

Laut Umfragen wünschen sich über dreißig Prozent der deutschen Untertanen einen Diktator, aber natürlich einen, mit dem man alles diskutieren kann. Die Leute wollen überall mitreden. Ob es um Bahnhöfe, Hartz IV oder Restlaufzeiten geht, das Volk interessiert sich durchaus für die Dinge, über die zu entscheiden es per Wahl sogenannte Volksvertreter beauftragt hat.

Diese Abgeordneten haben im Idealfall jahrzehntelange Lebenserfahrung, wirken aber cool und jung genug, um ohne Diskussion in jede Disco eingelassen zu werden. Sie sind 24 Stunden am Tag als Parlamentarier im Dienst, aber ein Leben lang unabhängig von der Politik; sie sind beruflich nicht vorbelastet, aber absolute Fachleute; nie verlieren sie den Bezug zur Arbeitswelt, gehen aber keinen Nebentätigkeiten nach; sie kennen die Nöte und Wünsche der Gewerkschaften, der Wirtschaft, der Kirchen, der Sozialverbände, ihrer Parteifreunde, ihres Sportvereins, ihrer Lebensgefährten und Ehefrauen, ihrer Kinder und ihrer Haustiere, sie bleiben aber stets unvoreingenommen; Volksvertreter und Volksvertreterinnen sind frei in ihrem Mandat, aber die Verantwortung für ihr Gewissen können sie leider nicht übernehmen. Am erträglichsten sind Politiker auf Plakaten. Da sind sie leicht wieder zu entfernen.

Normale Wählerinnen und Wähler können die Kompetenz der Politiker nicht beurteilen. Immerhin haben sie als Stimmvieh gewisse ästhetische Kriterien, und die brauchen sie auch, um vom Äußeren eines Politikers auf seinen Charakter zu schließen, denn deren Aussagen lassen ja keine tieferen Schlüsse zu. Es geht ausschließlich um Sympathiewerte, und Politiker-Gesichter und Politiker-Outfit sind das Ergebnis harter Knochenarbeit von Medienberatern und Marketingexperten. Die präparieren einen Politiker genauso wie einen Deoroller. Und die Kanzlerin wie eine von Hand gestopfte Rügenwalder Teewurst. Dieserart gestylte Volksvertreter sind organisiert in Parteien, die behaupten, das Gemeinwohl fördern zu wollen. Die Mitglieder einer Partei arbeiten daran, ihre privaten Glücksbestrebungen als Gemeinwohl durchzusetzen. Die programmatischen Unterschiede der Parteien zwingen zu Kompromissen. Zur Konstruktion von sogenannten Sachzwängen. Zu Zugeständnissen wider besseres Wissen. Für eine Partei zu arbeiten bedeutet immer ein Leben in moralischem Elend.

Besonders bitter ist das für Sozialisten. Eine sozialistische Partei kann im Kapitalismus nicht regierungsfähig sein, denn es ist ihre Aufgabe, gegen die dem Kapitalismus verpflichtete Regierungspolitik zu opponieren, und wenn sie in eine Regierungskoalition eintritt und nun nicht mehr gegen den Kapitalismus opponiert, kann man sie ja wohl kaum noch eine sozialistische Partei nennen. Es lässt sich schwerlich abstreiten: Eine sozialistische Partei äußert sich nur so lange entschieden antikapitalistisch und fordert nur so lange einen Systemwechsel, wie sie keine Chance auf eine Regierungsbeteiligung hat. Hat sie die erreicht, stellt sich heraus: Bei den leitenden Funktionären handelt es sich nur zu oft um ganz normale Karristen, die endlich auch mal Geld verdienen und ein repräsentatives Amt bekleiden wollen.

Wer allerdings von Käuflichkeit der Politikerinnen und Politiker munkelt, weil man um den Einfluss und die Entscheidungsgewalt von Lobbyisten weiß, wer meint, man könne die Lobbyisten auch direkt wählen, wer Politikerinnen und Politiker der Korruption verdächtigt, wenn diese hin und wieder kleine Geschenke akzeptieren, ein Grundstück, eine Ferienreise, die Ausrichtung einer Hochzeit, und wenn sie nach ihrer Abgeordnetentätigkeit in ein Unternehmen wechseln, dem sie während ihrer staatstragenden Tätigkeit wirtschaftliche Erleichterungen verschafft haben, wer das für Korruption hält, hat das System nicht begriffen: Politikerinnen und Politiker müssen nicht gekauft werden, selbst wenn sie käuflich wären. Sie sind Überzeugungstäter. Wäre es anders, hätten sich Frau Merkel und ihre Vorgänger schon vor Jahren von der Anti-Atom-Bewegung schmieren lassen, und es hätte nie ein Atomkraftwerk gegeben.

Inmitten politischer Interessenkonflikte und finanzieller Verteilungskämpfe soll das Vaterland nach »Einigkeit und Recht und Freiheit« streben. Ob das Volk bei Bedarf Einigkeit erreichen könnte, darin ist man sich nicht ganz einig. Zum Beispiel, was Recht und Freiheit angeht. Das Recht besteht aus Gesetzen, Gesetze bedeuten Zwang, die Beseitigung jeglichen Zwangs bedeutet Anarchie. Die praktizierte Anarchie gewährt dann die Freiheit, Leute zu wählen, die neue Gesetze, also erneuten Zwang, ausarbeiten. Das Freiheitsgerede ist ziemlich müßig.

Zu diskutieren ist in jedem Fall die Abschaffung der Parteien.

Die Leute wählen dann nicht mehr ausgelutschte und sowieso nichtssagende Parteiprogramme, sondern sie entscheiden sich sachgebietsbezogen. Die technischen Voraussetzungen sind durch die modernen Kommunikationssysteme längst gegeben.

An dieser Stelle kommt unweigerlich das Totschlagargument mit der Todesstrafe. Es ist müßig, darüber zu diskutieren: Mit der Todesstrafe kann man kein Leben retten.

Aber über die Demokratie sollte man schon noch mal verhandeln. Aus dem alten Athen sind keine Texte klassischer griechischer Autoren zum Lobe der Demokratie überliefert. Bei Platon und Aristoteles ist die Demokratie eher Zielscheibe von Hohn und Spott. Und bei den Sprachgelehrten herrscht sogar Uneinigkeit darüber: Bedeutet Demokratie nun »Herrschaft des Volkes« oder nicht doch »Herrschaft über das Volk«?

Das Wort Demokratie taucht weder in der Verfassung der Vereinigten Staaten noch in der Verfassung der ersten französischen Republik auf. Und Immanuel Kant schrieb in seiner Schrift *Zum ewigen Frieden*: Demokratie ist der Weg zum Despotismus.

Perikles selbst deutete an, Freiheit und Demokratie seien Gegensätze. Das leuchtet ein – je größer die Freiheit des Kapitals, desto eingeschränkter die demokratischen Rechte der Lohnabhängigen. Je größer die Freiheit der Polizei, des Verfassungsschutzes und der Geheimpolizei, desto eingeschränkter die demokratischen Rechte der Bürgerinnen und Bürger.

Kein einziger deutscher Innenminister hat jemals die Freiheit ausgeweitet. Diese demokratischen Herren haben die Freiheit immer nur weiter eingeschränkt. Dabei interessiert sie nur eine Frage: Auf welche demokratischen Rechte sind die Menschen bereit zu verzichten, wenn sie dafür so viel wie möglich von ihrem Eigentum behalten dürfen?

Politiker und Politikerinnen verkaufen ihr Hampeln und Strampeln seit Jahrzehnten als »Pragmatismus«. Die Kanzlerin sei pragmatisch-analytisch veranlagt, schreibt das *Flensburger Tagblatt*. Dass sie pragmatisch nach einer Lösung sucht, behauptet der *Spiegel*. Die große Koalition zwingt zum Pragmatismus, tönt es in der ARD. Die *TAZ* hält Merkel für eine pragmatische Europapolitikerin, und die *Frankfurter Allgemeine* bemüht sogar einen Komparativ: Sie sei pragmatischer als frühere Generationen. So ein Unfug – man muss den Pragmatismus wirklich vor den sogenannten Pragmatikern in Schutz nehmen.

Seinen Namen erhielt der Pragmatismus von dem US-amerikanischen Mathematiker und Philosophen Charles Sanders Peirce im Jahre 1878, und 1907 erschien der Standardtext mit dem Titel *Der Pragmatismus* von William James. Kern des Pragmatismus ist, dass er die Wahrheit eines jeden Urteils nach den Konsequenzen bemisst. Der Pragmatismus ist das Reich der Zwecke, hier entsteht die Sinngebung des gesellschaftlichen Lebens. Der Pragmatiker Kant postulierte: Der Mensch sei immer Zweck, niemals bloß Mittel. Er haute damit in dieselbe Kerbe wie Sokrates und Aristoteles, die schon anno dunnemals die pragmatische Methode praktizierten.

Nun guckt man sich die angeblich pragmatische Kanzlerin an und denkt: Da stimmt doch was nicht. Hält sie die Wähler nicht für ein Mittel zum Machterhalt, sind Menschen für sie nicht ein Mittel für höhere Profite? Was uns die politischen Praktiker als Pragmatismus verkaufen, ist lediglich eine am momentanen Erfolg ausgerichtete Politik: beliebig, relativ, ohne sittliche Bindung, gesinnungslos und wertfrei. Man wurstelt sich so durch. Widerstand betrachtet man nicht als Anregung zum Nachdenken, sondern als Hindernis, das aus dem Wege geschafft werden muss. Pragmatismus ohne Moral hat keinen Zweck, geht also nicht. Ergo: Wir haben es nicht mit Pragmatikern zu tun, sondern mit Praktikern, wenn nicht mit Praktikantinnen und Praktikanten.

Die allgemein zufriedenstellende Demokratie ist auf spätere Zeiten verschoben und muss von anderen Lebewesen völlig neu erfunden werden. Und möglicherweise sind das dann gar keine Menschen mehr.